Thomas Weißenborn
DIE STORY

Thomas Weißenborn

DIE STORY

Wie Gott mit uns Geschichte schreiben möchte

francke

Über den Autor:

Thomas Weißenborn unterrichtet am Marburger Bibelseminar die „Grundlagen des christlichen Glaubens“. Mit seiner Frau und seinen vier Kindern lebt er in Marburg.

Bibliografische Information der Deutschen Nationalbibliothek
Die Deutsche Nationalbibliothek verzeichnet diese Publikation in der Deutschen Nationalbibliografie; detaillierte bibliografische Daten sind im Internet über https://dnb.dnb.de abrufbar.

ISBN 978-3-96362-093-5

35037 Marburg an der Lahn
Umschlagbild: © iStockphoto.com / Lava4images
Umschlaggestaltung: Verlag der Francke-Buchhandlung GmbH
Satz: Verlag der Francke-Buchhandlung GmbH
Printed in Czech Republic

www.francke-buch.de

INHALT

Sehnsucht. 9
Erkenntnis. 14
Aufbruch. 25
Ehrfurcht. 32
Spiegelbild. 38
Vertauschung. 49
Chaos. 60
Zorn. 68
Verheißung. 74
Weisheit. 86
Weisung. 92
Gerechtigkeit. 109
Geschichte. 126
Bund. 145
Vorbild. 158
Reich. 171
Liebe. 187
Opfer. 202
Durchbruch. 220
Einheit. 232
Ausblick. 247

Für Katrin,
Calvin, Emily, Alicia und Grace

Now everyone dreams of a love lasting and true
But you and I know what this world can do
So lets make our steps clear that the other may see
And I'll wait for you
If I should fall behind
Wait for me

Bruce Springsteen, „If I Should Fall Behind"

Leben wir, so leben wir dem Herrn; sterben wir,
so sterben wir dem Herrn.
Darum: wir leben oder sterben, so sind wir des Herrn.

Paulus, Römer 14,8

SEHNSUCHT.

Manchmal würde ich gern in anderen Zeiten leben. Nicht dass mir die Antike besonders sympathisch gewesen wäre. Sklaverei, Not, Unterdrückung, die ständige Furcht vor Krankheiten und bösen Geistern, all das ist nicht meins. Straßenräuber und Piraten brauche ich auch nicht zum Glücklichsein. Aber wenn ich die Bibel lese, dann überkommt mich oft eine große Sehnsucht. Bei vielen der dort geschilderten Ereignisse wäre ich gern dabei gewesen. Und natürlich ist das ganz besonders bei Jesus der Fall.

Hier hat sich allerdings im Laufe der Jahre einiges verändert. Anfangs hätte es mir Spaß gemacht, mit ihm durch die Lande zu ziehen, um einfach einmal ein paar Wunder zu erleben. Ich hätte gern zugeschaut, wie ein Bis-eben-Gelähmter die ersten vorsichtigen Schritte macht oder ein Gerade-noch-Blinder erstaunt die Augen aufreißt, und hätte noch lieber gesehen, wie das ist, wenn ein Toter auferweckt wird.

Natürlich hätte ich nichts dagegen, wenn ich so etwas heute erleben würde, aber im Laufe der Jahre hat sich meine Sehnsucht verändert. Irgendwann wollte ich Jesus weniger „bei der Arbeit" zuschauen – wenn man Krankenheilungen und Wunder so nennen kann –, sondern eher mit ihm reden. Ich würde gern ein tief gehendes Gespräch mit ihm führen, in dem ich ihm von den Herausforderungen erzähle, vor denen wir heute so stehen: wie das ist, in einer Gesellschaft zu leben, die von allem viel zu viel hat und trotzdem so seltsam leer erscheint. Wie man sich fühlt, wenn man weiß, dass praktisch jeder Schritt, den man tut, mit Umweltverschmutzung und Zerstörung verbunden ist. Wie man Nächstenliebe wahrnimmt, wenn man zwar jeden Tag unzähligen Menschen begegnet, allerdings noch nicht einmal ahnt, was die unmittelbaren Nachbarn beschäftigt.

Vielleicht ist das aber gar nicht so sehr die Sehnsucht nach Jesus als eher nach einer Zeit, die im Vergleich zu unserer irgendwie „einfacher" erscheint – in der die Beziehungen unmittelbarer sind, die Strukturen deutlicher und die Verhältnisse geklärter zu sein scheinen als bei uns heute, wo ein durchschnittlicher Pendler auf dem Weg zur Arbeit mehr Menschen begegnet als ein Bauer im ersten Jahrhundert in seinem ganzen Leben. Ich weiß es nicht.

Eines jedoch weiß ich – dass sich meine Sehnsucht über die Zeit noch ein weiteres Mal verändert hat. Wenn ich heute das Neue Testament lese, habe ich am meisten Sehnsucht nach der Hoffnung, die Jesus und seine Jünger ausgezeichnet hat. Zwischen dem Alten und dem Neuen Testament liegt schließlich ein halbes Jahrtausend. Fünfhundert Jahre Funkstille, fünfhundert Jahre, in denen kein Prophet mehr aufgetreten war. Und dann kam Johannes der Täufer. Wie seinerzeit Mose stand er am Jordan und ließ das Volk mit der Taufe symbolisch ins Gelobte Land einziehen. Dazu kam eine Botschaft, die weltbewegende Umwälzungen ankündigte: „Tut Buße, denn das Himmelreich ist nahe herbeigekommen!" (Matthäus 3,2)

Jesus ist nur wenig später mit derselben guten Nachricht aufgetreten (4,17). Was für eine Ankündigung – und was für eine Story! Gott, der Schöpfer des Universums und Herr der Welt, tritt jetzt seine Herrschaft auf eine ganz neue Weise an. Es beginnt also eine Bewegung, die im Vaterunser immer wieder herbeigesehnt und nachgebetet wird: „Dein Reich komme. Dein Wille geschehe wie im Himmel, so auf Erden." Das muss Erinnerungen an Mose wachgerufen haben, an den brennenden Dornbusch, aus dem heraus Gott verkündigt hatte: „Ich habe das Elend meines Volks in Ägypten gesehen, und ihr Geschrei über ihre Bedränger habe ich gehört; ich habe ihre Leiden erkannt. Und ich bin herniedergefahren, dass ich sie errette aus der Ägypter Hand und sie aus diesem Lande hinaufführe in ein gutes und weites Land, in ein Land, darin Milch und Honig fließt". (2. Mose 3,7f.)

Man kann viel darüber spekulieren, ob Gott nicht auch schon vorher der Herr der Welt gewesen ist, der alles in seiner Hand hält, weil er nach dem Hiobbuch ganz klar auch der Macht des Bösen Grenzen setzt – aber eines kann man nicht leugnen: Mit der Botschaft des Täufers und Jesu ist etwas in Bewegung gekommen. Gott hat sich auf den Weg gemacht wie ein Feldherr, der nun aufbricht, um sein Volk zu befreien, und demnächst steht er vor den Toren. Widerstand erscheint aussichtslos, wer kann, kehrt also um und widersetzt sich ihm nicht.

Was für eine Hoffnung müssen solche Gedanken losgetreten haben! Wir finden ihren Widerhall in den Gebeten, die rund um die Geburt Jesu gebetet worden sind. So ruft Maria, die Mutter Jesu, freudig aus:

„[Gottes] Barmherzigkeit währet für und für bei denen, die ihn fürchten.
Er übt Gewalt mit seinem Arm und zerstreut, die hoffärtig sind in ihres Herzens Sinn.
Er stößt die Gewaltigen vom Thron und erhebt die Niedrigen.
Die Hungrigen füllt er mit Gütern und lässt die Reichen leer ausgehen.
Er gedenkt der Barmherzigkeit und hilft seinem Diener Israel auf, wie er geredet hat zu unsern Vätern, Abraham und seinen Nachkommen in Ewigkeit." (Lukas 1,50-55)

Und Zacharias, der Vater Johannes des Täufers, „weissagte" (Lukas 1,67) nur wenig später:

„Gelobt sei der Herr, der Gott Israels! Denn er hat besucht und erlöst sein Volk und hat uns aufgerichtet ein Horn des

Heils im Hause seines Dieners David – wie er vorzeiten geredet hat durch den Mund seiner heiligen Propheten –, dass er uns errettete von unsern Feinden und aus der Hand aller, die uns hassen, und Barmherzigkeit erzeigte unsern Vätern und gedächte an seinen heiligen Bund, an den Eid, den er geschworen hat unserm Vater Abraham, uns zu geben, dass wir, erlöst aus der Hand der Feinde, ihm dienten ohne Furcht unser Leben lang in Heiligkeit und Gerechtigkeit vor seinen Augen." (Lukas 1,68-75)

Es scheint, als würde das wahr werden, was Jesus zu Anfang seiner Bergpredigt verheißen sollte: „Selig sind, die da hungert und dürstet nach der Gerechtigkeit; denn sie sollen satt werden." (Matthäus 5,6) Uns mag das Gericht, das damit unweigerlich verbunden ist, vielleicht erschrecken, weil wir insgeheim ahnen, dass wir eher gewinnen als verlieren, wenn alles so weiterläuft wie bisher. Aber welche Hoffnungen müssen solche Worte bei denen ausgelöst haben, die unter den Zuständen der Welt leiden! Gott ist es nicht egal, dass die einen reich sind und die anderen arm, es ist ihm nicht gleich, dass die einen unterdrücken und die anderen unterdrückt werden, er macht Schluss damit, dass die einen satt sind und die anderen Hunger leiden.

Die Botschaft vom Gericht, von einem Gott, der sich endlich aufmacht, um das Krumme gerade zu machen, die Täler zu erhöhen und die Berge zu erniedrigen, ist schon die erste gute Nachricht. Und noch besser wird sie, wenn sie mit der Aufforderung zur Umkehr verbunden wird. Denn dass die Welt einen neuen Anfang bekommt, gibt auch uns eine neue Chance. Auch unser Leben kann noch einmal neu beginnen, diesmal aber richtig, im Einklang mit dem kommenden Gottesreich.

Deshalb wundert es mich nicht, dass die Massen zu Johannes dem Täufer in die Wüste gezogen sind. Und mich wundert es auch nicht, dass sie kamen, um Jesus predigen zu hören, und dass einige von ihnen alles stehen und liegen gelassen haben, um diesem Mann zu folgen, der eine solche Hoffnung in ihnen geweckt hat. Diese Hoffnung bewundere ich, diese Hoffnung hätte ich auch gern. Sie zeugt von einem Glauben, dem mehr wichtig ist als das tägliche Wohlergehen, die alltäglichen Sorgen, das eigene Schicksal und die Gesundheit der Lieben. Sie zeugt von einer Religion, in der es um mehr geht als Lebensbewältigung und Werte, als Tradition und Erneuerung, als Richtig oder Falsch oder gar als Gebote und Verbote. Sie kündet von einer Spiritualität, in der es nicht in erster Linie um Gesang und Ergriffenheit geht, um Gottesdienste und Austausch und vor allem immer wieder Worte, Worte, Worte.

Oder vielleicht gerade darum: Die Worte, in die diese Hoffnung gefasst worden ist, sind ja besondere Worte. Es sind keine Floskeln, keine leeren Hülsen, keine Formeln und keine Sprüche, sondern Erinnerungen an das *eine* Wort, das die Welt dereinst ins Leben gerufen hat und sie eines Tages auch wieder beenden wird, an das Wort, das im Anfang bei Gott war und in Jesus Mensch geworden ist.

Ist dieses Wort verblichen und zu bloßen Worten geworden? Ist die damit verbundene Bewegung langsamer geworden und stehen geblieben? Ist die Hoffnung verblasst? Oder ist sie nur verschüttet worden, untergegangen in all dem Alltagstrubel, der Sorge der Welt und dem trügerischen Reichtum, wo sie verborgen liegt und wieder ausgegraben werden kann? Die Sehnsucht ist jedenfalls da und wird immer größer – jedes Mal, wenn Jesu unsterbliche Worte gebetet werden: „Dein Reich komme. Dein Wille geschehe: wie im Himmel, so auch auf Erden."

Lassen Sie uns also eintauchen in die große Story, die Geschichte Gottes mit den Menschen.

ERKENNTNIS.

Eine alte Legende berichtet davon, wie ein Missionar zu einem Germanenstamm kam und dort das Evangelium predigte. Eines der Sippenoberhäupter rief daraufhin die Ältesten zu einem abendlichen Treffen in seiner Hütte zusammen, um zu beraten, ob die Großfamilie nun den fremden Glauben annehmen solle oder nicht. In der Sitzung ging es hoch her: Die einen verteidigten die alten Traditionen und Götter, die der Sippe bisher immerhin ein gutes Leben ermöglicht hätten. Andere fanden die von dem Missionar vorgetragenen Argumente recht überzeugend und wollten dem neuen Gott gern eine Chance geben. Eine dritte Gruppe schließlich verhielt sich abwartend und hätte den christlichen Prediger lieber noch ein weiteres Mal eingeladen, um sich genauer informieren zu können.

Mitten in diese Diskussion hinein platzte ein Vogel. Er war durch eine der Fensterhöhlen in den Raum hineingeflogen, flatterte ein wenig um das Feuer herum und verschwand dann durch eine andere Fensterhöhle wieder in der Dunkelheit der Nacht. In das Schweigen, das durch die unerwartete Störung entstanden war, soll einer der Ältesten hineingesprochen haben: „Gleicht unser Leben nicht diesem Vogel? Wir kommen aus der Finsternis, kreisen für eine kurze Zeit um das Licht und die Wärme des Feuers und verschwinden dann wieder in der Finsternis. Wenn es einen Gott gibt, der Licht in die Dunkelheit da draußen bringt, dann will ich ihn gerne annehmen." Daraufhin soll sich die gesamte Sippe zum Christentum bekehrt haben.

Mich fasziniert diese Geschichte aus verschiedenen Gründen. Legende oder nicht, die Situation ist mir sehr vertraut: Wo unser Leben herkommt, wo unsere Persönlichkeit, unser Ich, unsere Identität „gewesen" sind, bevor wir geboren wurden, wissen wir nicht. Aber auch von der anderen Seite haben wir keine Ahnung. Es wäre schön, wenn die Toten irgendwo „im Himmel" säßen, uns zuschauten und dort auf uns warteten, wie wir es Kindern gern erzählen, aber ob das tatsächlich so ist, wissen wir eigentlich erst dann wirklich, wenn es zu spät ist. Denn vielleicht ist das Leben ja nur Materie, ist das, was wir „Geist" und „Charakter" nennen, nur eine Reihe von Gehirnfunktionen, die „Seele" ein Konstrukt und so etwas wie Liebe oder Zuneigung nur die berühmte „Chemie".

Wenn das so wäre, wäre mit dem Tod tatsächlich alles aus und mit dem Verwesen der sterblichen Überreste jede Existenz definitiv ausgelöscht. Auch das fällt uns schwer zu glauben – und sicher nicht nur, weil es eine „narzisstische Kränkung" für unser Ego wäre, dem dieses Leben ohnehin schon zu kurz vorkommt. Nein, es fällt uns auch deshalb schwer, weil dann so vieles als vergeblich erscheinen würde, als sinnlos und beliebig, denn dann wäre in einer kaum vorstellbaren Radikalität tatsächlich alles zufällig und vergänglich. Wenn der Mensch nur Materie wäre, unterschiede er sich schließlich kaum von Tieren, Pflanzen und leblosem Material.

Natürlich könnte es aber auch ganz anders sein: Unser Schicksal in einem zukünftigen Leben könnte davon abhängen, ob wir den richtigen Gott bzw. die richtigen Götter auf die angemessene Weise verehrt haben. Möglich wäre auch, dass wir von einem endlosen „Rad der Wiedergeburten" wieder und wieder in dieses Leben hineingeworfen werden, bis wir unseren endgültigen Platz gefunden haben oder in einen ewigen Abgrund stürzen, wenn wir uns in dieser Welt nicht die passenden Losungsworte und Handgriffe angeeignet haben, die die Türen zum Jenseits öffnen. All das sind Dinge, die Religionen im Laufe der Jahrhunderte vertreten haben und immer noch vertreten.

Umso erstaunlicher ist es, wie locker wir mit dieser Weisheit in der Regel umgehen. Während wir in anderen Bereichen Fachleute aufsuchen, wenn wir nicht weiterwissen – zum Beispiel Ärzte, Installateure oder Anlageberater –, scheinen wir religiöse Fragen eher mit uns selbst auszumachen. Hier kann jede und jeder angeblich glauben, was er oder sie möchte. Religion ist schließlich Privatsache, es sei denn, sie hat öffentliche Auswirkungen. Denn die hat eine Überzeugung natürlich.

Im Umgang miteinander spielt es eine große Rolle, ob man alle Menschen als gleich betrachtet oder einem bestimmten Geschlecht, Alter oder äußerlichem Merkmal einen Vorrang einräumt. Und es ist auch nicht egal, ob man den Sinn des Lebens eher im sozialen Miteinander sieht oder darin, die verschiedenen Aspekte der eigenen Persönlichkeit zu entfalten und auszuleben. Auch die Frage, ob man die materiellen Dinge als gute Schöpfung eines uns wohlgesinnten Gottes versteht oder eher als ablenkendes Durchgangsstadium in der Entwicklung des Geistes, wird enormen Einfluss in Bezug auf Umweltzerstörung und Nachhaltigkeit haben.

Mag man diese Probleme durch gesetzliche Vorgaben in Bezug auf Menschenbild, Miteinander, Umweltschutz und Ähnliches noch einigermaßen zufriedenstellend klären, bleibt dennoch die große Frage unbeantwortet. Auch in dieser Hinsicht finde ich die Legende von dem Vogel am Feuer faszinierend, weil sie uns so fremd ist. In unseren Gesprächen über Religionen und Weltanschauungen geht es um so viele Dinge: ob die jeweilige Ansicht dem Grundgesetz entspricht oder widerspricht, ob sie ein förderliches oder problematisches Menschenbild vertritt, ob sie ihre Anhänger glücklich macht oder nicht, ob sie zum Extremismus neigt und die Leute dadurch irgendwie komisch werden. Wir reden darüber, ob religiöse Vielfalt ein Segen ist oder eher nicht, ob man die unterschiedlichen Möglichkeiten, die wir heute haben, begrüßen sollte oder ob sie die Menschen eher überfordern. Nur über eine Frage bekomme ich nahezu keine Diskussionen mit: welche Ansicht denn nun *wahr* ist und welche es nicht sind.

Wenn die Welt nur aus der Hütte bestünde, in der unsere Ältesten ums Feuer sitzen, könnte man diese Frage tatsächlich vernachlässigen. In dieser Hütte kann einer, der über einen gewissen Wohlstand verfügt, sich darüber freuen, dass letztlich alles Materie ist und es deshalb darauf ankommt, aus diesem Leben etwas zu machen.

Genauso könnte ein Armer sich dort damit trösten, dass er in einem nächsten Leben eine weitere Chance bekommt, die umso besser aussieht, je mehr er sich in diesem mit seinem Schicksal abfindet. Wieder ein anderer könnte dem Tod gelassen entgegensehen, weil er die richtigen Götter verehrt hat, während ein Vierter auf die Handgriffe vertraut, die er in einem Geheimorden gelernt hat. Wenn es nur um die Frage geht, mit welchem Gefühl im Herzen unsere Ältesten in die Dunkelheit hinaustreten, wenn ihre Stunde schlägt, ist es tatsächlich gleichgültig (im Sinne von gleich gültig), was einer glaubt, wenn es ihm denn nur beim Sterben hilft und das Leben vorher aus individueller Perspektive betrachtet als sinnvoll erscheinen lässt.

Aber die Hütte ist ja nicht alles, was es gibt. Sie repräsentiert vielmehr nur einen kleinen Ausschnitt aus der Wirklichkeit, nämlich denjenigen, der im Augenblick für uns sichtbar ist, aber eben nicht die ganze Wirklichkeit. Wenn wir ehrlich sind, wissen wir ja noch nicht einmal, wie groß dieser sichtbare Ausschnitt im Vergleich zu dem für uns unsichtbaren ist. Wir sehen nur, dass der Vogel von irgendwoher kommt und irgendwohin fliegt. Es gibt da draußen also eine Welt, deren Existenz wir zwar ahnen, die wir aber im Augenblick nicht betreten können.

Wenn das so ist, dann stellt sich jedoch unmittelbar die Wahrheitsfrage, denn die Aussage, diese Welt da draußen sei für jeden in der Hütte grundlegend anders, kann ja nicht befriedigen. Im Bild gesprochen steht die Hütte entweder im Wald, auf einer Wiese, an einem Berghang, an einem Fluss im Tal oder an einem See. Wenn nun jeder der Ältesten in der Hütte eine von diesen Aussagen über die Welt draußen vertritt, könnte man zwar manche miteinander kombinieren – die Hütte könnte auf einem Berg und im Wald stehen oder am Fluss auf einer Wiese – allerdings schließen sich einige Aussagen wechselseitig aus. So kann keine Hütte gleichzeitig auf einem Berg *und* im Tal sein, auch kann ein Fluss zwar wie ein See aussehen bzw. ein See wie ein Fluss, aber er ist entweder das eine oder das andere. Zu sagen, für jeden der Ältesten in der Hütte sehe die Wirklichkeit außerhalb eben anders aus, weswegen alle ihre Aussagen gleichermaßen wahr seien, ergibt deshalb keinen Sinn.

Und bei der Frage nach der Wahrheit geht es um weit mehr als nur darum, wie man sich die Landschaft um eine Hütte herum vorstellt. Mit jeder religiösen oder weltanschaulichen Entscheidung können schließlich enorme Konsequenzen verbunden sein. Wenn dieses Leben hier zum Beispiel nur eine einmalige Veranstaltung ist, dann bekomme ich keine weitere Chance in irgendeinem nächsten Leben. Wenn es tatsächlich mehrere Millionen Götter gibt, wie es der Hinduismus lehrt, dann liegen Juden, Christen und Muslime falsch – und umgekehrt die Hindus, wenn sich der Monotheismus als wahr erweisen sollte. Und wenn die Atheisten recht haben und die ganze Idee eines Jenseits wirklich nur ein Hirngespinst ist, dann ist jede Religion nicht mehr als eine Augenbinde, mit der man sich über das Sterben hinwegtröstet, dem man besser sehenden Auges entgegengehen sollte.

Wenn man sich schließlich klarmacht, dass die Welt da draußen vor der Hütte nicht nur unbekannt, sondern unter Umständen sogar wild und gefährlich sein könnte, dann wird erst recht deutlich, was auf dem Spiel steht. Grob gesagt gehen ja alle Religionen davon aus, dass man wenigstens seine Bestimmung verfehlt, wenn man dem falschen Glauben anhängt, im schlimmsten Fall verlängert man sogar unnötig seine Leidenszeit bzw. lädt sie sich überhaupt erst auf.

Das soll übrigens keine „Höllendrohung" im Sinne einer „schwarzen Pädagogik" sein, sondern liegt in der Natur der Sache selbst. Wenn ich unbedacht mit unbekannten Substanzen hantiere, begebe ich mich unter Umständen in Gefahr – nämlich dann, wenn sie gefährlich sind. Da sie aber unbekannt sind, weiß ich nicht, ob sie beispielsweise giftig oder gar radioaktiv sind, ja ich kann mir noch nicht einmal sicher sein, dass die Gefahr relativ bald offensichtlich wird.

Es gibt schleichende Gifte und bei Radioaktivität erkennt man die Auswirkungen oft noch viel später. Das Beispiel zeigt zudem sehr deutlich, dass es sich bei unserem Schicksal nach dem Tod tatsächlich um eine Konsequenz und keine Strafe im eigentlichen Sinne handeln könnte. Denn wenn jemand an Krebs erkrankt, nachdem er jahrelang mit radioaktiven Stoffen experimentiert hat, hat ja auch kein „Gott der Radioaktivität" seine Finger im Spiel, der einen etwaigen „Frevel" ahnden möchte. Genauso könnte doch zum Beispiel eine Einsamkeit nach dem Tod die Folge von einem sehr selbstbezogenen Leben sein, in dem die anderen auch schon keine Rolle gespielt haben.

Wie können wir nun mit dem Wissen umgehen, dass da draußen vor der Hütte eine fremde Welt ist, die wir nicht sehen können, weil sie in Dunkelheit gehüllt ist – und die wir zwar betreten, von dort aus aber nie wieder in die Hütte zurückkehren können? Einfach zu behaupten, jeder solle über sie sagen und denken, was er wolle, würde ihr nicht gerecht werden. Ebenso wenig können wir so etwas wie einen Gottesstandpunkt einnehmen und uns ein in welchem Sinne auch immer „objektives" Urteil erlauben. Was wahr ist und was nicht, sehen wir schließlich erst, wenn wir die Hütte verlassen – dann können wir allerdings nicht mehr zurück.

Hier kann uns die Legende in all ihrer vertrauten Fremdheit und fremden Vertrautheit ein Wegweiser sein: Die Ältesten setzen sich nicht ein jeder in eine Ecke und grübeln vor sich hin, sondern sie beraten miteinander. Religionen und Weltanschauungen sind Gemeinschaftsprojekte. Sie mögen zwar einen „Stifter" haben, werden aber im Dialog über die Jahrhunderte weiterentwickelt. Das muss auch so sein, denn die Erfahrung eines Lebens ist nur sehr begrenzt, selbst wenn es reich an Ereignissen ist.

Erst wenn sehr viele verschiedene Leben zusammenkommen und auf diese Weise der Erkenntnisschatz, der in einer Überzeugung steckt, auf sehr viele verschiedene Situationen angewandt wird, kann so etwas wie ein „Reifungsprozess" in Gang kommen, der dazu führt, dass schließlich tatsächlich nahezu jeder Lebensumstand gedeutet und bearbeitet werden kann. Weil zum Leben nicht nur der Wohlstand gehört, sondern auch die Armut, nicht nur die Gesundheit, sondern auch die Krankheit, nicht nur die Gemeinschaft, sondern auch die Einsamkeit, nicht nur die Freude, sondern auch das Leid und am Ende sogar der Tod – deswegen muss ein „guter" im Sinne von tragender und hilfreicher Glaube auf all das und noch viel mehr eine Antwort geben können.

Das kann er jedoch nur, wenn er auf einen großen Schatz an gemeinschaftlichen Erfahrungen und Deutungen zurückgreifen kann. Allein schon aus diesem Grund erscheint in weltanschaulicher und religiöser Hinsicht das Alte besser als das Neue, denn ihm haftet das Siegel des Bewährten an. Wenn ein Glaube schon seit Jahrhunderten Millionen von Menschen in allen Lebenslagen Hoffnung gegeben hat, dann wird ihm das auch bei mir gelingen. Wenn er das dagegen nur bei einigen wenigen in den letzten fünfzig Jahren getan hat, dann habe ich diesbezüglich meine Zweifel.

Mit dem Alter und der Gemeinschaft kommt die Tradition. Was sich bei anderen gefühlt „schon immer" bewährt hat, macht man ebenfalls. In einem religiösen oder weltanschaulichen System geht es deshalb zuallererst um Nachfolge: Man wächst schlichtweg hinein (ob nun von Kind auf oder ab einem späteren Zeitpunkt, spielt erst einmal keine Rolle) und „kopiert" die anderen. Es gibt ja auch genügend Vorbilder, denen man nacheifern und die man nachahmen kann. Wie das „richtige" Leben aussieht, wird dadurch offensichtlich, schließlich bekommt man es überall und immer vorgelebt: welche Ziele man anstreben sollte, welche Probleme man wie zu lösen hat, welche Tätigkeiten gut und sinnvoll sind, welche Orte heilig, welche Beschäftigungen tabu.

In unseren Breiten war das vorherrschende religiöse System über lange Jahrhunderte das Christentum. Im „christlichen Abendland" war Nachfolge einfach, weil sie kaum mit Nachdenken verbunden war. Man lebte einfach so wie die anderen auch und dann wird es schon „richtig" gewesen sein. Der Konformitätsdruck war dabei so groß, dass auch diejenigen, die anders lebten, den allgemeinen Konsens in der Regel nicht infrage stellten. Wer beispielsweise sonntags nicht in den Gottesdienst ging, sah das Zuhausebleiben nicht als alternative Freizeitgestaltung, die ebenfalls sinnvoll war, sondern musste sich rechtfertigen. Natürlich ging man in den Gottesdienst, nur vielleicht nicht in diesen bei jenem Pfarrer oder eben heute nicht, weil man krank oder auf Reisen war.

Diese Welt, in der Nachfolge so einfach war, weil man sich nur seinem Umfeld anpassen musste, ist lange schon zerbrochen – wobei ich den Ausdruck schwierig finde, weil er suggeriert, die Welt davor sei „heil" gewesen. Spätestens mit der Reformation hat sie freilich erste Risse bekommen, denn Christsein als solches gab es im Abendland nicht mehr, sondern nur noch römisch-katholisch, lutherisch, reformiert oder auf eine andere Weise evangelisch. Die Nachfolge im Sinne der Nachahmung hat das deutlich erschwert. Nehmen wir zum Beispiel etwas so harmloses wie das Bekreuzigen: Schlagen Christen ein Kreuz, bevor sie sich in die Kirchenbank begeben, oder nicht? Eigentlich ist am Kreuzschlagen nichts verwerflich, es ist sogar eine schöne Geste. Ja, aber gleichzeitig auch eine katholische. Evangelische Christen machen so etwas nicht. Dafür trinken sie beim Abendmahl auch von dem Wein und nehmen den Kelch in der Regel sogar selbst in die Hand.

Konnte man sich da noch mit der Frage behelfen, wie man es denn „bei uns", in unserer Gegend, unserem Ort, unserer Gemeinde handhabt, ist diese Welt mit dem Ende einer einheitlichen Religiosität vollends untergegangen. In meiner Heimatstadt gibt es kein „bei uns" mehr, sondern evangelisch, katholisch, landeskirchlich, pietistisch, charismatisch, baptistisch und vieles mehr, wenn man bei den Christen bleibt. Dazu kommen noch verschiedene „Schmuddelkinder" des Christentums wie die „Zeugen Jehovas", die „Kirche Jesu Christi der Heiligen der Letzten Tage (Mormonen)" und andere Gruppen sowie unterschiedliche Religionen, Atheisten und Freigeister, die auch alle in meiner Stadt vertreten sind. Selbst die Frage „An welchem Wochentag geht man bei euch in den Gottesdienst?" lässt sich daher nicht mehr einheitlich beantworten, geschweige denn die, ob man überhaupt in einen Gottesdienst gehen sollte, und wenn ja, in welchen.

Man kann den damit verbundenen Verlust des gemeinschaftlichen Lebensgefühls und der kollektiven Sinngebung beklagen – und in mancher Hinsicht ist er auch beklagenswert –, allerdings müssen wir uns damit abfinden. Eine der gravierendsten Folgen ist sicher, dass uns dadurch die selbstverständlichen Vorbilder abhandengekommen sind, denen wir nachfolgen können. Das bedeutet nicht, dass es keine Vorbilder mehr gibt, wir wissen freilich nicht mehr, welche die richtigen sind. Wer ein guter Katholik werden möchte, wird ebenso Vorbilder finden wie einer, der gern ein ordentlicher Baptist sein will. Nur werden sich die beiden in ihren Überzeugungen und ihrem Lebensstil an verschiedenen Stellen unterscheiden.

Sind diese Bereiche deshalb unwichtig? Glaubt man den jeweiligen Konfessionen, vermutlich nicht. Eine Baptistin ist ja unter anderem auch deshalb nicht katholisch, weil sie die dort praktizierte Kindertaufe für „unbiblisch" und falsch hält und nur die Taufe auf das Bekenntnis des Täuflings hin für „gültig" erachtet. Ein Katholik sieht gerade darin einen Widerspruch zur langen kirchlichen Tradition, die immer hochgehalten hat, dass in der Taufe nicht der Mensch wirkt, sondern Gott, dessen allem menschlichen Tun vorauslaufende Gnade in einer möglichst frühen Taufe am besten zum Ausdruck komme.

Gerade an der Tauffrage wird aber auch deutlich, dass Tradition und Aberglaube oft Hand in Hand gehen, weswegen es in dieser Hinsicht gut ist, dass die scheinbar „heile" Welt der gemeinschaftlichen Religion zerbrochen ist. Wenn nämlich das Heil eines Menschen an seiner Taufe hängt, dann sollte er möglichst früh getauft werden. Und das wurde sichergestellt, indem aus dem „Das macht man so" und „Das macht man nicht so" Handlungen wurden, die Fluch bzw. Segen nach sich ziehen. „Ein Kind, das getauft ist, steht unter dem besonderen Schutz Gottes", wurde und wird dann gern behauptet und: „Solange ein Kind nicht getauft ist, geht die Mutter besser nicht mit ihm aus dem Haus." (Damit niemand denkt, ich würde bei Freikirchlern keinen Aberglauben vermuten: Wie ist das mit der Vorstellung, dass man für eine „richtige" Bekehrung ein „Übergabegebet" mit den entsprechenden Formulierungen hersagen muss, oder der, dass eine Taufe irgendwie „gültiger" ist, wenn sie nicht im Gemeindehaus, sondern in einem See oder Fluss, idealerweise dem See Genezareth oder dem Jordan stattfindet?)

Nur die eigene Mündigkeit schützt uns vor diesen und anderen Formen des Aber- oder „Beiglaubens", wie es früher treffender hieß, denn es geht ja nicht um Dinge, die dem eigentlichen Glauben zwingend widersprechen, sondern eher um solche, die „nebenbei" auch noch geglaubt werden. Wenn Nachfolge nämlich nicht mehr nur in Nachahmung besteht, sondern ein Prozess ist, in dem man sich nicht allein über die Kriterien im Klaren ist, nach denen man die eigenen Vorbilder auswählt, sondern diese Kriterien auch immer wieder kritisch unter die Lupe nimmt und gegebenenfalls korrigiert, führt Nachfolge gerade nicht zur Ausschaltung der eigenen Persönlichkeit, sondern in die Mündigkeit. Wie das Erwachsenwerden, das dasselbe Ziel hat, ist das freilich eine langwierige und mühsame Entwicklung. Wie beim Erwachsenwerden bleibt uns aber vermutlich keine andere Wahl, denn die alte Welt ist zerbrochen wie die der Kindheit – das ist traurig, aber auch gut so.

Dieser Prozess des Mündigwerdens und der Nachfolge gelingt, wenn wir uns nicht nur mit den Quellen unseres Glaubens, sondern auch miteinander in Beziehung setzen. Schrift und Tradition gehören also zusammen, weil wir die Bibel immer nur durch die Brille einer bestimmten Tradition – katholisch, evangelisch oder etwas anderes – lesen und verstehen können. Der Austausch, die gegenseitige Inspiration ist daher wichtig, sonst wird die Nachfolge einseitig und verengt.

Gleichzeitig sind wir uns dessen bewusst, dass wir, weil wir in einer christlichen Tradition stehen, eigentlich nur sie wirklich kennen. Auch das mag zwar bei manchen nur ansatzweise der Fall sein, von anderen Religionen wissen wir aber noch weniger – vor allem, wenn wir uns nicht nur auf das „Wissen über" etwas beziehen, sondern darauf, wie ein Angehöriger einer anderen Religion mit ihrer Hilfe sein Leben deutet und dessen Herausforderungen bewältigt. Zur Mündigkeit gehört deshalb auch, dass wir unseren Platz in der Hütte der Welt kennen. Wir sind nur einer der Ältesten, die da ums Feuer herum sitzen, und noch nicht einmal der Älteste von ihnen. Wenn wir die anderen überzeugen wollen, geht das also nur, wenn wir die schlüssigeren Argumente haben. Und vielleicht ist der Vogel, der dann durch die Hütte fliegt, tatsächlich die Taube des Heiligen Geistes.

AUFBRUCH.

Wenn Nachfolge im ganz wörtlichen Sinn bedeutet, dass man einem anderen hinterherläuft, dann setzt das einen Weg voraus, auf dem jemand vorausgeht, einen Weg, der einen Anfang und ein Ziel hat. Wenn wir uns über Nachfolge Gedanken machen wollen, müssen wir deshalb bei diesen Punkten ansetzen: Was sind Anfang und Ziel? Wie sieht der Weg dazwischen aus? Und wie wird er durch diejenigen oder denjenigen gegangen, denen oder dem wir nachfolgen?

Fangen wir also ganz am Anfang an: Warum gibt es überhaupt etwas und nicht nichts? Das ist bekanntlich die Grundfrage der Philosophie, die Ausgangsfrage für alle, die nicht einfach nur in den Tag hineinleben wollen, sondern sich Gedanken über den Sinn der Welt und des Lebens machen.

Die Antworten auf diese Frage sind vielfältig, sie decken vermutlich den gesamten Bereich der Weltanschauungen und Religionen ab. Es kann purer Zufall sein, dass die Materie entstanden ist, oder aber das wie auch immer „bewusste" und „gewollte" Ergebnis von Wesen oder Ereignissen außerhalb unseres Raum-Zeit-Gefüges. Ohne hier ein großes Fass aufmachen zu wollen – weil ich weiß, dass es für nahezu jede Auffassung gute Begründungen gibt –, halte ich es für am plausibelsten, von einer externen Ursache auszugehen, also davon, dass das Universum aus einem Anlass entstanden ist, der außerhalb von ihm liegt.

Der Grund dafür ist folgender: Nach Albert Einsteins berühmter Formel $E = mc^2$, wonach Energie (E) gleich Masse (m) mal Lichtgeschwindigkeit (c) im Quadrat ist, hängen Energie und Masse eng zusammen. Masse lässt sich also in Energie umwandeln und umgekehrt, wobei die jeweilige Energie unvorstellbar viel größer ist als die mit ihr verbundene Masse. Um das an einem kleinen Beispiel aus dem Alltag zu verdeutlichen: Eine Kilowattstunde elektrische Energie (also 1 kWh), die in einer Autobatterie gespeichert wird, erhöht das Gewicht dieser Batterie um 42 Nanogramm (42 ng), also um 42 Milliardstel Gramm. Auch wenn die zusätzliche Masse scheinbar nicht „ins Gewicht fällt" (und im Vergleich zu einer möglichen Verschmutzung der Batterie minimal ist), ist sie dennoch vorhanden. Wird die Batterie entladen, wird die Masse in Energie umgesetzt, mit jeder Kilowattstunde Strom wird die Batterie also um 42 ng leichter.

Aus der in Einsteins spezieller Relativitätstheorie ausgedrückten Äquivalenz von Masse und Energie lässt sich also folgern, dass weder Masse noch Energie einfach so entstehen: Wird Energie erzeugt, muss Masse „verschwinden" – „entsteht" dagegen Masse, muss Energie eingesetzt werden. Das ist beim Universum nicht anders als bei einer schlichten Autobatterie, womit die Behauptung, die Materie sei „einfach so" aus dem Nichts heraus entstanden, physikalisch nicht zu begründen ist.

Die Entstehung der Masse des Universums setzt vielmehr einen schier unfassbar großen Energieeinsatz voraus und der muss irgendwo hergekommen sein. Da er nicht von innen her, sozusagen aus dem Universum selbst kommen kann (die Masse, die in Energie umgewandelt werden könnte, entsteht ja dadurch überhaupt erst), muss er notwendigerweise von außen gekommen sein. Wenn es einen Gott gibt, existiert er also *außerhalb* unseres Raum-Zeit-Gefüges.

Die immer wieder zu hörende Annahme, unser All könnte aus einem vorher existierenden entstanden sein, womit wir es sozusagen mit einem „pulsierenden Universum" zu tun hätten

(„Urknall“ – Ausdehnung – Zusammenziehen – „Urknall“ – Ausdehnung – Zusammenziehen usw.), würde das Problem übrigens nicht lösen. Denn damit wäre die Frage immer noch nicht geklärt, wo Masse bzw. Energie denn ganz am Anfang hergekommen sind. Auch in diesem Fall müsste beides oder eins von beiden also von außerhalb aller Universen gekommen sein.

Wenn es also einen Gott gibt, der das All geschaffen hat, kann er nicht Teil des Universums sein, sondern muss außerhalb von ihm existieren. Das bedeutet freilich auch, dass sich Gott *innerhalb* unseres Raum-Zeit-Gefüges weder beweisen noch widerlegen lässt, denn dazu müsste er entweder eine Existenz innerhalb dieses Gefüges haben (nach der man suchen könnte) oder wir müssten in der Lage sein, unser Universum (und damit meine ich den dreidimensionalen Raum, in dem wir uns befinden, und die mit ihm verbundene Zeit) zu verlassen und außerhalb zu suchen. Beides ist jedoch nicht der Fall. Mit den in Wissenschaft und Philosophie üblichen Methoden lässt sich die Existenz Gottes also nicht erfassen. Aber dass „da draußen“ irgendwer oder irgendetwas ist, der oder das so groß und überwältigend ist, dass er oder es das Universum vom Nichtsein ins Dasein gebracht hat, ist durchaus wahrscheinlich. Woher sollte denn sonst all die Masse bzw. Energie kommen?

Wie andere Religionen spekuliert auch die Bibel nicht über diese Fragen. Sie setzt Gott einfach voraus. Und statt sich in philosophischen Überlegungen zu erschöpfen, erzählt sie vor allem eine große und zusammenhängende Geschichte, ein Epos, das vor Urzeiten angefangen, dann langsam seinen Höhepunkt erreicht hat und nun weitergeht, bis das Ende da ist – und auch darauf liefert die Bibel einen Ausblick. Ob diese Geschichte so „stimmt“, ob das also tatsächlich so etwas wie der Blick hinter die Kulissen der Weltgeschichte ist, sozusagen ihr „roter Faden“, lässt sich natürlich ebenso wenig beweisen oder widerlegen wie die Existenz Gottes – zumindest jetzt noch nicht. Noch sind wir in unserer Hütte. Erst wenn die Weltgeschichte zu Ende ist, werden wir alle schlauer sein. Wie der Vogel in unserer Legende kündet die Bibel jedoch von einer Welt da draußen.

Aber wie bereits gesagt, tut sie das nicht auf philosophische

Weise. Wer die Bibel nicht als eine große zusammenhängende Geschichte liest, sondern zum Beispiel als Lehrbuch für dogmatische Leitsätze und ethische Lebensregeln, wird ihr deshalb nicht gerecht. Ebenso wenig werden es diejenigen, die darin vor allem eine Ansammlung von persönlichen Schicksalen sehen, die mehr oder weniger als Vorbilder geeignet sind. Die Bibel möchte uns nämlich nicht in erster Linie „gute" und „weniger gute" Persönlichkeiten vorstellen und auch keine „Prinzipien", „Werte", „Grundsätze" oder „Bilder" von Gott und den Menschen. All das existiert in ihr, das sind aber nicht die Hauptaussagen. Es geht vor allem um eine Geschichte, um *die* Geschichte schlechthin, den großen Strom des Lebens, der einen Anfang hat und ein Ende und in dem sich irgendwo auch unsere Geschichte verorten lässt oder lassen sollte. Deshalb ist Nachfolge so wichtig, denn das Leben hat nicht mit uns begonnen und wird vermutlich auch nicht mit uns enden. Wir sind nur eine verschwindend kleine Zwischenstation. Wir lernen von anderen – folgen ihnen nach – und geben das wiederum an die Nächsten weiter, die uns nachfolgen.

Aber auch damit ist vermutlich noch nicht genug gesagt. Die Bibel erzählt nämlich nicht einfach nur eine Geschichte, sondern sie will mit dieser Geschichte eine Dynamik freisetzen und uns motivieren. Wir kennen auch von anderswoher solche großen Erzählungen, die Menschen dazu bringen und gebracht haben, ihre gewohnte Umgebung zu verlassen und ins Unbekannte aufzubrechen. So haben Geschichten über einen sagenhaften südlichen Kontinent in der frühen Neuzeit Hunderte, wenn nicht Tausende von Menschen dazu bewogen, auf Schiffe zu steigen und ihn suchen zu gehen. Der „amerikanische Traum", nach dem jeder, der fleißig ist, es zu etwas bringen kann, hat Millionen in einem fremden Land ein neues Leben anfangen lassen. Und auch die Vorstellung, dass zwei Menschen füreinander geschaffen und bestimmt sind, die uns in unzähligen Romanen und Filmen vorgeführt wird, lässt vermutlich niemanden ruhig im Sessel sitzen.

Die Bibel erzählt so eine aktivierende und motivierende Geschichte, allerdings eine, die noch viel größer und im wahrsten

Sinne des Wortes allumfassender ist. Sie berichtet von einer fernen Vergangenheit, als die Welt noch jung und irgendwie in Ordnung gewesen ist, davon, wie sich dann das Böse in ihr ausgebreitet hat (zu jeder spannenden Geschichte gehört auch eine finstere Bedrohung!) und schließlich wie sich alles wieder zum Guten gewendet hat und wenden wird. Das ist keine Geschichte, die man einfach so liest, sondern eine, die einen mit hineinzieht, die Lust machen soll, selbst den eigenen Platz in dieser großen Erzählung zu finden. Wer sie liest und erzählt, sollte also dieses gewisse Leuchten in den Augen haben.

Leider ist das oft nicht der Fall. Wenn die Geschichte nicht in ihrem Zusammenhang betrachtet wird, sondern als eine Reihe von kleinen und größeren Einzelerzählungen, dann geht etwas Entscheidendes verloren. Das passiert auch, wenn man versucht, aus ihr so etwas wie eine „Moral" abzuleiten, die man dann in einem Satz zusammenfassen kann. Das Problem ist dabei, dass die Dynamik zwangsläufig verloren geht. Aus einer Bewegung wird nämlich eine Beschreibung. Nehmen wir ein Beispiel: Ich kann mit leuchtenden Augen meinen Kindern von der großen Liebe erzählen, davon, dass es „irgendwo da draußen" einen Menschen geben muss, mit dem man sich innerlich verbunden fühlt und der zu einem gehört. Ich kann davon schwärmen, dass einige wenige – ich zum Beispiel! – so einen Seelenverwandten gefunden haben, viele aber nicht, und dass das, was manche auf dieser Suche erlebt haben, jeden Einsatz wert ist, weswegen man sie auf keinen Fall aufgeben dürfe. Oder ich kann das Ganze in dem Satz zusammenfassen: Manche Menschen finden die große Liebe, viele aber nicht.

Ähnlich deaktivierend und demotivierend wirkt der oft gehörte Satz: „Gott liebt dich so, wie du bist." Dem ist natürlich zuzustimmen, das macht schon ein Blick auf die Alternativen deutlich: Wenn Gott uns wirklich liebt, dann kann er uns nur so lieben, wie wir sind, und eben nicht so, wie wir waren, sein werden oder sein könnten. Denn das wäre keine Liebe im Hier und Jetzt, sondern entweder eine verflossene, eine zukünftige oder eine nur mögliche. Als Beschreibung eines Zustandes taugt der Satz damit, allerdings kaum als Motivation zum Aufbruch.

Oder wie ist das bei Ihnen? Stellen Sie sich einmal vor, Sie sitzen auf der Couch und denken über Ihr Leben nach. Dabei kommt Ihnen plötzlich so ein Satz über die Lippen wie: „Ich glaube, ich sollte etwas mehr Sport treiben/ ein paar Kilo abnehmen/ mich beruflich weiterentwickeln/ mich intensiver um die Kinder kümmern/ eine Fremdsprache lernen" – oder was auch immer. Und dann lautet die Antwort Ihres Partners oder Ihrer Partnerin: „Ich liebe dich so, wie du bist." Vorsichtig ausgedrückt würde mir das nicht gerade helfen, den Hintern vom Sofa zu bekommen und die Dinge anzugehen. Im Gegenteil.

Leider gehen zu viele Predigten in diese Richtung. Sie beschreiben einen Zustand, aber sie motivieren nicht zum Aufbruch. Wer allerdings möchte, dass die Menschen ein Schiff bauen, sollte ihnen nicht zuerst einen Bauplan liefern, sondern die Sehnsucht nach dem weiten Meer in ihnen wecken, wie es so schön heißt. Genau das tut die Bibel, aber dazu muss man sie aus dem richtigen Blickwinkel lesen.

Nur damit mich niemand falsch versteht: Das bedeutet keineswegs, dass es in der Bibel keine Leitsätze, Werte, Regeln, Prinzipien, Gebote, Verbote, Grundsätze und was weiß ich nicht noch alles gibt. Natürlich gibt es die und sie sind auch notwendig. Wer ins Unbekannte aufbricht, wäre ganz schön naiv, wenn er davon ausgeht, dort bräuchte man das alles nicht. Im Gegenteil, normalerweise gibt es bei unbekannten Dingen noch viel mehr Regeln, Gebote, Leitlinien usw. als bei bekannten.

Wenn ich einfach nur einen Spaziergang um den Block unternehme, muss ich nicht viel beachten, außer dass es vermutlich ungünstig wäre, das mitten auf der Straße zu tun. Bei einer Bergwanderung – also in einem für mich Flachlandtiroler völlig unbekannten Gefilde – sieht das ganz anders aus. Ein erfahrener Bergführer wird mir sogar sagen, was ich mitzunehmen habe und was ich auf gar keinen Fall anziehen sollte. Vermutlich wird mir die eine oder andere Vorschrift ziemlich unsinnig vorkommen. Warum etwa sollte ich bei strahlendem Sonnenschein eine Regenjacke einpacken? Wer sich jedoch im Gebirge auskennt und weiß, dass das Wetter dort schnell umschlagen kann, findet diesen Rat vermutlich gar nicht mehr so komisch.

Leider neigen wir oft dazu, das Unbekannte zu unterschätzen, weil es auf den ersten und zweiten Blick scheinbar so bekannt aussieht. Das Ergebnis habe ich einmal auf einem T-Shirt gelesen: „Lass mich, ich kann das – oh, kaputt". Natürlich kannst du das, aber lass dir zuerst einmal zeigen, wie es geht und worauf du zu achten hast. Dazu braucht es Leitsätze, Regeln, Werte und Verbote. Aber vor allem Vorbilder, denen man nachfolgen kann. Und Geschichten, die einen überhaupt erst dazu bringen, sich ins Unbekannte zu stürzen.

EHRFURCHT.

„Am Anfang schuf Gott Himmel und Erde." (1. Mose 1,1) So lautet der erste Satz der Bibel. Das könnte man nun schlichtweg als Information verstehen, mit der gleichzeitig die Frage nach der Existenz Gottes sowie die nach seinem Verhältnis zur Welt geklärt werden soll. Aber so ist es sicher nicht gemeint, denn in der antiken Welt, in die dieser Satz hineingeschrieben wurde, ging man sowieso davon aus, dass irgendein Gott oder irgendwelche Götter die Welt geschaffen hat bzw. haben. Dass die Welt bloße Materie ist und irgendwie von sich aus entstanden sein könnte, vermutete damals außer ein paar Philosophen niemand. Und wie ich weiter oben schon ausgeführt habe, ist das auch nicht besonders überzeugend, schließlich weiß schon der Volksmund, dass von nichts auch nur nichts kommt.

Die Frage, *warum* Gott das Universum geschaffen hat, ist damit allerdings noch nicht beantwortet. Und interessanterweise wird sie auch in der Schöpfungsgeschichte gar nicht angesprochen. Dort wird einfach nur festgestellt, dass es so ist. Gott hat die Welt geschaffen. Punkt. Aber warum?

Über die Antwort lässt es sich wunderbar spekulieren. Die meisten dieser Annahmen setzen bei Gott und seinen Eigenschaften an. Zum Beispiel wird gesagt, dass Gott schöpferisch ist, kreativ und einfallsreich. Diese Kreativität, diese Schöpferkraft ist natürlich ohne Schöpfung nicht vorstellbar, ja, sie drängt geradezu zur Schöpfung. Ein kreatives Wesen, das nicht schöpferisch tätig ist, wäre absurd. Insofern muss Gott schaffen, wenn er schöpferisch ist.

Eine andere Herleitung geht von dem biblischen Gedanken aus, dass Gott die Liebe ist (vgl. 1. Johannes 4,16). Liebe ist allerdings eine Eigenschaft, die notwendigerweise ein Gegenüber braucht. Ich kann nicht sagen: „Ich bin die Liebe", und auf die Frage: „Wen oder was liebst du denn?", antworte ich: „Nichts und niemanden." Liebe braucht also ein Objekt, um Liebe sein zu können. Wenn es außer Gott nichts gäbe, so wird in diesem Fall argumentiert, dann könne er auch nicht die Liebe sein (höchstens vielleicht die Selbstliebe, aber die wird normalerweise in eine ganz andere Kategorie gepackt). Oder umgekehrt: Damit Gott die Liebe sein kann, die er ist, muss er ein Objekt schaffen, das er lieben kann.

Diese und andere Erklärungen leiden allerdings unter einem entscheidenden Makel: Sie gehen letztlich immer davon aus, dass Gott irgendeinen Grund gehabt haben muss, um die Welt zu schaffen, ja, sogar einen Grund, der die Erschaffung des Universums geradezu zwingend notwendig macht. Gott muss also um seiner selbst willen die Welt schaffen, sonst ist er nicht das, was er ist. Die Schöpfung wäre damit eine Notwendigkeit, etwas, das irgendwann zwangsläufig passieren musste, und folglich kein freier Akt.

Lassen Sie uns kurz innehalten und überlegen, was das bedeutet. Wenn die Schöpfung zwingend notwendig wäre, damit Gott Gott ist, dann hätte sie ihm gegenüber etwas in der Hand, sozusagen eine Verhandlungsmasse. Ein Lehrer existiert als solcher nicht ohne Schüler, eine Ehefrau als solche nicht ohne ihren Ehemann, Eltern gibt es nicht, wenn sie keine Kinder haben. Wenn Gott die Welt also zwingend hätte schaffen müssen, um das zu sein, was er ist, dann könnte die Welt ihm etwas wegnehmen, so wie eine Frau ihrem Mann den Status „verheiratet" wegnehmen kann, indem sie sich scheiden lässt. Ohne Ehe ist der Mann schließlich auch kein Ehemann mehr. Wir könnten

Gott gegenüber also mit einem gewissen Selbstbewusstsein auftreten: „Wir sind zwar nur durch dich, was wir sind, aber du bist auch nur durch uns, was du bist!"

Aber ist das so? Unterliegt sogar Gott bestimmten Zwängen und Notwendigkeiten? Muss auch er etwas tun, um das zu sein, was er ist – oder muss er gar irgendwem (wem denn?) durch sein Handeln etwas beweisen, also zum Beispiel, dass er schöpferisch ist oder die Liebe oder was auch immer? Mit anderen Worten und etwas theologischer formuliert: Existiert Gott nur durch seine Werke, baut er sein Dasein und Selbstverständnis auf dem auf, was er leistet?

In der Bibel kann ich das nicht erkennen, im Gegenteil. Wo sie von der Schöpfung spricht, spricht sie von dem Staunen, das damit verbunden ist. Und dieses Staunen bezieht sich nicht nur auf das Erscheinungsbild der Schöpfung und die dahinter vermutete Kreativität ihres Schöpfers, sondern auch darauf, dass es überhaupt eine Schöpfung gibt. Schon das erste Kapitel der Bibel ist ein Lied, ein Hymnus, in dem wie in Strophen Gottes schöpferisches Handeln besungen wird.

Von irgendeiner Notwendigkeit ist da nichts zu sehen, auch muss Gott niemandem etwas beweisen. Selbst seine schöpferische Tätigkeit ist in diesem Sinne eigentlich gar keine. Er schafft durch sein Wort, durch das, was im Anfang des Johannesevangeliums und des Hebräerbriefes mit Jesus Christus verbunden wird, er schafft also auf eine Weise, die wir uns gar nicht vorstellen können. Er spricht und es geschieht. Da wird nicht befohlen und angeschafft, sondern das Wort selbst holt die Dinge ins Dasein, „ruft das, was nicht ist, dass es sei" (Römer 4,17).

Das damit verbundene Staunen finden wir an verschiedenen Stellen der Bibel, vor allem aber in den Psalmen. Um nur ein Beispiel zu nennen:

„Die Himmel erzählen die Ehre Gottes, und die Feste verkündigt seiner Hände Werk. Ein Tag sagt's dem andern, und eine Nacht tut's kund der andern, ohne Sprache und ohne Worte; unhörbar ist ihre Stimme. Ihr Schall geht aus in alle Lande und ihr Reden bis an die Enden der Welt." (Psalm 19,2-5)

Noch deutlicher wird ein anderer Psalm, der die Schöpfung zum Menschen in Beziehung setzt:

> *„Wenn ich sehe die Himmel, deiner Finger Werk, den Mond und die Sterne, die du bereitet hast: was ist der Mensch, dass du seiner gedenkst, und des Menschen Kind, dass du dich seiner annimmst?" (Psalm 8,4f.)*

Wenn ich diesen und andere Texte lese, frage ich mich, ob mir dieses Staunen nicht abhandengekommen ist bzw. ob ich es jemals wirklich gehabt habe. Nicht von ungefähr bezeichnen wir die Schöpfung als unsere „Umwelt", so als wäre sie so etwas wie unser Wohnzimmer oder der Vorgarten. Schon der Begriff suggeriert, dass die Erde *unser* Planet ist, etwas, das nur zu unserem Nutzen (und Vergnügen) da ist und von uns gestaltet wird. Bei den virtuellen Welten, in denen wir uns mittlerweile so sehr aufhalten, dass wir die richtige Welt aus den Augen zu verlieren drohen, ist das tatsächlich der Fall. Und damit meine ich nicht nur Smartphones und ähnliche elektronische Geräte, sondern auch schlichtweg unsere Wohn- und Arbeitsumgebungen. Alles, mit dem wir es dort zu tun haben, ist auf unsere echten oder vermeintlichen Bedürfnisse hin ausgerichtet, es existiert wegen uns, um unseretwillen und nach unserem Geschmack und unserem Vorgaben.

Selbst scheinbar „unberührte" Natur ist genau das nicht, sondern nur schon seit Jahrzehnten oder Jahrhunderten auf eine bestimmte Weise (nicht) gestaltete Natur. Wir leben in Kulturräumen und -landschaften, in menschengemachter Umgebung, die eben manchmal – wenn es unserem Geschmack entspricht – vergleichsweise wild aussieht.

Das soll jetzt alles kein Gejammer im Sinne eines „Früher war alles besser" sein, ganz und gar nicht. Aber mir fällt immer wieder auf, wie sehr ich „unseren" Planeten als genau das betrachte – und eben nicht als Gottes Schöpfung. Alles sieht so beherrschbar aus, man muss nur mit der richtigen Technik herangehen. Leider braucht es manchmal extreme Impulse, damit ich merke, wie sehr dieser Schein trügt. Wenn ein heftiges Gewitter niedergeht, ein schwerer Sturm an den Fensterscheiben rüttelt und Äste von den Bäumen reißt, dann merke ich, wie die Fassade bröckelt. Diese Welt gehört nicht uns, und sie hört auch nicht auf uns. Ich lese Berichte von Überschwemmungen und Vulkanausbrüchen, von unbarmherzigen Wüsten, undurchdringlichen Wäldern und von der tosenden Kraft des Meeres und ahne, dass da noch mehr ist, dass hinter all dem eine Kraft schlummert, die nicht beherrschbar ist und die meist nur schläft und jederzeit wieder aufwachen kann, wie sie es im Lauf der Geschichte schon oft getan hat.

„Was ist der Mensch, dass du seiner gedenkst?", fragt der Psalmist. Was ist der Mensch angesichts der Größe der Schöpfung, der überwältigenden Dimensionen des Universums? Was ist unsere kleine Lebensspanne vor dem Hintergrund der Jahrmillionen und -milliarden, die es braucht, bis das Licht der Sterne unseren Nachthimmel erhellt? Wenn selbst die Völker nur „Tropfen am Eimer" sind und ein „Staubkorn auf der Waage" (Jesaja 40,15), was ist dann erst der einzelne Mensch? Wie kann er, wie können wir es wagen, die Welt unter Nutzungsaspekten zu betrachten, sie einzuteilen in Bodenschätze, Erholungsräume, Wirtschaftszonen und Freizeitmöglichkeiten, in Nutztiere und Schädlinge, in Ziergewächse, Gartenpflanzen und Unkraut?

Vielleicht kennen Sie ja den Witz, den man sich über Hunde und Katzen erzählt: Wenn man einen Hund bei sich aufnimmt, dann denkt der Hund: „Sie füttern mich, sie pflegen mich – sie müssen Götter sein!" Macht man dagegen dasselbe mit einer Katze, dann sagt sie sich: „Sie füttern mich, sie pflegen mich – *ich* muss ein Gott sein!" Ich fürchte, unsere Frömmigkeit entspricht in vielen Zügen eher der einer Katze als der eines Hundes. Wenn wir die Welt betrachten und dabei an ihren Schöpfer denken, kommen uns viel zu oft Gedanken in den Sinn, die so einer „Katzen-Frömmigkeit" entsprechen: Wenn Gott das alles für mich geschaffen hat, wie großartig und wichtig muss *ich* dann doch sein!

Von dieser Großartigkeit des Menschen höre ich jedenfalls viel zu viel. Manche Lieder, in denen scheinbar reformatorische Frömmigkeit zum Ausdruck gebracht werden soll – Gott nimmt dich so an, wie du bist –, klingen verdächtig nach dem Gegenteil: Ich bin ein Versager, aber Gott steht zu mir, er glaubt an mich. Nicht wenige Konzepte und Konferenzen huldigen heimlich oder ganz offen irgendeinem Machbarkeitswahn, einem „Think Big!" Und wie oft höre ich, dass Gott mit jedem Einzelnen etwas ganz Besonderes vorhat: Mit dir will er Großes erreichen! Du kannst einen Unterschied machen in der Welt! Du gehörst zur auserwählten Generation!

Vielleicht ist das so. Vermutlich aber nicht. Die allermeisten Menschen sind nichts Besonderes, sondern einfach ein verschwindend kleiner Teil des großen Stroms des Lebens. Auch ich bin nicht mehr. Umso wichtiger ist es, den eigenen Platz in der Schöpfung zu sehen und das eigene Maß zu erkennen. Wenn selbst Völker nur Tropfen und Staubkörner sind, bin ich wirklich nicht viel. Und wenn mich das nicht zu Ehrfurcht und Anbetung herausfordert, dann weiß ich nicht, was sonst. Das hat übrigens auch mit Nachfolge zu tun. Bevor ich mich auf den Weg machen kann, brauche ich ein realistisches Bild von mir, sonst überschätze ich vielleicht meine Fähigkeiten und erleide unterwegs Schiffbruch. Und gleichzeitig ist Nachfolge auch *der* Weg, auf dem ich überhaupt erst lerne, wer ich bin und welche Fähigkeiten ich habe.

SPIEGELBILD.

Vielleicht ist das der Punkt, an dem wir ansetzen müssen: Wir müssen uns zunächst einmal über die Besitzverhältnisse klar werden. Dieser Planet ist nicht unsere Welt, er gehört uns nicht, auch nicht unseren Vorfahren oder unseren Kindern. Nichts in dieser Welt werden wir jemals wirklich besitzen. Meine Großmutter, die eine sehr weise Frau gewesen ist, hat gern gesagt: „Mach einmal die Augen zu. Das, was du da siehst, gehört wirklich dir. Denn das kannst du mitnehmen, wenn du eines Tages gehst." Nun ist sie schon lange gegangen und hat tatsächlich nur das mitgenommen, was sie mit geschlossenen Augen gesehen hat. Und uns wird es auch nicht anders gehen.

Wenn uns jedoch deutlich wird, dass wir in einer geliehenen Umgebung wohnen, dass wir auf diesem Planeten nur auf unbestimmte Zeit geduldet sind, dann ergibt es sich eigentlich ganz von selbst, dass wir mit ihm als einem geliehenen Gut sorgsam umgehen sollten. Das gebietet schließlich der Anstand. Und nicht nur der. In der Regel muss man nämlich bei Dingen, die man geliehen hat, bei der Rückgabe Rechenschaft darüber ablegen, wie man mit ihnen umgegangen ist. Dabei ist es ziemlich egal, ob ich mir von einem Freund ein Auto geborgt habe und es ihm völlig verdreckt und mit einer frischen Beule zurückgebe oder ob ich dasselbe bei einem Fahrzeugverleiher mache. Der Freund wird vielleicht nur unangenehme Fragen stellen und die Autovermietung zusätzlich noch eine Rechnung präsentieren, ohne Rechenschaft läuft es aber nirgendwo ab. Denn wer etwas ausleiht, übernimmt Verantwortung für dessen Gebrauch, und zwar eine, die mit Rechenschaft verbunden ist. Er muss sich vor dem Besitzer verantworten.

Das gilt umso mehr, wenn wir in Betracht ziehen, dass die Bibel ein ganz anderes Verhältnis zur Schöpfung lehrt, als wir es heute haben. So etwas wie eine von Gott losgelöste und unabhängige Natur, die ihren eigenen Gesetzen gehorcht und von uns entsprechend gebraucht, strukturiert und manipuliert werden kann, gibt es für sie nicht. In der Schöpfung haben es die Menschen vielmehr immer mit dem Schöpfer selbst zu tun. Hören wir noch einmal einen Psalm, diesmal ganz ausführlich:

„Lobe den Herrn, meine Seele! Herr, mein Gott, du bist sehr groß; in Hoheit und Pracht bist du gekleidet. Licht ist dein Kleid, das du anhast. Du breitest den Himmel aus wie ein Zelt; du baust deine Gemächer über den Wassern. Du fährst auf den Wolken wie auf einem Wagen und kommst daher auf den Fittichen des Windes, der du machst Winde zu deinen Boten und Feuerflammen zu deinen Dienern; der du das Erdreich gegründet hast auf festen Boden, dass es nicht wankt immer und ewiglich.

Die Flut der Tiefe deckte es wie ein Kleid, und die Wasser standen über den Bergen, aber vor deinem Schelten flohen sie, vor deinem Donner fuhren sie dahin. Sie stiegen hoch empor auf die Berge und sanken herunter in die Täler zum Ort, den du ihnen gegründet hast. Du hast eine Grenze gesetzt, darüber kommen sie nicht und dürfen nicht wieder das Erdreich bedecken.

Du lässest Brunnen quellen in den Tälern, dass sie zwischen den Bergen dahinfließen, dass alle Tiere des Feldes trinken und die

Wildesel ihren Durst löschen. Darüber sitzen die Vögel des Himmels und singen in den Zweigen.

Du tränkst die Berge von oben her, du machst das Land voll Früchte, die du schaffest. Du lässest Gras wachsen für das Vieh und Saat zu Nutz den Menschen, dass du Brot aus der Erde hervorbringst, dass der Wein erfreue des Menschen Herz und sein Antlitz glänze vom Öl und das Brot des Menschen Herz stärke.

Die Bäume des Herrn stehen voll Saft, die Zedern des Libanon, die er gepflanzt hat. Dort nisten die Vögel, und die Störche wohnen in den Wipfeln. Die hohen Berge geben dem Steinbock Zuflucht und die Felsklüfte dem Klippdachs.

Du hast den Mond gemacht, das Jahr danach zu teilen; die Sonne weiß ihren Niedergang. Du machst Finsternis, dass es Nacht wird; da regen sich alle Tiere des Waldes, die jungen Löwen, die da brüllen nach Raub und ihre Speise fordern von Gott. Wenn aber die Sonne aufgeht, heben sie sich davon und legen sich in ihre Höhlen. Dann geht der Mensch hinaus an seine Arbeit und an sein Werk bis an den Abend.

Herr, wie sind deine Werke so groß und viel! Du hast sie alle weise geordnet, und die Erde ist voll deiner Güter. Da ist das Meer, das so groß und weit ist, da wimmelt's ohne Zahl, große und kleine Tiere. Dort ziehen Schiffe dahin; da ist der Leviatan, den du gemacht hast, damit zu spielen.

Es wartet alles auf dich, dass du ihnen Speise gebest zu seiner Zeit. Wenn du ihnen gibst, so sammeln sie; wenn du deine Hand auftust, so werden sie mit Gutem gesättigt. Verbirgst du dein Angesicht, so erschrecken sie; nimmst du weg ihren Odem, so vergehen sie und werden wieder Staub. Du sendest aus deinen

Odem, so werden sie geschaffen, und du machst neu das Antlitz der Erde.

Die Herrlichkeit des Herrn bleibe ewiglich, der Herr freue sich seiner Werke! Er schaut die Erde an, so bebt sie; er rührt die Berge an, so rauchen sie.

Ich will dem Herrn singen mein Leben lang und meinen Gott loben, solange ich bin. Mein Reden möge ihm wohlgefallen. Ich freue mich des Herrn.

Die Sünder sollen ein Ende nehmen auf Erden und die Gottlosen nicht mehr sein. Lobe den Herrn, meine Seele! Halleluja!" (Psalm 104)

Merken Sie etwas? Für die Verfasser der Bibel ist Gott kein reicher Verwandter, der einem die Wohnung kauft und einrichtet und sich dann wieder in seine Villa zurückzieht. Er ist kein Gott, der sich in der Regel außerhalb unserer Welt aufhält und sie sich selbst (bzw. uns) überlässt, um hier und da mal „einzugreifen".

Letzteres ist übrigens ein verräterisches Wort, weil es viel über unser Weltbild aussagt. Wenn Gott eingreift, indem er „Naturgesetze" kurzzeitig außer Kraft setzt und vielleicht sogar etwas „Übernatürliches" tut, dann zeugt das von einem Weltbild, das sich grundlegend von dem der Heiligen Schrift unterscheidet. Da braucht Gott nämlich nicht einzugreifen, weil ohne ihn sowieso nichts läuft. Schließlich ist er es, der das Gras wachsen lässt, die Bäume pflanzt und Menschen und Tieren zu essen gibt, wie wir im Psalm gesehen haben.

Allein dieser Gedanke sollte uns einen gehörigen Respekt einjagen, wenn es um die Frage geht, wie wir mit Gottes Schöpfung und unseren Mitgeschöpfen, also anderen Menschen, aber auch Tieren und Pflanzen, umgehen. Denn der Vergleich von eben mit dem geborgten Auto stimmt so nicht. Es ist nämlich noch viel schlimmer: Wir haben das Auto nicht im eigentlichen Sinne geliehen, sondern sind nur von seinem Besitzer kurzzeitig ans Steuer gelassen worden, während er es sich auf dem Beifahrersitz bequem gemacht hat. Alles, was wir am Steuer anstellen, bekommt er hautnah mit. Und deshalb weiß er auch schon während der Fahrt, ob die Beule wirklich unvermeidlich gewesen ist und der Dreck nur von den ungepflegten Wegen stammt und nicht etwa von einer Spritztour ins Gelände.

Allein daraus ergibt sich, dass wir beim Umgang mit der Schöpfung auf einen sachgemäßen, also von Gott her bestimmten Gebrauch achten müssen. Das gehört zur Nachfolge dazu, weil es Teil unserer Verantwortung gegenüber unserem Schöpfer ist. Das immer wieder vorgebrachte Argument, Jesus habe keinen Umweltschutz betrieben und gepredigt, weswegen wir es auch nicht bräuchten, ergibt allein schon deshalb wenig Sinn. Dazu kommt, dass er in einer Zeit lebte, in der es zwar Umweltprobleme gab, aber nicht einmal annähernd in der Massivität wie heute, womit sich auch entsprechende Aufforderungen relativieren.

Wer allerdings trotzdem den Nachfolgebegriff so eng auslegen möchte, dass darunter nur die bloße Nachahmung fällt, für den kann man den Spieß auch gern umdrehen: Jesus ist kein Auto gefahren, er hat seine Wohnung nicht mit fossilen Brennstoffen geheizt und auch nicht mit Atomstrom beleuchtet. Er hat sich nicht mit billigen Plastikprodukten und teuren Elektrogeräten umgeben und auch nur sehr, sehr wenig weggeworfen. Bei seiner Kreuzigung besaß er schlichtweg die Kleidung auf seinem Leib. Wenn wir uns Jesus also auch in dieser Hinsicht zum Vorbild nehmen, brauchen wir tatsächlich keinen weiteren Umweltschutz zu betreiben und zu predigen.

Doch kommen wir noch einmal zurück auf den ursprünglichen Gedanken: Wenn wir etwas leihen und in Gegenwart seines Besitzers benutzen, dann versuchen wir normalerweise, es in seinem Sinne zu gebrauchen, also auf eine Weise, wie es der Besitzer auch täte oder tun könnte. Das ist bei der Schöpfung nicht anders, wie wir schon im ersten Kapitel der Bibel sehen. Was dort beschrieben wird, ist nämlich nach Ansicht der meisten Theologen nicht einfach nur so etwas wie ein nüchterner

Bericht über die Entstehung des Alls, sondern der Bau eines Tempels. In fünf Tagen wird ein Gebäude errichtet, in das am sechsten Tag der Mensch als „Ebenbild" Gottes hineingestellt wird:

> *„Und Gott sprach: Lasset uns Menschen [wörtlich: Adam bzw. ‚einen Menschen'] machen, ein Bild, das uns gleich sei, die da herrschen über die Fische im Meer und über die Vögel unter dem Himmel und über das Vieh und über die ganze Erde und über alles Gewürm, das auf Erden kriecht." (1. Mose 1,26)*

Das hebräische Wort, das hier für „Ebenbild" oder „Abbild" genannt wird, *zäläm*, bezeichnet wie seine vorchristliche griechische Übersetzung in der Septuaginta, *ikon* (von dem das englische Wort *„icon"* ebenso abgeleitet ist wie die „Ikone"), anderswo ein Götterbild. Der Mensch übt in der Schöpfung damit dieselbe Funktion aus wie ein Götterbild in einem antiken Tempel: Er soll einerseits die Gottheit repräsentieren, indem er die wichtigsten ihr zugeschriebenen Eigenschaften symbolisiert, und andererseits der Gemeinde einen Fokus bieten, einen Ort, ein Ziel für ihr religiöses Suchen und Streben.

Wie das funktioniert, kann man an einer Geschichte sehen, in der es schiefgegangen ist. Im zweiten Buch Mose lesen wir:

> *„Als aber das Volk sah, dass Mose ausblieb und nicht wieder von dem Berge herabkam, sammelte es sich gegen Aaron und sprach zu ihm: Auf, mach uns einen Gott, der vor uns hergehe! Denn wir wissen nicht, was diesem Mann Mose widerfahren ist, der uns aus Ägyptenland geführt hat. Aaron sprach zu ihnen: Reißt ab die goldenen Ohrringe an den Ohren eurer Frauen, eurer Söhne und eurer Töchter und bringt sie zu mir. Da riss alles Volk sich die goldenen Ohrringe von den Ohren und brachte sie zu Aaron.*

Und er nahm sie von ihren Händen und bildete das Gold in einer Form und machte ein gegossenes Kalb. Und sie sprachen: Das ist dein Gott, Israel, der dich aus Ägyptenland geführt hat!

Als das Aaron sah, baute er einen Altar vor ihm und ließ ausrufen und sprach: Morgen ist des Herrn Fest. Und sie standen früh am Morgen auf und opferten Brandopfer und brachten dazu Dankopfer dar." (2. Mose 32,1-6; nach Luther 1984)

Was diese Geschichte deutlich macht, ist zunächst einmal, dass dem Volk der religiöse Bezugspunkt abhandengekommen war. Mose hatte es bisher geleitet, nun aber war er scheinbar auf dem Berg Sinai verschwunden und schien auch nicht mehr wiederzukommen. Das religiöse Streben des Gottesvolkes hatte also keine Orientierung mehr, es war völlig unklar, worauf es sich richten sollte. Interessant ist in diesem Zusammenhang auch, dass es dabei nicht einfach nur um einen sozusagen statischen Punkt ging, um so etwas wie ein feststehendes Zentrum, sondern um Führung, um Anleitung – also um Nachfolge: „Auf, mach uns einen Gott, *der vor uns hergehe*!" (V. 1)

Wie weiter unten im Text deutlich wird, wo ausdrücklich vom „Herrn" die Rede ist (V. 6) – also der Gottesname JHWH gebraucht wird –, geht es dabei nicht um einen fremden Gott, der den eigentlichen ersetzen sollte. Es geht vielmehr um die Frage nach Gottes Ebenbild. Bisher war das Mose, an ihm konnte man sich orientieren. Jetzt ist er weg, es muss also ein neues her.

Aaron reagiert auf diese Aufforderung, indem er ein Bild aus Gold herstellt. Luther übersetzt dies mit einem „Kalb", es geht freilich nicht um ein süßes Kälbchen auf irgendeinem Familienbauernhof, sondern um eine Repräsentation des Gottes, der kurz zuvor den Pharao mit seiner gesamten Streitmacht im Meer ertränkt und so das Volk Israel aus der Sklaverei befreit hatte. Wir sollten daher eher an einen jungen Stier denken, eines der kraftstrotzendsten Tiere im Umfeld Israels.

An diesem Stierbild wird zugleich auch deutlich, dass ein Götterbild nicht so aussieht wie der Gott selbst. Das ergibt ja auch keinen Sinn, selbst im Heidentum nicht. Denn wie sollte man abstrakte Dinge wie „Fruchtbarkeit", „Kriegsglück", „Wetter" und Ähnliches in irgendeiner Weise in einer Statue abbilden können? Das geht nur, wenn man herausragende Eigenschaften der jeweiligen Gottheit isoliert und die wiederum mit einer darstellbaren Symbolik verbindet. Auf diese Weise wird etwa die Fruchtbarkeit in einer mütterlich aussehenden Göttin repräsentiert, der Krieg in einem muskulösen Krieger und das Wetter vielleicht in einem Wesen mit Blitzen in der Hand.

Entsprechend müssen wir also davon ausgehen, dass auch das Volk Israel nicht dachte, es sei eigentlich von einem Stier aus Ägypten herausgeführt worden, sondern vielmehr, dass der Gott, der es befreit hatte, Eigenschaften aufweist, die sich durch einen Stier darstellen lassen: Kraft, Mut und Durchsetzungsvermögen.

Mit diesem Wissen im Hinterkopf können wir uns nun wieder 1. Mose 1 zuwenden. Wenn dort vom Menschen als dem „Ebenbild" Gottes gesprochen wird, ist damit also gerade nicht gemeint, dass wir uns Gott irgendwie anthropomorph, also menschenähnlich vorstellen sollten. Uns ist er so ähnlich wie einem jungen Stier, deswegen verbietet er nicht ohne Grund jegliche Darstellung seiner selbst, weil sie nämlich nur auf Abwege führen würde (vgl. 2. Mose 20,4). Aber dennoch muss ein Bildnis, ein Abbild, Eigenschaften symbolisieren, die an das Urbild, das Original, erinnern. So wie der Stier die Kraft und den Mut symbolisiert, die Gott zugeschrieben werden, so muss auch der Mensch als Ebenbild Gottes bestimmte Eigenschaften repräsentieren, die die Schöpfung an Gott denken lassen.

Leider wird 1. Mose 1,26 in erster Linie im Hinblick auf die Eigenschaften von Mensch und Gott gelesen und damit auf die Frage hin, inwieweit beide sich ähnlich sind. Diese Ähnlichkeit könnte zum Beispiel in der Beziehungsfähigkeit bestehen. So wie Gott einer ist und doch drei und somit auf Beziehung hin „angelegt", so ist auch die Menschheit eine und doch viele. Möglich ist auch, dass sich bestimmte Wesenszüge Gottes ebenfalls im Menschen finden lassen, also zum Beispiel seine Kreativität, seine Vernunft und sein planvolles Vorgehen.

Das sind jedoch alles Spekulationen, die am Eigentlichen vorbeigehen. Denn 1. Mose 1,26 läuft nicht auf einen Vergleich des Menschen mit seinem Schöpfer hinaus, sondern auf seinen Auftrag. Der Mensch soll „herrschen über die Fische im Meer und über die Vögel unter dem Himmel und über das Vieh und über die ganze Erde und über alles Gewürm, das auf Erden kriecht". Insofern ist er Gott ähnlich, denn das ist genau das, was Gott als Schöpfer tut. Der Mensch ist Gottes Abbild, weil er ihn vor der Schöpfung in seinem Tun repräsentieren soll.

Der Vergleich mit einem Autobesitzer, der einen Mitfahrer ans Steuer lässt, trifft es also sehr gut. Gott hat den Menschen geschaffen, damit er die Schöpfung in seinem Sinne weiterführt, so wie jemand das Steuer einem Chauffeur übergibt, damit dieser ihn ans Ziel bringt. Das zweite Kapitel der Bibel konkretisiert das noch ein bisschen, indem es von einer in gewisser Weise unfertigen Schöpfung ausgeht, an die der Mensch noch Hand anlegen muss. Als Schöpfer nimmt Gott ihn in den Schöpfungsprozess hinein, mit dem „Garten" gibt er ihm so etwas wie eine „brache Fläche", die nun „bebaut und bewahrt" werden muss (vgl. 1. Mose 2,15). Gott legt also den Garten an und ernennt den Menschen zum Gärtner.

Das Bild vom Garten lässt darauf schließen, dass mit der Schöpfung eine von Gott geschaffene Ordnung verbunden ist, denn die unterscheidet einen Garten von der ihn umgebenden Wildnis. In diese Richtung geht auch 1. Mose 1, wo erstaunlich oft Begriffe aus dem Bereich der Ordnung verwendet werden. Dort „unterscheidet" Gott (1. Mose 1,4.7.18) und „benennt" (1,5.8), die Geschöpfe existieren „ein jedes nach seiner Art" (1,11.12.21.24.25). Wasser und Land werden getrennt, die Himmelskörper und die Sphäre des Menschen, die der Vögel, der Fische und der Landtiere. Und dazu kommt die zeitliche Komponente: Unterschwellig wird hier nicht nur der Rhythmus von Tag und Nacht unterstrichen, sondern die Zeit auch in eine Woche eingeteilt, deren letzter Tag ein Ruhetag ist. So sieht Ordnung aus, damit wird das ursprüngliche Chaos besiegt, das *tohu wabohu* („wüst und leer", 1. Mose 1,2), wie der anfängliche Urzustand auf Hebräisch genannt wird.

Interessant ist das vor allem deshalb, weil es uns einen Einblick in die Vorstellungswelt der biblischen Menschen liefert. Für sie war die Ordnung der Welt nichts Selbstverständliches, sondern etwas von Gott Geschaffenes. So etwas wie „Naturgesetze“ oder gar eine völlig selbständige „Natur“ gab es für sie ja nicht, vielmehr führten sie alles auf Gott zurück. Das bedeutet allerdings nicht, dass jede Ordnung gottgewollt oder gar gottgegeben ist. Aber gerade in einer Zeit, die Grenzüberschreitungen und die Auflösung von Ordnungen oft für Fortschritte hält, ist es vielleicht wichtig zu unterstreichen, dass Ordnungen nicht nur zum Leben dazugehören, sondern es überhaupt erst ermöglichen und strukturieren.

Und in dieses Ordnungsgefüge der Schöpfung setzt Gott nun den Menschen als sein „Ebenbild“, damit er in ihm im Sinne Gottes herrschen soll. Wie bei Götterbildern allgemein üblich soll also der Mensch so etwas wie ein „Spiegelbild Gottes“ sein, ein Wesen, an dem und in dem man erkennen kann, wie Gott ist. Wenn die Schöpfung es mit dem Menschen zu tun hat, soll es also so sein, als hätte sie es mit Gott selbst zu tun.

Das ist aber nur die eine Seite der Gottesebenbildlichkeit des Menschen. Wie bei einem Spiegel funktioniert sie auch andersherum. Als Menschen sollen wir nämlich nicht nur Gottes weise Herrschaft über die Schöpfung repräsentieren, sondern auch der Anbetung der Schöpfung Ausdruck verleihen, ihr ein Zentrum und eine Gestalt geben. Wie wir aus den Psalmen wissen, soll sich der Himmel freuen und die Erde fröhlich sein, die Bäume sollen jauchzen (Psalm 96,11f.), ebenso sollen die Fische den Herrn loben und „Feuer, Hagel, Schnee und Nebel, Sturmwinde, die sein Wort ausrichten, ihr Berge und alle Hügel, ihr Fruchtbäume und alle Zedern, ihr Tiere und alles Vieh, Gewürm und Vögel“ (Psalm 148,8-10).

Diesen Jubel der Schöpfung, dieses Gotteslob, das man mit aufmerksamen Sinnen nicht nur im Frühling wahrnehmen kann, sondern immer wenn man zum Beispiel Tiere beim Spielen und Herumtoben beobachtet, soll der Mensch als Gottes Ebenbild aufnehmen, bündeln und vor Gott bringen. Denn nur der Mensch ist dazu fähig, Gotteshäuser zu bauen, die Größe

Gottes in Worten zu verkündigen, sie in Liedern zu besingen, sie in Gebeten zu formulieren. Nur der Mensch kann sein Leben bewusst nach Gottes Ordnungen ausrichten und damit in der Nachfolge leben. Nur der Mensch ist Gottes Ebenbild und Spiegelbild. Und deshalb ist es auch so verheerend, wenn er das nicht mehr ist und sein will.

VERTAUSCHUNG.

Die Bibel veranschlagt sechs Tage für die Erschaffung der Welt und redet dann von einem Tag, an dem Gott ruhte „von allen seinen Werken, die er gemacht hatte“ (1. Mose 2,2). Wenn man davon ausgeht, dass es sich bei beiden Informationen nicht einfach nur um so etwas wie „statistische Angaben“ handelt, sondern um Aussagen, die die Schöpfung deuten, kann man Folgendes daraus schließen: Die Schöpfung ist ein Prozess, ein Geschehen in Zeit und Raum. Auch wenn beides mit der Schöpfung überhaupt erst entsteht, geschieht die Erschaffung des Alls doch nicht wie wenn ein Zauberer das berühmte Kaninchen aus dem Hut holt: ein Trommelwirbel und – Tatatata! – da ist es. Nein, es dauert seine Zeit, wir bekommen in 1. Mose 1 und 2 sogar so etwas wie einen Einblick in die Werkstatt des Schöpfers.

Das finde ich aus verschiedenen Gründen interessant. Zum einen widerspricht es grundlegend dem Gottesbild, das die meisten Christen vermutlich haben (jedenfalls die, die ich kenne). Sie stellen sich nämlich einen Gott vor, der in einer Weise allmächtig ist, dass ihm alles quasi per Fingerschnipsen gelingt. Allmacht wäre damit nicht nur die Fähigkeit, jegliches gewünschte Ziel zu erreichen, sondern das muss darüber hinaus auch noch sofort und völlig mühelos geschehen – was zeigt, wie sehr unsere Gottesvorstellung von unserer Lebenswelt beeinflusst ist. Gott wäre damit so etwas wie ein „Super-User“, der sich sozusagen per Mausklick und 3-D-Drucker die Schöpfung in null Komma nichts ins eigene Wohnzimmer zaubert.

Die Bibel sieht das offensichtlich anders. In ihr wird zwar davon gesprochen, dass bei Gott „alle Dinge möglich“ sind (Matthäus 19,26), die Vorstellung jedoch, dass alles, was Gott will, deswegen sofort und auf der Stelle passieren muss, unterstützt sie nicht. Für sie ist Zeit also keine überflüssige oder vielleicht sogar lästige Verzögerung, sondern durchaus ein Schöpfungsmittel. Gott schafft nicht nur die Zeit selbst, sondern gebraucht sie auch, um Dinge zu erschaffen, er schafft also in der Zeit und durch die Zeit.

Dazu passt auch das Schöpfungsprinzip, das Gott in die Welt eingepflanzt hat: „Seid fruchtbar und mehret euch“ (1. Mose 1,22.28). Die Schöpfung wurde demnach mit dem eigentlichen Schöpfungsakt zwar in Gang gesetzt, aber längst noch nicht vollendet. Sie ist vielmehr wie ein Samenkorn, ein Keim, ein kleines Pflänzchen, das zwar alles schon in sich trägt, aber erst noch entfalten muss.

Dieses Prozesshafte, das in der Schöpfung angelegt ist, zeigt sich auch an anderen Stellen. Nicht nur das geistliche Wachstum ist ein Prozess, sondern ebenso das Heil selbst. Denn auch seine bedeutsamen Stationen – von der Befreiung aus Ägypten über den Einzug ins Gelobte Land bis hin zu Jesus selbst und der Ausbreitung der Gemeinde – sind jeweils mit einer zeitlichen Entwicklung verbunden. Die Zeit ist damit wie der Raum sowohl für die Schöpfung wie auch für das Heil von entscheidender Bedeutung, weswegen wir sie ebenfalls nicht vernachlässigen sollten.

Zu diesem Gedanken von der Zeit als Schöpfungsmittel und der Vorstellung, dass Gott seine noch keimhafte Schöpfung dem Menschen als seinem Ebenbild anvertraut, passt auch die Vorstellung, dass der Schöpfer nach sechs Tagen ruht, obwohl die Meere noch nicht voller Fische sind, das Land noch nicht von Tieren bevölkert ist und die Menschen sich noch nicht über die Erde verbreitet haben. Weil im Keim jedoch schon alles so weit vollendet ist, kann sich Gott wie ein Künstler zurücklehnen und stolz sein Werk betrachten.

Dieser Zusammenhang zeigt sich nicht nur im ersten, sondern auch im zweiten Kapitel der Genesis. Hier schafft Gott den Garten und übergibt ihn dem Menschen, der ihn wie ein Gärtner entwickeln soll. Dazu gehört auch, dass der Mensch den Tieren jeweils Namen gibt (1. Mose 2,19f.), was ein eindeutiger Ausdruck der Herrschaft ist. Gott tritt hier also auf wie ein Gutsbesitzer, der seinem Gärtner zwar Instruktionen und Anweisungen erteilt, ihm aber bei der Ausgestaltung die notwendigen Freiräume lässt.

Mit dieser Prozesshaftigkeit der Schöpfung ist allerdings auch so etwas wie eine „dunkle Seite" verbunden: Prozesse beinhalten in der Regel das Risiko, dass etwas nicht so läuft wie geplant. Bei der Schöpfung scheint das auch der Fall gewesen zu sein. Noch bevor sie richtig fertig war, in einem frühen Anfangsstadium, ist etwas furchtbar schiefgelaufen. Das ist umso schlimmer, als es einen ganz zentralen Punkt im Prozess der Schöpfung betraf, sozusagen den Dreh- und Angelpunkt. Wie wir gesehen haben, sollte der Mensch als Ebenbild des Schöpfers wie ein Götterbild in einem Tempel funktionieren: Als Spiegelbild Gottes sollte er Gottes weise Herrschaft über die Schöpfung in einer Weise ausüben, dass die übrige Schöpfung an ihm erkennen kann, wie Gott ist. Und als Repräsentant der Schöpfung sollte er ihre vielfältige Anbetung bündeln und ihrem Schöpfer gegenüber zum Ausdruck bringen.

Beide Aufträge hat die Menschheit verweigert. Die Genesis schildert dies in der Geschichte vom Sündenfall, in dem die Schlange, die „listiger war als alle Tiere auf dem Felde" (1. Mose 3,1), die Menschen versucht. Sie sollen Gottes Gebot übertreten und damit selbst „sein wie Gott und wissen, was gut und böse ist" (3,5). Vor dem Hintergrund des bisher Erzählten kann sich dieses „Sein wie Gott" nur auf eines beziehen: Statt als Ebenbilder in der Ordnung des Schöpfers zu leben und sie der übrigen Schöpfung gegenüber zu repräsentieren, maßen sich die Menschen nun selbst die Rolle des Ordnungsgebers an. Das Spiegelbild will Urbild sein, das Abbild möchte als Original betrachtet werden. Was vorher nur Statthalter und Stellvertreter war, schwingt sich jetzt zur obersten und letzten Instanz auf.

Damit verbunden ist natürlich das letztgültige Wissen, „was gut und böse ist". Das hebräische Wort *jada* („erkennen"), das in diesem Zusammenhang verwendet wird, hat ein sehr breites Bedeutungsspektrum, das sowohl den Prozess des Erkennens (also das eigentliche Forschen) wie auch sein Ergebnis (das Wissen) abdeckt. Wenn wir uns vor diesem Hintergrund den „Baum der Erkenntnis des Guten und Bösen" betrachten, von dem die Menschen im Garten gegessen haben, fällt auf, dass es nicht um den Erkenntnisprozess an sich geht, sondern schlicht um dessen Ergebnis. Der Baum ist damit kein Selbstzweck, sondern nur ein Mittel zum Zweck.

Ob er das angestrebte Wissen tatsächlich vermittelt, sei dahingestellt, denn die Schlange wirkt nicht gerade vertrauenswürdig. Vielleicht spielt es auch gar keine Rolle, ob der Baum nun wirklich Erkenntnis vermittelt oder nicht, entscheidend ist, dass der Mensch seit dem Essen der verbotenen Frucht fest davon überzeugt ist zu wissen, was gut und böse ist – auch wenn sich die einzelnen Menschen und ihre Gemeinschaften in Bezug auf konkrete moralische, ethische, politische und weltanschauliche Vorstellungen uneins sind. Die Geschichte vom Sündenfall macht sogar deutlich, dass die Menschen offensichtlich schon unmittelbar *vor* dem Essen der verbotenen Frucht davon überzeugt gewesen sind: Eva verlässt sich schließlich auf ihr eigenes Urteilsvermögen. Sie „sah, dass von dem Baum gut zu essen wäre und dass er eine Lust für die Augen wäre und verlockend, weil er klug machte. Und sie nahm von seiner Frucht und aß" (1. Mose 3,6). So handelt nur jemand, der sich bereits zutraut, über Gut und Böse entscheiden zu können.

Was ist da passiert? Statt auf Gott, der das Gebot gegeben hat, hört der Mensch auf die Schlange und letzten Endes auf sich selbst. Das Essen der verbotenen Frucht wird damit zu einer Art Unabhängigkeitserklärung des zentralen Geschöpfes gegenüber seinem Schöpfer. Das Verrückte und zugleich Tragische an der Geschichte ist freilich, dass der Mensch gar nicht über die Fähigkeiten verfügt, die er bräuchte, um sich selbst in die Position des Schöpfers aufzuschwingen. Es ist tatsächlich wie bei einem Spiegel: Auch der kann niemals das Original werden, weil er immer nur seine Umgebung spiegelt. Wenn sich ein Spiegel also von dem abwendet, was er eigentlich spiegeln soll, findet er eben gerade nicht zu sich selbst und ersetzt das Original, sondern reflektiert schlichtweg etwas anderes.

Auf diesen Zusammenhang weist der Apostel Paulus hin, der im ersten Kapitel seines Briefes an die Römer die Lage der Menschheit nach dem Sündenfall theologisch reflektiert:

> *„Was man von Gott erkennen kann, ist unter ihnen [den Menschen] offenbar; denn Gott hat es ihnen offenbart. Denn sein unsichtbares Wesen – das ist seine ewige Kraft und Gottheit – wird seit der Schöpfung der Welt, wenn man es wahrnimmt, ersehen an seinen Werken, sodass sie keine Entschuldigung haben. Denn obwohl sie von Gott wussten, haben sie ihn nicht als Gott gepriesen noch ihm gedankt, sondern sind dem Nichtigen verfallen in ihren Gedanken, und ihr unverständiges Herz ist verfinstert.*
>
> *Die sich für Weise hielten, sind zu Narren geworden und haben die Herrlichkeit des unvergänglichen Gottes vertauscht mit einem Bild gleich dem eines vergänglichen Menschen und der Vögel und der vierfüßigen und der kriechenden Tiere.*
>
> *Darum hat Gott sie in den Begierden ihrer Herzen dahingegeben in die Unreinheit, sodass sie ihre Leiber selbst entehren. Sie haben Gottes Wahrheit in Lüge verkehrt und das Geschöpf verehrt und ihm gedient statt dem Schöpfer, der gelobt ist in Ewigkeit. Amen.*
>
> *Darum hat sie Gott dahingegeben in schändliche Leidenschaften; denn bei ihnen haben Frauen den natürlichen Verkehr vertauscht mit dem widernatürlichen; desgleichen haben auch die Männer den natürlichen Verkehr mit der Frau verlassen und sind in Begierde zueinander entbrannt und haben Männer mit Männern*

Schande über sich gebracht und den Lohn für ihre Verirrung, wie es ja sein musste, an sich selbst empfangen.

Und wie sie es für nichts geachtet haben, Gott zu erkennen, hat sie Gott dahingegeben in verkehrten Sinn, sodass sie tun, was nicht recht ist, voll von aller Ungerechtigkeit, Schlechtigkeit, Habgier, Bosheit, voll Neid, Mord, Hader, List, Niedertracht; Ohrenbläser, Verleumder, Gottesverächter, Frevler, hochmütig, prahlerisch, erfinderisch im Bösen, den Eltern ungehorsam, unvernünftig, treulos, lieblos, unbarmherzig.

Sie wissen, dass nach Gottes Recht den Tod verdienen, die solches tun; aber sie tun es nicht nur selbst, sondern haben auch Gefallen an denen, die es tun." (Römer 1,19-32)

Das Entscheidende an diesem sehr dichten Abschnitt ist das Wort „vertauscht" (V. 23). Paulus charakterisiert hier den Sündenfall als eine Vertauschung: Statt dem Schöpfer zu dienen, dienen die Menschen nun anderen Mächten und verehren sie, die in diesem Abschnitt mit den griechischen und römischen Götterbildern („Menschen, Vögel, vierfüßige und kriechende Tiere") in Verbindung gebracht werden. Statt auf Gott zu hören und ihm zu gehorchen, hören und gehorchen die Menschen nun anderen Stimmen. Diese Form der Vertauschung ist genau das, was zu erwarten ist, wenn ein Spiegel nicht mehr richtig ausgerichtet ist. Er reflektiert dann nicht mehr das, was er eigentlich wiedergeben soll, aber auch nicht nichts, sondern schlichtweg etwas anderes.

Damit sind wir beim Kernproblem des Menschen, dem, was die Bibel als „Sünde" bezeichnet. Hierbei geht es nicht in erster Linie um eine falsche Moral, falsche Handlungen oder falsche Ansichten. Nein, Sünde ist zuerst und in allererster Linie ein Verlust der richtigen Ausrichtung. Uns ist der eigentliche Maßstab abhandengekommen. Es ist so, als würde ein Konstrukteur den Plan verlieren und dazu den rechten Winkel, die Wasserwaage, den Zollstock und alle möglichen anderen Messinstrumente. Ab jetzt ist die Menschheit also im Blindflug unterwegs. Und mehr als das: Sie sucht ja weiterhin Orientierung, weiß aber nicht mehr, woran sie sich orientieren soll, und richtet sich deshalb an allem Möglichen aus.

Wie so etwas aussieht, habe ich während meines Grundwehrdienstes erlebt. Bei einer sechsunddreißigstündigen Geländeübung hat nach ungefähr der Hälfte der Zeit mitten in der Nacht ein Unteroffiziersanwärter die Karte in die Hand genommen, die uns zum nächsten Dorf führen sollte. Wir sind stundenlang bei Dunkelheit über Wiesen und durch Wälder marschiert, bis einer endlich gefragt hat: „Müssten wir nicht schon längst da sein?" Da stellte es sich heraus, dass unser Unteroffiziersanwärter zunächst die blauen Linien (Wasserläufe) auf der Karte für Wege gehalten hat und nach einer Weile die braunen (Höhenlinien). Und jetzt standen wir in der Morgendämmerung irgendwo im Wald an einer Weggabelung und er wusste nicht mehr weiter.

Das Problem in so einer Situation ist, dass man nicht einfach umkehren kann, weil man ja keine Ahnung hat, auf welchem Weg man dorthin gelangt ist. Auch die Karte bringt einem gar nichts, weil man nicht einmal weiß, wo man sich befindet – und ob diese Stelle überhaupt noch auf der Karte verzeichnet ist. So sieht ein echter Orientierungsverlust aus, das Ergebnis einer Vertauschung (in diesem Fall der Karteneinträge). Hier ging es nicht nur darum, dass man irgendwo falsch abgebogen ist. Unser Problem war vielmehr, dass wir einem nachgefolgt waren, der die Karte nicht lesen konnte und wegen dem sie auch für uns wertlos geworden war.

Wozu es führt, wenn sich nicht nur einer so verhält, sondern die gesamte Menschheit, beschreibt Paulus auch. Zunächst einmal sagt er, dass Gott sie „dahingegeben" hat (V. 24.26.28). Gott lässt sie also laufen, er hält sie nicht auf, stellt sich ihr nicht in den Weg – genauso wenig wie einer in unserer Gruppe den irrlichternden Unteroffiziersanwärter aufgehalten hat. Genauso wie sich unser Soldat an etwas orientiert hat (nur leider nicht an den richtigen Markierungen), so orientiert sich die Menschheit auch weiterhin an etwas, sie folgt etwas nach. Nur leider ist es nicht Gott, sondern es sind irgendwelche Mächte, die sich als recht finster entpuppen: „Begierden der Herzen" (V. 24), „schändliche Leidenschaften" (V. 26) und „verkehrter Sinn" (V. 28). „Gottes Wahrheit" wird „in Lüge verkehrt" (V. 25) und statt dem Schöpfer das Geschöpf verehrt.

Das Ergebnis ist ein Leben nach eher niederen Instinkten, „sodass sie tun, was nicht recht ist" (V. 28). Und es folgt das, was Theologen als „Lasterkatalog" bezeichnen, eine lange Liste aller möglicher moralischer Vergehen, die bewusst unvollständig gehalten ist. Denn genau wie ein „Tugendkatalog" soll sie vor allem einen Rahmen abstecken, ein grobes Bild skizzieren, sodass der Leser eine Idee bekommt, was noch alles in diese Kategorie fällt.

Mit diesem Lasterkatalog in Römer 1,29-31 hatte ich lange Zeit meine Schwierigkeiten. Ich fand die Anklage sehr überzogen und auch ungerecht. Paulus, so schlimm sind die Menschen nicht, hätte ich dem Apostel gern zugeraunt, übertreib's mal lieber nicht, das macht dich an der falschen Stelle angreifbar. Mittlerweile bin ich mir da gar nicht mehr so sicher, sondern glaube, dass Paulus hier in pointierter Weise tatsächlich den Nagel auf den Kopf getroffen hat. Wie sehr, macht ein Blick auf unsere Zeit deutlich. Schließlich leben wir in einer der vermutlich freiesten und damit auch entgrenztesten Gesellschaften, die jemals auf diesem Planeten existiert hat. Wir haben enorm viel Freizeit, können essen, was wir wollen, leben, wie wir wollen, und müssen uns – im Vergleich zu anderen Kulturen – nur an ganz wenigen allgemeingültigen Maßstäben orientieren.

Das Ergebnis ist leider in vielen Bereichen alles andere als ermutigend. Statt die Freizeit sinnvoll zu nutzen, vertrödeln und verplempern wir sie oft oder schlagen sie einfach vor irgendwelchen ablenkenden Geräten tot. Dass wir essen können, was wir wollen, führt zu einem Anstieg von Fettleibigkeit und anderen mit einer falschen Ernährung verbundenen Erkrankungen, überhaupt spielen diverse Süchte und Abhängigkeiten in unserer von äußerlichen Zwängen freien Gesellschaft keine geringe Rolle. Alles in allem führt die Maßstabslosigkeit zur

Maßlosigkeit und zur Bequemlichkeit – mit all den negativen Konsequenzen, die das hat.

Und wenn wir tiefer schauen, wird es auf einmal ganz finster. Was unser Leben beherrscht, ist oft nicht nur Bequemlichkeit, sondern es sind auch bewusste Verführung, Täuschung und Lüge. An vielen entscheidenden Punkten ist unser Miteinander auf Lüge und Verblendung aufgebaut. Nicht nur die Werbung muss sich dieser Mittel bedienen, um ihre Produkte an den Mann oder die Frau zu bringen, auch ein Politiker oder eine Partei wird kaum gewählt werden, wenn er oder sie dem Volk vor der Wahl reinen Wein einschenkt. Wir lügen und wollen belogen werden. Und bei all dem geht es allzu oft um das, was Paulus hier die „Begierden des Herzens" und die „schändlichen Leidenschaften" nennt. Nicht von ungefähr hat das Internet, das bislang freiste Kommunikationsmedium der Menschheit, innerhalb von kürzester Zeit auch eine sehr finstere Seite herausgebildet, voller Pornografie, Gewalt, Hass und Mordaufrufen, in dem die „sozialen Netzwerke" diesen Namen kaum noch verdienen.

Sogar der letzte Gedanke, den Paulus in unserem Text äußert, trifft ins Schwarze: „Sie tun es [das Böse] nicht allein, sondern haben auch Gefallen an denen, die es tun" (V. 32). Wer sich unter diesem Aspekt die Unterhaltungsindustrie anschaut, von den griechischen Theatern über die römischen Arenen bis hin zu unseren Kinosälen, kommt zu dem alles andere als erstaunlichen Ergebnis, dass unethisches Verhalten unterhaltsamer zu sein scheint als ethisches. Die Schein- und Glitzerwelt, die wir um uns herum veranstalten, ist voller Verbrechen, Betrug und Mord. Eine Familiengeschichte wird erst spannend, wenn möglichst oft die Betten gewechselt werden und einer den anderen hintergeht. Unsere Mode ist voller Anspielungen auf die Unterwelt und das Chaos. Selbst biedere Familienkutschen haben den „bösen Blick", wir kleiden uns in Gangsteroutfits und Tarnklamotten. Die Genesis zieht daher eine direkte Linie vom Essen der verbotenen Frucht über den Brudermord (1. Mose 4) bis hin zur Ankündigung maßloser Vergeltung: „Einen Mann erschlug ich für meine Wunde und einen Jüngling für meine Beule. Kain soll siebenmal gerächt werden, aber Lamech siebenundsiebzigmal". (1. Mose 4,23f.)

Die von Gott gewollte Herrschaft des Menschen über die Schöpfung ist durch den Sündenfall zur Gewaltherrschaft verkommen, für manche Kreaturen sogar zum Terrorregime, in dem erbarmungslos gewütet wird. Denn was Menschen einander antun, tun sie oft in noch größerem Ausmaß ihren Mitgeschöpfen im Tierreich an. Von der angedachten weisen Herrschaft des Ebenbilds Gottes ist jedenfalls kaum noch etwas zu spüren.

Mit dem Verlust des Maßstabs, mit der Orientierungslosigkeit ist noch ein weiterer Aspekt verbunden, der das ganze Ausmaß der Sünde erahnen lässt. Wenn wir noch einmal an das verlorene Häufchen Wehrdienstleistender damals im Wald denken, dann müssen wir die verblüffende Tatsache zur Kenntnis nehmen, dass nichts, mit dem meine Kameraden und ich es seinerzeit zu tun hatten, an sich schlecht gewesen ist. Der Wald und die Wiesen waren keine lebensfeindlichen Umgebungen, die Karte war auf dem allerneusten Stand, die Wege waren gepflegt, gut erkennbar und sämtlich in der Karte verzeichnet (das vermute ich jedenfalls). Die Karte selbst war ebenfalls nicht exotisch, sondern entsprach der für Wanderkarten üblichen Symbolik und Farbgebung. Auch der Gedanke, dass man bei einer Gruppe von Männern und nur einer Karte die Führung einem überlassen sollte, der sich anhand der Karte orientiert, ist im Grunde sehr sinnvoll. Wenn das jedoch einer ist, der sich nur auszukennen *meint*, in Wirklichkeit freilich keine Ahnung von der Materie hat, geht trotzdem alles schief.

So ist auch die Schöpfung nach dem Sündenfall keineswegs schlecht geworden. Das „sehr gut", das Gott zu Anfang über seine Kreation gesprochen hat (1. Mose 1,31), gilt weiterhin. Jede Theologie oder Philosophie, die hier den Hebel ansetzen und die gute Schöpfung für fehlerhaft, böse und damit in ihrem Sein beeinträchtigt sieht, stimmt deshalb nicht mit dem biblischen Befund überein. Das tut allerdings auch keine Weltanschauung, die das genaue Gegenteil behauptet und die Schöpfung nicht nur für gut erklärt, sondern auch behauptet, es gäbe eigentlich kein Problem. Nein, seit dem Sündenfall, seit dem großen

Verlust des Maßstabs und der Orientierung ist vielmehr alles gleichzeitig gut und böse. So wie ein Spiegel weiterhin ein guter Spiegel bleibt, aber trotzdem das falsche Bild wiedergibt, wenn er falsch ausgerichtet ist, so ist es auch mit der Schöpfung. So wie die Karte gut ist und bleibt, selbst wenn sie falsch gebraucht wird, dann aber die Menschen in die Irre führt, so ist das auch mit der Schöpfung.

Seit dem Sündenfall kann man daher keine absoluten Maßstäbe mehr aufstellen. Nichts ist „an sich gut", ebenso wenig ist etwas „an sich böse", vielmehr ist in jedem „Guten" bereits das Potenzial zum Bösen enthalten – und das Böse, mit dem wir am wenigsten gut umgehen können, ist das verdrehte Gute: Ein falscher Freund ist schlimmer als ein erklärter Feind. Mit einer trügerischen Sicherheit lässt es sich schwerer umgehen als mit einer klaren Gewissheit.

Ethische und moralische Maßstäbe können daher immer nur eingeschränkt verallgemeinert werden: In der Regel ist es richtig, nicht zu lügen und stattdessen ehrlich die Wahrheit zu sagen, aber es gibt auch Ausnahmesituationen (vgl. etwa 2. Mose 1,15-21). Genauso wenig lassen sich Menschen in gute und böse einteilen. Es mag zwar Menschen geben, denen man mit einigem Recht unterstellt, dass sie vor allem egoistisch handeln und dabei buchstäblich über Leichen gehen. Die Probleme, die sie verursachen, lassen sich aber nicht dadurch lösen, dass man sich einige „gute" Menschen sucht und ihnen die größtmögliche Macht gibt. Wie wir alle wissen, würde genau das die Möglichkeiten zum Machtmissbrauch ins Unermessliche steigern, womit niemand mehr für die Integrität dieser Menschen garantieren könnte, ja nicht einmal für die eigene, wenn man selbst in ihrer Position wäre.

Mit dem Sündenfall sind die Menschheit und mit ihr die gesamte Schöpfung also in eine undurchschaubare Gemengelage gestürzt, die nicht nur die finstersten Seiten zum Vorschein brachte, sondern insgesamt auch ein Austoben böser Mächte. Zeiten der Orientierungslosigkeit sind schließlich immer auch Hochzeiten von Verführern, Demagogen und Hetzern. In der großen Krise der Welt ist das nicht anders.

CHAOS.

Wenn sich ein Statthalter, eine Provinz, ein Vasall oder eine Kolonie von der Zentralregierung, dem Kaiser, der Königin oder dem Mutterland lossagt, nennt man das Rebellion. Insofern ist es richtig, wenn das, was die Menschheit Gott gegenüber tut und getan hat, in evangelistischen Predigten und anderswo als Rebellion bezeichnet wird. Allerdings erscheint mir der Begriff viel zu harmlos, um das tatsächliche Ausmaß unseres Problems zu beschreiben. Denn in einer rebellierenden Provinz gibt es in der Regel immer noch eine Ordnung, eine Herrschaft, eine politische, wirtschaftliche und soziale Struktur – kurzum Dinge, die ein Weiterfunktionieren ermöglichen.

Als sich zum Beispiel die amerikanischen Kolonien Ende des achtzehnten Jahrhunderts gegen das englische Mutterland erhoben haben, haben sie sich gleichzeitig eine Verfassung gegeben, nach der sie ihre politischen Belange ohne den englischen König und das englische Parlament regeln konnten. Das Gleiche geschah in den ehemaligen Teilrepubliken der Sowjetunion, als diese gegen Ende des zwanzigsten Jahrhunderts unabhängige Staaten wurden.

Wenn sich also die Menschheit als Ganzes gegen Gott erhoben hätte, wenn sie den Garten weiterhin bebaut und bewahrt, aber Gott den Einlass verweigert hätte, dann könnte man von einer Rebellion sprechen. Dann wäre es so wie in dem Gleichnis von den bösen Weingärtnern, das Jesus in Matthäus 21,33-39 erzählt. Hier übernehmen die Pächter den Weinberg, führen ihn als solchen weiter, verweigern aber dem eigentlichen Besitzer jegliche Rechte. Für den Weinberg selbst ändert sich damit zunächst nichts, vermutlich bekommen noch nicht einmal die unmittelbaren Nachbarn mit, dass es überhaupt eine Rebellion gibt, weil erst am Tag der Abrechnung, wenn der Besitzer seine Knechte schickt, um die Pacht einzutreiben, offenbar wird, was vermutlich schon vorher von langer Hand geplant gewesen war.

Der Zustand der Welt ist allerdings sehr viel schlimmer. Im Bild gesprochen verweigern hier die Pächter des Weinbergs nicht nur die Zahlung der Pacht, sondern sind sich auch untereinander uneins darüber, ob sie überhaupt weiterhin Weinbau betreiben wollen. Der eine vermutlich schon, ein zweiter möchte aus dem Weinberg lieber einen Gemüsegarten machen, wieder einem anderen gefällt die Lage so gut, dass er über den Bau eines Hauses nachdenkt. Und leider gibt es weder einen „Oberpächter", der über so viel natürliche Autorität verfügt, dass er sagen könnte, wo es langzugehen hat, noch irgendeine Entscheidungsstruktur, durch die die verschiedenen Interessen und Stimmen der Pächter zum Ausgleich gebracht werden könnten. So steht also jeder mit Schaufel, Spitzhacke oder welchem Werkzeug auch immer da und versucht aus dem Weinberg das zu machen, was er für richtig hält.

Man muss kein Prophet sein, um zu ahnen, dass das nicht lange friedlich bleiben würde. Ein Weinberg ist ein begrenztes Gebiet, in dem man deshalb auch nur eine sehr begrenzte Anzahl von Projekten umsetzen kann. Er bleibt also entweder ein Weinberg *oder* wird ein Gemüsegarten bzw. ein Baugrundstück. Im Gegensatz dazu ist die Anzahl der Ideen, die die Pächter für den Weinberg haben könnten, prinzipiell unbegrenzt, womit es zwangsläufig zu Interessenskonflikten kommen muss.

Und nicht nur das. Vermutlich lassen sich nämlich die wenigsten dieser Ideen von einem einzelnen Pächter allein verwirklichen. Um den Weinberg als solchen zu erhalten, braucht man Arbeitskräfte, ebenso für den Bau eines Hauses oder das Anlegen eines großen Gartens. Damit jedoch tritt zur Konkurrenz um dasselbe Stück Land noch eine weitere hinzu: Es gibt einen Wettstreit darum, wer *seine* Ideen durchsetzen kann und wer anderen dabei helfen muss, *ihre* Ideen umzusetzen. Und weil das so ist, ist ein Machtkampf unvermeidlich.

Dieser Machtkampf wird vermutlich nicht nur darüber ausgefochten werden, wer seine Ideen auf welchem Stück Land umsetzen darf und wer ihm dabei zu helfen hat, sondern auch viel grundlegender darüber, wer so etwas in Zukunft entscheiden darf bzw. wie das überhaupt entschieden werden soll.

Das vermeintliche „Recht" des (körperlich) Stärkeren ist zwar eine naheliegende, aber sicher keine dauerhafte Lösung. Sobald sich genügend „Kleine" zusammentun, können sie den „Großen" nämlich überwinden. Das Ergebnis wird eine Zersplitterung in unterschiedliche Parteien und „Pächterkollektive" sein, die um die Vorherrschaft ringen. Um ihre jeweiligen Ansprüche auch ideologisch zu untermauern – und damit überzeugender zu machen –, werden sie auf entsprechend unterschiedliche „Gründe" verweisen, weswegen eigentlich sie das Sagen haben sollten. Der eine wird mit seinem relativ hohen Alter und der damit verbundenen Erfahrung argumentieren, ein anderer gerade mit seiner Jugend und der darin vermuteten Innovationskraft, ein Dritter wird auf seine „noble" Geburt verweisen, ein Vierter darauf, dass er den „ältesten" oder „neusten Plan" verfolge, und so weiter. Eine Partei wird vielleicht sogar behaupten, im Auftrag und Willen des ursprünglichen Weinbergbesitzers zu handeln, der ihr den Weinberg anvertraut habe, während eine andere gerade darauf pocht, nur sie könne die Unabhängigkeit von der Willkür der alten Ordnung gewährleisten. Aus einem Konflikt der Menschen wird auf diese Weise ein Krieg der Ideen und Weltanschauungen, der Ordnungssysteme und Ideologien.

Über all dem geht schließlich das verloren, was man landläufig die „Wahrheit" nennt, also die Antworten auf so schlichte Fragen wie: Wozu war dieses Stück Land ursprünglich bestimmt? Wer sollte hier eigentlich die Arbeiten und die Arbeiter einteilen? Welche Regelungen waren für die Verwaltung gedacht? Das bedeutet natürlich nicht, dass die „richtigen" Antworten auf diese Fragen plötzlich verschwunden wären (obwohl das sicher auch passieren könnte), sondern vor allem dass sie so in einem Wust von anderen, eben „falschen" Antworten untergehen, dass man sie nicht mehr herausfiltern kann. Und weil jede Antwort immer auch von einer der Parteien herangezogen wird, um ihren Herrschaftsanspruch zu legitimieren und die Interessen der anderen abzuweisen, sind alle Antworten gleichermaßen verdächtig, egal ob sie nun wahr sind oder nicht.

Das, was eben anhand eines kleinen Denkmodells durchgespielt wurde, ist nach der Bibel in großem Maßstab in unserer Welt passiert. Schon das Essen der verbotenen Frucht löst die Menschheit als einheitliche Größe auf: Adam und Eva verbergen sich voreinander hinter selbst gemachten Schurzen aus Feigenblättern (1. Mose 3,7). Von Gott zur Rede gestellt, liefern sie sich einander wenig später sogar ans Messer (3,11-13). Von Kains Brudermord und der darauf angekündigten maßlosen Vergeltung war schon die Rede.

Nur noch ein einziges Mal danach tritt die Menschheit als Einheit auf: beim Versuch, einen Turm zu bauen, der bis an den Himmel reicht und Gott vom Thron stoßen soll. Nichts eint schließlich so sehr wie ein gemeinsamer Gegner. Das Ende ist jedoch die Zerstreuung der Menschheit mit der dazugehörigen Sprachverwirrung (1. Mose 11,1-9). Seither spricht die Menschheit nicht mehr mit einer Stimme. Der Ausdruck Rebellion erscheint daher als viel zu harmlos. Womit wir es zu tun haben, ist vielmehr ein großes, komplexes und vollkommen unübersichtliches Chaos, bei dem die Machtverhältnisse ständig neu austariert werden – und trotzdem oft genug unklar bleiben.

Dieses Chaos, diese Anarchie, in die die Schöpfung gestürzt wurde, kann man sich nicht umfassend genug vorstellen. Weil es keine allgemeingültigen Maßstäbe gibt und auch keine allgemein anerkannte Autorität, betrifft es alle Bereiche des Lebens. Schon die Genesis lässt den Brudermörder Kain als ersten Städtebauer auftreten (1. Mose 4,17). Von seiner Linie stammen aber nicht nur die Sesshaften, sondern auch die Nomaden, die

Musiker und die „Erz- und Eisenschmiede“ ab (4,19-22). Das, was wir als Kultur, Zivilisation und Technologie bezeichnen, ist also kein Ausweg aus dem Chaos der Sünde, sondern nur seine Verlagerung auf eine andere Ebene.

Durch die Bildung von Gemeinschaften und Kollektiven gelingt es uns nämlich, so etwas wie eine kleine, eng begrenzte Struktur ins große Chaos zu bringen. Die totale Anarchie wird damit überwunden, gleichzeitig werden auch die menschlichen Möglichkeiten begrenzt, die eigenen Interessen auf Kosten der anderen durchzusetzen. Das ist zunächst einmal eine gute Entwicklung. Der Preis dafür ist allerdings hoch: Denn während in einem völlig herrschaftslosen System die Gewalt auf die Handlungsmöglichkeiten Einzelner beschränkt ist, eröffnen sich in einer Gemeinschaft in dieser Hinsicht ganz neue Dimensionen. Nur Gemeinschaften sind dazu fähig, Eroberungskriege zu führen und effektive Unterdrückungsapparate aufzubauen. Dazu kommt, dass mit Gemeinschaften in der Regel ein ethisch entlastender Effekt verbunden ist. Wer aus dem Hinterhalt auf einen Menschen schießt, den er nicht kennt und der ihm nie etwas zuleide getan hat, gilt gemeinhin als feiger Mörder. Im Krieg kann er jedoch als hochdekorierter Scharfschütze nach Hause kommen und als Held gefeiert werden.

Damit möchte ich nicht sagen, dass Gemeinschaften moralisch verwerflicher handeln als Individuen. Es ist vielmehr so, dass Gemeinschaften über ein größeres Potenzial verfügen als Individuen – und dieses Potenzial sowohl zum Guten wie zum Bösen einsetzen können. Gemeinschaft ist also weder gut noch böse, ebenso wie ein Leben als Einzelner weder gut noch böse ist. Die Frage ist vielmehr, wozu etwas eingesetzt wird.

Und dass es zu etwas eingesetzt wird, ist sicher. Wir Menschen bleiben Spiegel, die nicht anders können, als zu spiegeln. Übertragen bedeutet dies, dass wir darauf angelegt sind, Teil von etwas zu sein, das größer ist als wir selbst. Wir identifizieren uns immer mit irgendeiner Form von Gemeinschaft; wir haben Wertvorstellungen, von denen wir annehmen, dass sie nicht nur von uns geteilt werden; wir folgen Zielen, von denen wir denken, dass sie allgemeingültig sind; wir schöpfen unsere

Identität daraus, in vielerlei Hinsicht so zu sein wie die anderen, egal ob sie sich nun als Individuen, Teil eines Kollektivs, als Konsumenten oder Kreative oder was auch immer sehen. Wir sind Teil unserer Kultur, unserer Zivilisation, übernehmen bewusst und vor allem unbewusst deren Werte und Zielvorstellungen und gehen ganz selbstverständlich davon aus, dass das doch „alle" so sehen (sollten) wie wir.

Aus diesem Grund sind auch Kultur, Kunst und Technik nicht neutral. Sie sind vielmehr Mittel zum Zweck, wobei der Zweck entscheidet, wie die Mittel zu betrachten sind. Musik kann der Anbetung Gottes dienen, aber auch zum Hass aufstacheln oder zum Kampf auffordern. Kunst kann die Schönheit und Harmonie der Schöpfung wiedergeben oder die Hässlichkeit ihrer Zerstörung. Technik kann verbinden oder trennen, sie kann das Leben, aber auch das Töten leichter machen. Und oft ist es dieselbe Technik, die zu beidem eingesetzt wird.

Zu welchem Zweck die jeweiligen Mittel gebraucht werden sollen, entscheiden wir Menschen anhand von den Dingen, die größer sind als wir selbst. Und damit sind wir bei den großen überpersonalen Systemen, bei den Kulturen und Weltanschauungen, bei Wertesystemen und gemeinschaftlichen Ordnungen – kurz: bei all dem, was das Neue Testament „Mächte und Gewalten" nennt (z. B. in Römer 8,38; 1. Korinther 15,24; Epheser 6,12 u. ö.). Sie sind es, die Herrschaft legitimieren und Interessen vorgeben, sie binden Menschen und geben ihnen Ordnung und Orientierung, sie sorgen dafür, dass das Chaos nicht überhandnimmt.

In der Antike wurden sie als Gottheiten angebetet, was zeigt, welch großen Einfluss sie haben. Wir heute errichten ihnen keine Altäre mehr, kennen ihre Macht allerdings immer noch sehr gut. Es geht um abstrakte Ideen und Ideologien wie Kapitalismus, Sozialismus, Liberalismus, Nationalismus und Ähnliches, aber auch um so etwas wie „die Märkte", „Identität", „nationale Interessen", „Gemeinwohl" und vieles mehr. All das sind Mächte und Kräfte, die wir nicht ignorieren können, weil wir sonst von ihnen zerquetscht werden. Und dieser Ausdruck ist mit Bedacht gewählt, denn bis heute zerstören die genannten Mächte nicht nur Karrieren, sondern auch Gesundheit und Leben nicht weniger Menschen.

Das ist jedoch nur die eine Seite. Weil die Mächte ordnungs- und sinnstiftend sind, ermöglichen sie nämlich in vielerlei Hinsicht überhaupt erst Gemeinschaft und Fortschritt. Sie schaffen den Ausgleich zwischen den verschiedenen Interessen und sorgen dafür, dass wir so etwas wie eine Identität haben und auf dieser Basis miteinander kommunizieren können. Und nicht zuletzt geben sie die Regeln vor, nach denen ein geordnetes Zusammenleben überhaupt erst möglich ist.

Wie wichtig sie sind, wird deutlich, wenn man versucht, auf sie zu verzichten. Einen „weltanschaulich neutralen Staat" zum Beispiel kann es eigentlich nicht geben, weil auch er Ausdruck einer Weltanschauung ist, nämlich der, dass er allein in Form einer unantastbaren (und damit quasireligiösen) Ordnung – zum Beispiel den Grundrechten im Grundgesetz – festlegt, welchen Rang andere Weltanschauungen einzunehmen haben. Damit kann er jedoch in dieser Hinsicht nicht mehr neutral sein, schließlich verlangt er von allen anderen Weltanschauungen, dass sie sein Weltbild als letztgültig akzeptieren, dass sie also zum Beispiel dem Satz zustimmen: „Das Grundgesetz steht über der Bibel und dem Koran."

Ebenso unmöglich ist es, eine „pluralistische Erziehung" zu vermitteln, bei der die Kinder erst im Erwachsenenalter darüber entscheiden sollen, welche Werte sie annehmen möchten und welche nicht. Denn auch damit ist ein Werturteil verbunden, nämlich der Gedanke, dass alle Werte letztlich auf einer Ebene angesiedelt sind, dass es also im Grunde beliebig ist, welchen Ideen und Ideologien einer anhängt, ob er also nationalistisch, religiös, demokratisch, feministisch, säkularistisch oder sozialistisch wird. Der dabei vorausgesetzte Pluralismus wird freilich unter den genannten Strömungen keine Anhänger finden, weil jede von ihnen – ebenso wie ein Anhänger einer „pluralistischen Erziehung" – davon überzeugt ist, dass ihr das letztgültige Bewertungsurteil zusteht.

Und damit sind wir mitten in den Schwierigkeiten, vor denen wir im Umgang mit „Mächten und Gewalten" stehen: Ebenso wie Gemeinschaften sind auch Weltanschauungen und andere Systeme notwendig, weil sie Strukturen in das Chaos bringen. Ebenso wie Gemeinschaften sind sie sich darin aber nicht einig und tendieren jeweils dazu, sich selbst als letztgültiges Ordnungssystem zu betrachten. Auch sie wollen also sein wie Gott und entscheiden, was gut und böse ist. Auch sie treten damit in Konkurrenz zum Schöpfer des Alls. Und noch mehr als einzelne Individuen bestimmen sie das Schicksal der Menschheit. Das kann auch nicht anders sein, weil wir Menschen ein Spiegel sind, der immer auf eine oder mehrere von ihnen ausgerichtet ist.

ZORN.

„Gottes Zorn wird vom Himmel her offenbart über alles gottlose Wesen und alle Ungerechtigkeit der Menschen, die die Wahrheit durch Ungerechtigkeit niederhalten“ (Römer 1,18), schreibt der Apostel Paulus ziemlich zu Anfang seines Briefes an die römische Gemeinde. Nun ja, damit würde er sich heute nicht mehr besonders beliebt machen. Von Gottes Zorn wird zumindest in meinem Umfeld nur noch wenig gesprochen. Stattdessen verwendet man lieber „weichere“ Begriffe, die allerdings auch ein bisschen passiv klingen. Gott ist dann „traurig“ über den Zustand der Welt und „sehnt sich“ danach, dass alles wieder in Ordnung kommt. Aber zornig? Auf keinen Fall.

Das hat sicher auch seine guten Seiten. Auf den Gedanken, Gott als jungen Stier abzubilden, würde in unseren Gemeinden sicher niemand mehr kommen. (Uns würde vielleicht eher ein schmachtendes Mädchen hinter einer verregneten Fensterscheibe in den Sinn kommen.) Aber einmal abgesehen davon frage ich mich, ob das wirklich so gut ist. Denn warum sollte Gott nicht zornig sein – oder anders gefragt: Was wäre das für ein Gott, der nicht zornig werden würde? Er hat schließlich das Universum geschaffen, er hat eine Welt gemacht, über die er sein „sehr gut“ gesprochen hat, und dann einen Ruhetag eingelegt, um wie ein stolzer Arbeiter sein Werk zu bestaunen. Er hat uns Menschen geschaffen, Wesen, die sein Ebenbild in sich tragen sollen, Kreaturen, in denen er sich selbst erkennen möchte. Ihnen hat er eine große Verantwortung und Aufgabe gegeben, wir sollen seine Schöpfung weitergestalten, sie bebauen, bewahren, erhalten und entwickeln. Wir sollen der Ort sein, an dem die Schöpfung Gott begegnet, und gleichzeitig das Gegenüber Gottes, in dem sich das Beste der Schöpfung wiederfindet.

Doch stattdessen wird der großartige Tempel, den Gott errichtet hat, profaniert, beschmiert, teilweise abgerissen und umgebaut, vor allem aber mit allen möglichen Besitzansprüchen versehen und mit Götzenbildern zugestellt. Wir schänden und vergiften die Erde, wüten und zerstören, beuten aus und unterdrücken. Wenn die Schöpfung an uns Gott erkennen soll, dann erscheint er wie ein Monster, das willkürlich und vor allem aus egoistischen Motiven handelt, das alles seinen Zwecken unterwirft und dem zu ihrer Erreichung jedes Mittel recht ist. Und in all dem fallen wir vor fremden Göttern auf die Knie, hängen zerstörerischen Ideologien an, verbrecherischen Strukturen und ungerechten Systemen.

Wohin das alles führt – auch daran lässt die Bibel keinen Zweifel. Der „letzte Feind" ist der Tod (1. Korinther 15,26), denn er ist der große Auslöscher, durch den die Schöpfung Stück für Stück rückgängig gemacht wird. Aus dem Nichts ist die Welt geschaffen worden, ins Nichts wird sie wieder vernichtet werden, wenn der Tod das letzte Wort hat. Und dabei geht es nicht allein um den Augenblick, in dem wir die Augen für immer schließen, sondern um noch viel mehr. Der Tod wirft einen Schatten auf unser Leben, er ist das geheime Vorzeichen vor allem, was wir tun. Durch ihn wird Leben zum Kampf ums Überleben. Die meiste Zeit fällt uns das nicht auf, aber trotzdem begrenzt der Tod unsere Lebensmöglichkeiten, er setzt uns Fristen, er sorgt dafür, dass wir nicht unser ganzes Potenzial verwirklichen können, sondern uns beschränken müssen. Weil wir nicht unendlich Zeit haben, versuchen wir so viel wie möglich in unser begrenztes Dasein hineinzustecken. Und dabei sind wir uns oft selbst der Nächste. Es ist besser, wenn ich die Stelle, den Partner, das Stück Kuchen, den Vorteil oder was auch immer bekomme und nicht ein anderer, denn wer weiß, wie viele mir davon noch angeboten werden.

Auf durchaus sehr viel weniger subtile Weise wird der Tod als Herrschaftsinstrument eingesetzt. Gewalt „funktioniert" letztlich deshalb so gut, weil sie wirkungsvoll mit dem Tod oder seinem Vorboten, dem Leiden, drohen kann. Schon Jesus wusste, „dass die Herrscher ihre Völker niederhalten und die Mächtigen ihnen Gewalt antun" (Matthäus 20,25). Deshalb hat er seine Jünger auch gewarnt: „Fürchtet euch nicht vor denen, die den Leib töten und danach nichts mehr tun können." (Lukas 12,4) Wer das ist, liegt auf der Hand, denn alle Herrschaftsstrukturen, angefangen von einer anarchischen Räuberbande bis hin zur modernen Gesellschaft, haben gemeinsam, dass sie ihre Herrschaft letztlich auf den Tod aufbauen. Der kommt heute nicht mehr zwangsläufig in Form von Todesurteilen für alle, die der Herrschaft widersprechen (in vielen Regionen der Erde allerdings schon), freilich bleiben andere Formen bestehen, von wirtschaftlichen und finanziellen Einbußen über Einschränkungen von Freiheiten und Ausgrenzung bis hin zum „sozialen Tod". Und weil unsere Zeit begrenzt ist, reagieren wir an dieser Stelle so ängstlich.

Der Sündenfall hat die gute Schöpfung Gottes also nicht nur in ein sehr komplexes Chaos gestürzt, sondern sie auch fremden Mächten ausgeliefert, die sie nicht allein misshandeln und quälen, sondern letztlich dem Tod preisgeben. Aus dem Tempel, der für die Ewigkeit gedacht war, ist ein zeitlich begrenztes Projekt geworden.

Warum also sollte Gott nicht zornig sein? Nach dem Römerbrief wendet sich dieser Zorn doch gar nicht gegen die Schöpfung selbst (wehe einer Theologie, die so etwas behauptet!), sondern gegen „alles gottlose Wesen und alle Ungerechtigkeit", also gerade gegen das, was die Schöpfung bedrängt, knechtet und zerstört. Es ist der Zorn eines Vaters, der mit ansehen muss, wie seine Kinder zugrunde gerichtet werden, wie sie Ausbeutern in die Hände fallen, die ihnen das Blaue vom Himmel versprechen, aber sie nur abhängig machen und missbrauchen.

Es ist der Zorn eines Vaters, der mit ansehen muss, wie sie darunter leiden und schwächer werden, der mit ansehen muss, wie ihnen Lebensmöglichkeiten geraubt werden, wie ihnen Erfüllung versprochen, aber Dreck serviert wird.

Wer da nur traurig wird und sich nach einer besseren Beziehung sehnt, hat kein Herz. Ich denke deshalb, dass es unserer Nachfolge nur guttun würde, wenn wir uns wieder klarmachen, wer dieser Gott ist, von dem Israel einst meinte, ihn in einem jungen Stier abbilden zu können.

Vom Zorn her lässt sich auch das Gericht verstehen. Wer im Gericht ein Zerstörungswerk sieht, hat es deswegen nicht verstanden. Wenn Gott sich darauf einlassen würde, würde er nicht nur seinem Wesen widersprechen, sondern gerade das Werk der Finsternismächte verrichten. Ein Gott, der seine Schöpfung vernichtet, macht sich zum Komplizen des Todes.

Die Schöpfung braucht jedoch keine weitere Macht, die sie drangsaliert. Was sie braucht, ist jemand, der sie wiederherstellt, sie reinigt, sie aufrichtet und vom Tod befreit. Sie braucht jemanden, der die Finsternismächte besiegt und die Menschheit aus ihren Klauen reißt, der dafür sorgt, das Unrecht und Unterdrückung ein Ende finden. Gericht muss man daher vom „Richten“ her verstehen: So wie ein Gärtner eine Pflanze aufrichtet, die daniederliegt, so wie ein Handwerker einen Gegenstand richtet, der schief geworden ist, so richtet Gott die Welt. Deshalb wird er „das geknickte Rohr ... nicht zerbrechen, und den glimmenden Docht wird er nicht auslöschen“, denn das würde ja auch gar keinen Sinn machen. Das Ergebnis des Gerichtes kann also gerade nicht das große Rückgängigmachen der Schöpfung sein, sondern ihre Aufrichtung zur wahren Größe. Deshalb endet diese große Verheißung in Jesaja 42,4 auch mit den zusammenfassenden Worten: „In Treue trägt er das Recht hinaus.“

Weil das Problem jedoch so unglaublich vielschichtig und komplex ist, kann auch die Lösung keine „einfache Sache“ sein. So wie die Zerstörung der Schöpfung auf vielen verschiedenen Ebenen stattfindet – materiell und immateriell –, muss ihre Aufrichtung und Wiederherstellung auf denselben Ebenen angegangen werden. So wie die Sünde das ganze Leben in all seinen Dimension erfasst und prägt, muss es auch das Heil tun. Wenn wir uns von nun an mit Gottes Weg zur Lösung des Problems beschäftigen, sollten wir also genau das im Hinterkopf behalten.

Damit ist gleichzeitig ein deutlicher Hinweis verbunden. Es hat in den letzten Jahren zwar einige Versuche gegeben, das Thema Sünde aus dem Christentum zu entfernen, aber das wäre mehr als nur eine Operation am offenen Herzen. Damit würde nämlich nicht nur das Herz entfernt, sondern der gesamte Patient. Das Christentum existiert überhaupt nur als Antwort auf die Frage, wie mit diesem ganzen Problembereich umzugehen ist, den die Bibel unter dem Fachwort Sünde zusammenfasst, also mit unserer Orientierungslosigkeit, unseren falschen Entscheidungen, unserem Versagen und unserer Schuld, aber auch mit unseren Ausweglosigkeiten, den Dilemmata und Herausforderungen, vor denen wir stehen. Kurz und knapp: Wenn die Schöpfung so wäre, wie sie sein soll, dann bräuchte es keine Erlösung und damit auch kein Christentum. Wenn kein Gericht nötig wäre, bräuchte es ebenfalls kein Christentum. Wenn wir alle auf einem guten Weg wären, bräuchte es keinen Jesus, der ihn uns zeigt und in seine Nachfolge aufruft.

Wer angesichts dieser Tatsachen das Christentum dennoch ohne Sünde denken möchte, entfernt sich nicht nur von der biblischen Botschaft (sowohl des Alten wie insbesondere des Neuen Testaments), sondern macht aus ihm auch eine ziemlich fade Religion, deren einziger Zweck darin besteht, die Schöpfung in dem zu bestärken, wie sie ist. Damit aber wäre das Christentum kein kritisches Gegenüber mehr zur Welt und ihren Mächten und Gewalten, sondern nur noch ihre Verzierung im Sinne eines Sahnehäubchens, das Zuckerstückchen, mit dem sich die bittere Medizin besser schlucken lässt, das fromme Deckmäntelchen, mit dem das eigene Tun in eine hübsche geistliche Watte gepackt wird.

All das ist das Christentum im Laufe seiner Geschichte auch gewesen, daran habe ich keinen Zweifel. Umso mehr kommt es jetzt darauf an, dass wir uns wieder dem zuwenden, wozu es ursprünglich gemeint war: als ein Weg, die Sünde zu überwinden und die Welt wieder in Ordnung zu bringen.

VERHEISSUNG.

Im Gegensatz zur landläufigen Vorstellung von Religion beginnt die eigentliche Geschichte Gottes mit den Menschen, mit seiner Schöpfung und seinen Geschöpfen nicht mit Geboten, sondern mit einer Verheißung. Schon im Garten Eden war ihnen ein Sieg über die Schlange versprochen worden (vgl. 1. Mose 3,14) – ein Sieg allerdings, der so gar nichts mit dem Triumph eines überlegenen Feldherrn zu tun hat, der von Ferne zusieht, wie seine Truppen den Gegner vernichten.

Die Dramaturgie des Actionfilms, die leider allzu häufig unsere Vorstellungen vom Umgang mit dem Bösen bestimmt, greift daher nicht: Gott wird sich von der Sünde nicht so sehr provozieren lassen, dass er wie ein Revolverheld zur Waffe greift und um sich schießt. Wer sich am Ende eines solchen Films einmal anschaut, was von der einst so friedlichen Kulisse, in die das Böse eingedrungen war, noch bleibt, nachdem der „Gute" mit dem Bösen fertig ist, ahnt, dass das auch besser so ist. Wer sein Holzhaus mit eigenen Händen mühsam errichtet hat, wird kaum zum Flammenwerfer greifen, weil sich in einem Balken Termiten eingenistet haben. Gottes Weg ist keiner der Gewalt. Er kommt nicht von oben und lässt Feuer auf seine Feinde regnen, sondern wirkt in der Schöpfung, um sie zu bewahren und zu erneuern.

Wie das aussieht, können wir an der Person sehen, mit der Gott neu angefangen hat, an Abraham – oder „Abram", wie er zunächst genannt wird. Das Erste, was an ihm auffällt, ist, dass Gott ihn anscheinend völlig aus dem Blauen heraus eines Tages einfach anspricht:

> *„Und der Herr sprach zu Abram: Geh aus deinem Vaterland und von deiner Verwandtschaft und aus deines Vaters Hause in ein Land, das ich dir zeigen will. Und ich will dich zum großen Volk machen und will dich segnen und dir einen großen Namen machen, und du sollst ein Segen sein. Ich will segnen, die dich segnen, und verfluchen, die dich verfluchen; und in dir sollen gesegnet werden alle Geschlechter auf Erden." (1. Mose 12,1-3)*

Warum Gott das zu Abram sagt, wird nicht erwähnt, ebenso wenig wird deutlich, warum es ausgerechnet zu diesem Zeitpunkt und an diesem Ort passiert. Damit wird jedoch unterstrichen, dass alles Handeln von Gott ausgeht. *Gott* beruft Abram, *er* nimmt mit ihm Kontakt auf, *er* spricht ihn an. Wir sehen hier ein Muster, das sich bei allen Gestalten der biblischen Geschichte wiederholt. Auch Mose wird einfach so aus dem Nichts heraus von Gott angesprochen (2. Mose 3,1-5), ebenso Saul und David (1. Samuel 9,15–10,1; 16,1-13), alle Propheten und Richter, angefangen von Otniël (Richter 3,9f.) über Samuel (1. Samuel 3,1-20) und die anderen bis ins Neue Testament hinein. Warum gerade Maria aus Nazareth den Sohn Gottes zur Welt bringen soll, erfahren wir ebenso wenig wie die Antwort auf die Frage, warum Jesus ausgerechnet Simon (Petrus), Jakobus, Johannes und ihre neun „Kollegen" – darunter auch Judas Iskariot – erst zu Jüngern und später zu Aposteln beruft (Matthäus 4,18-22; 9,9; Lukas 6,12-15). Genauso unklar bleibt, warum der Christenverfolger Saulus (Paulus) das erreicht hat, was Simon Magus verwehrt blieb, obwohl Letzterer sich doch so viel mehr darum bemüht hat (Apostelgeschichte 9,1-18; 8,18-24). Die

Bibel und die christliche Theologie sprechen deshalb in diesem Zusammenhang vom Erwählungshandeln Gottes, um deutlich zu machen, dass alles von ihm ausgeht.

Man kann es aber auch noch anders ausdrücken, denn in all dem zeigt sich etwas vom Wesen Gottes, das der Apostel Johannes als „Liebe" identifiziert (1. Johannes 4.16). Wie schon der Volksmund weiß, gibt es keinerlei Anhaltspunkte dafür, wo „die Liebe hinfällt". Damit wird eine tiefe Wahrheit zum Ausdruck gebracht: Echte Liebe ist grund- und bedingungslos. Man liebt nicht, weil man sich etwas davon verspricht, weil der andere eine „gute Partie" oder für den eigenen Vorteil wichtig wäre, man liebt in der Regel auch nicht diejenigen, die es im wahrsten Sinne des Wortes „zu lieben lohnt". All das wäre keine wirkliche Liebe, sondern nur eine mehr oder weniger versteckte Form des Egoismus. Echte Liebe dagegen kann sich gar nicht erklären, warum sie gerade dieses Gegenüber liebt – ja, manchmal erscheint es sogar unsinnig, ausgerechnet dieses zu lieben, wo es doch so viele „lohnendere" Gegenüber gäbe.

Diese grund- und bedingungslose Liebe ist bei Gott manchmal irritierend, für manche vielleicht sogar ärgerlich. Obwohl es ein „schönes Gefühl" ist, werden wir doch nicht gern bedingungslos geliebt. Denn noch schöner wäre es, wenn unser Gegenüber einen Grund für seine Liebe nennen könnte, der *in uns* liegt: „Ich liebe dich, weil du so gut aussiehst/ so ein vielseitig begabter Mensch bist/ einfach besser bist als die anderen." Das hebt einen schließlich aus der Masse heraus. So muss das doch auch mit Gott sein, auch er muss doch einen Grund gehabt haben, warum er ausgerechnet mich in die Nachfolge ruft – mich und nicht irgendwen anderen: weil er mich besser gebrauchen kann; weil ich Träume, Visionen und Ideen habe, die sich zu verwirklichen lohnen; weil ich über Charaktermerkmale verfüge, mit denen Gott etwas anfangen kann; weil ich eine Persönlichkeit bin, mit der er sich gern als „Aushängeschild" schmücken möchte ...

Doch all das trifft es nicht, Gottes Erwählungshandeln hat nichts mit der menschlichen Partnerwahl zu tun. Im Gegenteil, wo die Bibel Gründe für Gottes Erwählung angibt, erscheinen sie für die Erwählten eher wenig schmeichelhaft. Israel zum Beispiel bekommt zu hören:

> *„Nicht hat euch der Herr angenommen und euch erwählt, weil ihr größer wäret als alle Völker – denn du bist das kleinste unter allen Völkern –, sondern weil er euch geliebt hat und damit er seinen Eid hielte, den er euren Vätern geschworen hat." (5. Mose 7,7)*

Und gegenüber einer Gemeinde, die besonders viel auf ihre geistlichen Begabungen hielt, führt Paulus aus:

> *„Was töricht ist vor der Welt, das hat Gott erwählt, damit er die Weisen zuschanden mache; und was schwach ist vor der Welt, das hat Gott erwählt, damit er zuschanden mache, was stark ist; und was gering ist vor der Welt und was verachtet ist, das hat Gott erwählt, was nichts ist, damit er zunichtemache, was etwas ist, auf dass sich kein Mensch vor Gott rühme." (1. Korinther 1,27-29)*

Daraus könnte man nun geradezu das Gegenteil dessen schließen, was wir eben noch angenommen haben: Vielleicht erwählt Gott eben nicht die Starken, sondern die ganz besonders Schwachen. In einer Zeit, in der Menschen auf jeden Fall als einzigartige Individuen wahrgenommen werden wollen – und wenn schon nicht als größter Heiliger, dann doch wenigstens als schlimmster Sünder –, erscheint auch das verlockend: Ich bin so klein, schwach und unvermögend, dass ich in der Masse der bedeutungslosen Durchschnittsmenschen schon wieder auffalle – und deswegen erwählt mich Gott.

Doch auch da muss ich enttäuschen. Der alttestamentliche Saul und sein neutestamentlicher Namensvetter Saulus (Paulus) beweisen, dass man auch aus der Schwäche keine Regel machen kann. Beide legen ausgesprochene Führungsqualitäten an den Tag: Saul, indem er allein schon durch seine überragende Gestalt den übrigen Israeliten als „geborener Anführer" erscheint (vgl. 1. Samuel 9,2), während Saulus als aufstrebender Schüler des Rabbi Gamaliel sicher auch im Judentum Karriere gemacht hätte, wäre er nicht Christ geworden (vgl. Apostelgeschichte 22,3). Sosehr es unserem Selbstbild widersprechen mag, es bleibt damit dabei: Gott erwählt und beruft, wen immer er möchte – Starke, Schwache, Durchschnittliche, Gute, Böse und alle Möglichen dazwischen. Gott erwählt uns nicht, weil wir etwas Besonderes sind, und auch nicht, um aus uns etwas Besonderes zu machen.

Noch irritierender als die damit verbundene „Delle" für das eigene Ego ist vielleicht die Tatsache, dass Gott seiner Schöpfung prinzipiell auf einer Ebene zugewandt ist, die so gar nichts mit der Verfolgung irgendeines Zweckes zu tun hat. Gott liebt seine Schöpfung einfach so, wie Jesus festgestellt hat, „denn er lässt seine Sonne aufgehen über Böse und Gute und lässt regnen über Gerechte und Ungerechte" (Matthäus 5,45). Das gilt sicher nicht nur für Sonne und Regen, sondern für alle guten Gaben. Gott versorgt nicht nur seine Anhänger, sondern auch die größten Verbrecher mit allem, was sie zum Leben brauchen, und noch viel mehr. Und das tut er nicht aus Nachlässigkeit, Gleichgültigkeit oder gar Zynismus, sondern aus Liebe, aus grund- und bedingungsloser Liebe. Der beste irdische Vergleichspunkt für die Liebe Gottes ist deshalb auch nicht die zwischenmenschliche Partnerschaft – bei der man sich sein Gegenüber zumindest teilweise aussucht und durchaus eine „gute Partie" machen kann –, sondern die Elternliebe. So wie Eltern sich (im Idealfall) ihren Kindern zuwenden und sie annehmen, obwohl sie bei der Auswahl kein Mitspracherecht haben, so bedingungs- und grundlos ist auch die Liebe Gottes. Und als seine Nachfolger sollen wir es ihm gleichtun, also „Kinder" unseres „Vaters im Himmel" sein (Matthäus 5,45).

Menschen, die Gott beruft, zeichnen sich also durch nichts Besonderes aus, Gott beruft sie einfach so. Damit aber sind wir bei einem ganz wichtigen Grundsatz der Nachfolge, vielleicht sogar dem entscheidendsten – jedenfalls einem, ohne dessen Beherzigung alles schief wird: Für die Nachfolge bewirbt man sich nicht, in sie wird man berufen (vgl. Lukas 9,57-62). Die

Gottesbeziehung ist immer ein unverdientes Geschenk wie das Leben selbst, wie die eigenen Fähigkeiten und Talente, wie alles, was uns eigentlich ausmacht. Weil aber eben schon das Geschenk ist (wir haben ja nichts dafür getan, um ausgerechnet in dieser Zeit, an diesem Ort und mit diesen Veranlagungen zur Welt zu kommen), kann die Gottesbeziehung und damit die Nachfolge natürlich auch nur Geschenk sein. Denn was sollten wir Gott als Gegenleistung bieten, was er nicht schon von sich aus in uns hineingelegt hätte?

Der Apostel Paulus hat diesen Zusammenhang von unverdienter Erwählung, Berufung und Nachfolge an Abraham verdeutlicht und damit auch gleichzeitig aufgezeigt, dass wir Abraham als Modell betrachten sollten. Wer daher wissen will, wie Nachfolge „funktioniert", sollte sich Abraham anschauen, denn der hat sie beispielhaft vorgelebt (obwohl er interessanterweise niemandem im wortwörtlichen Sinne nachgefolgt ist). Paulus schreibt:

> *„Was sagen wir denn von Abraham, unserm leiblichen Stammvater? Was hat er erlangt? Das sagen wir: Ist Abraham durch Werke gerecht, so kann er sich wohl rühmen, aber nicht vor Gott. Denn was sagt die Schrift? »Abraham hat Gott geglaubt, und das wurde ihm zur Gerechtigkeit gerechnet.« (1. Mose 15,6) Dem aber, der mit Werken umgeht, wird der Lohn nicht aus Gnade zugerechnet, sondern weil er ihm zusteht. Dem aber, der nicht mit Werken umgeht, aber an den glaubt, der den Gottlosen gerecht macht, dem wird sein Glaube gerechnet zur Gerechtigkeit." (Römer 4,1-5)*

Hier geht es zunächst einmal um das Grundsätzliche: Abraham wurde von Gott „gerecht" gesprochen, also in eine Beziehung mit ihm gerufen (was das Wort genau bedeutet, davon später mehr). Das geschah aber nicht als „Lohn" für irgendeine Form von Leistung, sondern aus freien Stücken. Gott sah keine Leistung, die er hätte belohnen müssen, sondern hat Abraham einfach so berufen.

Nun könnte man vielleicht anführen, dass hier aber doch vom Glauben die Rede ist. Abraham bringt also etwas – den Glauben –, auf dessen Grundlage Gott ihn gerecht spricht. Ist das nicht doch so etwas wie eine Vorleistung? Muss man deshalb nicht annehmen, dass Gott zwar kein besonderes Tun erwartet, wohl aber eine besondere Haltung ihm gegenüber, *bevor* er sich einem Menschen zuwendet?

Wenn wir uns vor diesem Hintergrund den ursprünglichen Text der Berufung Abrahams in 1. Mose 12,1-3 anschauen, fällt auf, dass dort nirgendwo vom Glauben gesprochen wird. Der Abschnitt liefert uns nur eine Verheißung Gottes an Abraham: „Ich will dich zum großen Volk machen und will dich segnen und dir einen großen Namen machen, und du sollst ein Segen sein. Ich will segnen, die dich segnen, und verfluchen, die dich verfluchen; und in dir sollen gesegnet werden alle Geschlechter auf Erden." Die Gottesbeziehung Abrahams wird also nicht in dem begründet, was Abraham gesagt oder getan hat (bzw. sagen oder tun wird), auch nicht damit, wie Abraham sich Gott gegenüber verhalten hat (bzw. wird), sondern ausschließlich in dem, was Gott *zu* Abraham sagt und was er *für* und *mit* Abraham tun wird. Sie baut damit allein auf der Verheißung Gottes auf und nicht auf der Vorleistung Abrahams.

Auch Paulus macht das deutlich, indem er nach dem oben zitierten Abschnitt den Glauben Abrahams näher definiert:

> *„Deshalb muss die Gerechtigkeit durch den Glauben kommen, damit sie aus Gnaden sei und die Verheißung festbleibe für alle Nachkommen […], die aus Abrahams Glauben leben. Der ist unser aller Vater – wie geschrieben steht (1. Mose 17,5): »Ich habe dich gesetzt zum Vater vieler Völker« – vor Gott, dem er geglaubt hat, der die Toten lebendig macht und ruft das, was nicht ist, dass es sei. Wo keine Hoffnung war, hat er auf Hoffnung hin geglaubt, auf dass er der Vater vieler Völker werde, wie zu ihm gesagt ist (1. Mose 15,5): »So zahlreich sollen deine Nachkommen sein.« Und er wurde nicht schwach im Glauben, als er auf seinen eigenen Leib sah, der schon erstorben war, weil er fast hundert-*

jährig war, und auf den erstorbenen Mutterschoß der Sara. Er zweifelte nicht an der Verheißung Gottes durch Unglauben, sondern wurde stark im Glauben und gab Gott die Ehre und wusste aufs Allergewisseste: Was Gott verheißt, das kann er auch tun.“ (Römer 4,16-21)

Damit ist klar: Der Glaube, von dem bei Abraham die Rede ist, empfängt nicht die Verheißung (er war also nicht schon vorher da, sozusagen als Voraussetzung für den Empfang der Verheißung), sondern er baut auf ihr auf, wird durch den Empfang der Verheißung überhaupt erst geweckt. Biblischer Glaube besteht damit nicht im Fürwahrhalten bestimmter Heilstatsachen (z. B. dass es einen Gott gibt, dass er einen „Plan“ für die Welt und/oder mein Leben hat, dass er mich liebt), sondern im Vertrauen darauf, dass Gott zu seinem Wort steht. Biblischer Glaube setzt dementsprechend den Zuspruch voraus: Gott agiert, er wendet sich uns zu (Zuspruch, Verheißung), wir reagieren darauf, indem wir Gott beim Wort nehmen (Glaube, Vertrauen).

Wie das konkret aussieht, wird ebenfalls an Römer 4 deutlich. Paulus bezieht sich hier ja auf die Tatsache, dass Abrahams Frau Sara unfruchtbar und damit die Verheißung, Abraham werde ein Vater vieler Völker werden, eigentlich unerfüllbar war. Das Besondere, das Beispiel- und Modellhafte an Abrahams Glauben ist nun, dass er sich eben nicht der sichtbaren Wirklichkeit angepasst hat, sondern in Gottes Verheißung etwas erkannt hat, das die sichtbare Wirklichkeit übersteigt und sprengt. Was Gott versprochen hat, das wird er auch tun. Oder um es mit den Worten eines der größten Propheten zu sagen: „Das Gras verdorrt, die Blume verwelkt, aber das Wort unseres Gottes bleibt ewiglich.“ (Jesaja 40,8)

Bei unseren Tiefenbohrungen sind wir hier also auf so etwas wie das Fundament gestoßen, sozusagen den „Felsen“, auf dem das ganze Gebäude der biblischen Botschaft aufgebaut ist. In unserer Kultur bedeuten Worte nicht viel, etwas wichtiger werden sie erst, wenn sie aufgeschrieben sind. Einklagbar sind sie freilich auch dann nur unter bestimmten Voraussetzungen. Entsprechend locker gehen wir mit Worten um, viele von ihnen sind tatsächlich nur Geplapper. „Worte sind Schall und Rauch", weiß der Volksmund und: „Reden ist Silber, Schweigen ist Gold".

Die Bibel sieht das ganz anders – und das hat nicht allein darin seinen Grund, dass die Antike eher eine mündliche als eine Schriftkultur pflegte. Denn selbst ein „Damals konnte man sich auf Zusagen noch verlassen" erklärt nicht den grundlegenden Unterschied. Wenn wir zurückdenken an den Anfang der Bibel und der Welt, stoßen wir vielmehr auf die alles überragende Bedeutung des Wortes: Im Anfang schuf Gott Himmel und Erde und dies tat er durch sein Wort. Er sprach und es geschah. Dieser Zusammenhang zwischen Gottes Reden und seinem Tun ist so eng, dass das Johannesevangelium die Schöpfungsgeschichte entsprechend umschreibt: „Im Anfang war das Wort. [...] Alle Dinge sind durch dasselbe gemacht, und ohne dasselbe ist nichts gemacht, was gemacht ist." (Johannes 1,1.3)

Das Wort Gottes ist damit nicht nur größer und älter als die sichtbare Wirklichkeit, es ist auch sehr viel dauerhafter. Während Himmel und Erde vergehen (Jesaja 51,6 u. ö.), bleibt das Wort Gottes in Ewigkeit (1. Petrus 1,25 u. ö.). In unserer vergänglichen Welt erweisen sich deshalb die Verheißungen Gottes, seine Zusagen, als das einzige wirklich Beständige. Glaube bedeutet daher, sein Leben nicht an der vergänglichen und wechselnden Wirklichkeit, sondern am einzig Sicheren und Bleibenden auszurichten – an den Verheißungen und Zusagen Gottes.

Das heißt freilich nicht, dass ein Glaube in der Nachfolge Abrahams passiv und untätig wäre. Darauf weist uns Jakobus hin, der sich dabei ebenfalls auf Abraham bezieht. In seinem Brief setzt er sich mit Menschen auseinander, die zwar das Glaubensbekenntnis auf den Lippen tragen, in deren alltäglichem Leben allerdings wenig davon sichtbar ist. Reden und Handeln fallen damit auseinander, man spricht fromm, tut aber ganz unfromm. Jakobus schreibt diesen Leuten:

„Was hilft's, Brüder und Schwestern, wenn jemand sagt, er habe Glauben, und hat doch keine Werke? Kann denn der Glaube ihn selig machen? Wenn ein Bruder oder eine Schwester nackt ist

und Mangel hat an täglicher Nahrung und jemand unter euch spricht zu ihnen: Geht hin in Frieden, wärmt euch und sättigt euch!, ihr gebt ihnen aber nicht, was der Leib nötig hat – was hilft ihnen das? So ist auch der Glaube, wenn er nicht Werke hat, tot in sich selber.

Aber es könnte jemand sagen: Du hast Glauben, und ich habe Werke. Zeige mir deinen Glauben ohne die Werke, so will ich dir meinen Glauben zeigen aus meinen Werken. Du glaubst, dass nur einer Gott ist? Du tust recht daran; die Teufel glauben's auch und zittern. Willst du nun einsehen, du törichter Mensch, dass der Glaube ohne Werke nutzlos ist?

Ist nicht Abraham, unser Vater, durch Werke gerecht geworden, als er seinen Sohn Isaak auf dem Altar opferte? Da siehst du, dass der Glaube zusammengewirkt hat mit seinen Werken, und durch die Werke ist der Glaube vollkommen geworden. So ist die Schrift erfüllt, die da spricht (1. Mose 15,6): »Abraham hat Gott geglaubt und das ist ihm zur Gerechtigkeit gerechnet worden«, und er wurde »ein Freund Gottes« genannt (Jesaja 41,8).

So seht ihr nun, dass der Mensch durch Werke gerecht wird, nicht durch Glauben allein." (Jakobus 2,14-24)

Damit wird deutlich, dass die Definitionen von „Glaube" und „Werken", die heute durch manche evangelischen Köpfe geistern, nicht dem biblischen Befund entsprechen. Es geht nicht um die Unterscheidung von „innerer Überzeugung" und „äußerem Tun", schon gar nicht noch grundsätzlicher zwischen „Meinen" und „Handeln". Glaube ist sowohl im Alten wie auch im Neuen Testament viel mehr als nur ein bloßes Bekenntnis oder dass man von einer bestimmten Wahrheit überzeugt ist. Denn wenn eine solche Überzeugung tatsächlich mehr sein soll als ein Lippenbekenntnis, dann wird sie praktische Konsequenzen haben.

Das wird auch deutlich, wenn man sich die beiden Begriffe betrachtet, die im Alten und Neuen Testament für „glauben" gebraucht werden: Das hebräische Verb *aman* (das mit „Amen" verwandt ist) heißt wortwörtlich „festmachen" (in der für „glauben" benutzten Verbform sogar „sich festmachen"), das griechische *pisteuo* „vertrauen (auf)". Ein solcher Glaube, ein solches Vertrauen und Sichfestmachen ist ohne praktische Konsequenzen nicht denkbar. Wer einem anderen Menschen vertraut, wird mit ihm im Alltag anders umgehen als mit einem, dem er nicht vertraut. Ähnlich sieht es aus, wenn man etwas für sich festgemacht hat. Auch hier unterscheidet sich das daraus folgende Verhalten von der vorherigen Unsicherheit. Bei Abraham äußert sich der Glaube daher in seinem Gottvertrauen: Obwohl er als Hundertjähriger mit einer unfruchtbaren neunzigjährigen Frau eigentlich keine Aussichten auf den verheißenen Nachwuchs hat, regelt er dennoch sein Erbe nicht, sondern hofft weiterhin auf die Erfüllung der Verheißung.

Das heißt natürlich nicht, dass Abraham nicht auch schwache Momente gehabt hätte. Sein schwächster ist vermutlich der, in dem er die Verheißung auf menschliche Weise wahr machen möchte und (auf Anraten seiner Frau Sara!) mit ihrer Magd Hagar schläft und einen Sohn bekommt (1. Mose 16,1-15). Ein Glaube in der Nachfolge Abrahams besteht also nicht in einer nahezu unmenschlich sturen Verleugnung der sichtbaren Wirklichkeit, nein, so ein Glaube kann durchaus angefochten sein. Entscheidend ist allerdings das Ergebnis, also welche Konsequenzen der Glaube letztlich hat. Für Abraham bedeutete das, den nicht verheißenen Sohn wegzuschicken, und als der verheißene schließlich da war, war Abraham sogar bereit, ihn zu opfern. Das ist sein Glaube: Er lebt so, als wäre Gottes Verheißung die sichere Wirklichkeit. Das ist alles.

In dieser Richtung ist auch die Definition des Glaubens zu verstehen, die uns das Neue Testament im Brief an die Hebräer liefert. Nach Hebräer 11,1 ist der Glaube „ein Rechnen mit der Erfüllung dessen, worauf man hofft, ein Überzeugtsein von der Wirklichkeit unsichtbarer Dinge", wie es die „Neue Genfer Übersetzung" ausdrückt. Darum geht es bei Abraham, und dieses „Rechnen“ und „Überzeugtsein“ schließt ein entsprechendes Handeln ein.

Sein Aufbruch nach Kanaan, der gern als Zeichen des Glaubens gewertet wird, ist nach der Bibel übrigens keins, jedenfalls wird er nirgendwo als solches gewürdigt. Selbst in der Genesis erscheint er nicht als ein neuer Start, sondern nur als Fortsetzung einer Familientradition. Schon Abrahams Vater war nach Kanaan unterwegs, ist dann aber in Haran hängen geblieben. (1. Mose 11,31f.)

Das bedeutet nicht, dass man diesen Aufbruch ins Unbekannte gering schätzen sollte, es heißt nur, dass er nicht *der* genuine Ausdruck des Glaubens Abrahams ist. Nein, der Glaube Abrahams macht sich an seinem festen Vertrauen auf Gottes Verheißung fest, die allem vorausgeht. In ihr lebt er, mit ihr rechnet er. Und darin ist er Modell für unsere Nachfolge – die uns natürlich ebenfalls zum Aufbruch in ein neues Land führen kann. Oder eben nicht. Denn damit steht und fällt sie nicht, wohl aber mit dem Glauben.

WEISHEIT.

Eines der interessantesten Konzepte der Bibel ist das der Weisheit (hebräisch *hokhmah*, griechisch *sophia*): Weil Gott die Welt weise geschaffen und geordnet hat, kann und sollte ein weiser Mensch diese Ordnung erkennen und sein Leben nach ihr ausrichten. Auf den ersten Blick wirkt das fast schon naturwissenschaftlich – und tatsächlich hat die Entstehung unseres modernen naturwissenschaftlichen Denkens auch etwas mit dieser Form von Weisheit zu tun. An ihrem Anfang standen nämlich Menschen, die davon überzeugt waren, dass Gott nicht willkürlich mit seiner Schöpfung umgeht, sondern so etwas wie feste Gesetzmäßigkeiten in sie hineingelegt hat. Ein guter Beobachter kann daher in der „zweiten Bibel", der Schöpfung, lesen und ihre Ordnung beschreiben.

Allerdings hat es einen Grund, warum Israel seine Forschungen in diesem Bereich nicht im Sinne moderner Naturwissenschaften betrieben hat: Wie zuvor bereits erwähnt, existierte so etwas wie eine ihren eigenen Gesetzmäßigkeiten unterworfene, von ihrem Schöpfer völlig unabhängig funktionierende Natur für die Menschen des Alten und Neuen Testaments nicht. Weil sie die Welt als Gottes Schöpfung ansahen, in der er unablässig am Wirken ist, konnten sie sich die Welt auch nicht ohne Gott vorstellen. Im Unterschied zu modernen Naturwissenschaftlern, die vor allem herausfinden wollen, wie die Schöpfung „funktioniert" und welche Gesetzmäßigkeiten sich dahinter verbergen, war Israel vornehmlich an der Anbetung des Schöpfers interessiert, der alles so wunderbar gemacht hat.

Dieser Ansatz findet sich im Alten Testament hauptsächlich in einer Literaturgattung, die als „Weisheit" bezeichnet wird und deren bekanntester Vertreter das biblische Buch der Sprüche ist (neben ihm gehören noch der Prediger, Hiob, einige Psalmen, ein paar Texte aus anderen Büchern sowie verschiedene Spätschriften des Alten Testaments in diese Kategorie). Dieses Buch bietet ein Sammelsurium von Beobachtungen, die in der Schöpfung gemacht wurden und die so etwas wie ihre Gesetzmäßigkeiten zum Ausdruck bringen sollen, also „Regeln", die man besser berücksichtigt, wenn man im Leben keinen Schiffbruch erleiden möchte.

Aus heutiger christlicher Perspektive sind damit zwei erstaunliche Dinge verbunden: Zum einen sind die in den Sprüchen mitgeteilten Beobachtungen oft ungeschminkt und ehrlich, etwa wenn es heißt: „Der Arme ist verhasst auch seinem Nächsten; aber die Reichen haben viele Freunde." (Sprüche 14,20) Noch unverhohlener behauptet Sprüche 17,8 sogar: „Bestechung ist wie ein Zauberstein dem, der sie gibt; wohin er sich kehrt, hat er Glück." (Luther 1984) Beides sind Beobachtungen, die zeigen, wie wenig sich die Autoren der Sprüche den Blick verstellen ließen. Sie wollten keine wünschenswerte Welt beschreiben, sondern die tatsächlich existierende. Wie schwer einem das unter Umständen fallen kann, davon können heutige Sozialwissenschaftler immer noch ein Lied singen.

Obwohl damit die Wirklichkeit der Sünde voll in den Blick genommen wird, bleibt die biblische Weisheit dabei nicht stehen. Und damit sind wir bei dem zweiten, das aus heutiger Perspektive erstaunlich ist: Weil die Weisheit davon ausgeht, dass die Welt von einem guten und gerechten Schöpfer geschaffen worden ist, muss es ihrer Ansicht nach – trotz aller Sünde – auf der sozusagen tiefsten und grundlegendsten Ebene der Welt auch noch gut und gerecht zugehen. Sie verbindet deshalb Natur- und Menschenerkenntnis mit moralischen und ethischen Vorstellungen. Wer in dieser Welt weiterkommen will, wessen Leben gelingen soll, der sollte sich daher besser nicht an dem orientieren, was auf den ersten Blick ins Auge springt (wie der Zusammenhang von Bestechung und Erfolg), sondern an der tieferen Grundschicht, sozusagen der „DNA", die der gute und gerechte Gott bei ihrer Erschaffung in seine Schöpfung hineingelegt hat.

Die Weisheit formuliert damit eine Form von Naturerkenntnis, die uns heute vermutlich fremd vorkommt, allerdings für die biblische Vorstellung von Schöpfung, Gesetz und Ordnung unerlässlich ist: Weil die Welt die Schöpfung des guten und gerechten Gottes ist, muss sie Gesetzmäßigkeiten gehorchen, die letztlich gut und gerecht sind. Der Schöpfer verleugnet sich in seiner Schöpfung schließlich nicht selbst. Dieses gute und gerechte Grundmuster ist allerdings durch die Sünde entstellt worden, weswegen es zu seiner Herausarbeitung einer besonderen Weisheit bedarf, einer, die sozusagen hinter die Dinge schaut, hinter das, was dem flüchtigen Beobachter sofort ins Auge springt. Manches davon kann man erkennen, wenn man nur genau genug hinschaut, anderes dagegen erst, wenn Gott es einem offenbart.

Für das biblische Verständnis gehört also beides zusammen, die Schöpfung und die mit ihr verbundene Ordnung, die man in der Natur erkennen kann, sowie ethische und moralische Vorstellungen, die das Miteinander der Geschöpfe regeln sollen. Das, was wir in zwei grundverschiedene Kategorien packen – „Naturgesetz" und „Moralgesetz" – ist in der Bibel also eins. Man kann den damit verbundenen Unterschied im Grundlebensgefühl kaum übertreiben. Für uns heute klafft beides ja stark auseinander: Vor dem Hintergrund der Evolutionslehre scheint uns die Biologie zu lehren, dass sich die Stärkeren letztlich durchsetzen und Kranke und Schwache auf der Strecke bleiben sowie dass im allgemeinen Durchsetzungskampf alle Mittel erlaubt sind, sofern sie nur zum Erfolg führen. Auf das menschliche Miteinander angewandt („Sozialdarwinismus") widerspricht dies jedoch jeglichen ethischen und moralischen

Grundsätzen. Nicht nur Christen stehen deshalb oft vor einem Dilemma: Wie kann man einigermaßen „anständig“ in einer Welt leben, die doch so offensichtlich den „Unanständigen“ regelmäßig den Vorzug gibt?

Die Autoren der Bibel hätten darauf geantwortet, dass wir die Welt nicht mit den Augen eines Weisen betrachten. Wir sehen anscheinend nur die Oberfläche, die durch die Sünde bestimmt wird. Die tiefere Schicht darunter, die noch ganz und gar von Gottes Gerechtigkeit geprägt ist, sehen wir dagegen nicht. Sie ist aber die eigentlich ausschlaggebende. Weil sie jedoch nur für die Weisen sichtbar ist, kann sie nicht allein beobachtet, sondern muss auch offenbart und verkündet werden.

Diese Offenbarung findet ihren Niederschlag im biblischen Gesetz, das Mose am Sinai empfangen hat. In ihm wird nach alt- und neutestamentlicher Vorstellung die grundlegende Schöpfungsordnung noch einmal gründlich und systematisch dargestellt. Das Gesetz ist also kein zusätzliches Regelwerk, schon gar keine „aufgepfropfte Ordnung“, die mit den eigentlichen Gesetzmäßigkeiten der Schöpfung nichts zu tun hätte, sondern gerade ihr Ausdruck. Wer Gottes Schöpfung verstehen will, muss sich daher nach Ansicht der Bibel ins Gesetz vertiefen – und umgekehrt wird uns ein tieferes Verständnis des Gesetzes helfen zu erkennen, wie die Schöpfung eigentlich, also auf ihrer grundlegendsten Ebene, gedacht ist und „funktioniert“.

Dieses Verständnis des mosaischen Gesetzes findet sich übrigens schon in den biblischen Ursprachen. Das hebräische *tora* bedeutet nämlich nicht „Gesetz“ in unserem Sinne (als strafbewehrte Ordnung, anhand derer das Handeln eines Menschen beurteilt wird), sondern „Weisung“. Im Hintergrund steht also ein pädagogischer Zusammenhang: Die *tora* soll zu einem richtigen, bundes- und schöpfungsgemäßen Leben anleiten. *Nomos*, womit dieser Begriff schon in der vorchristlichen griechischen Übersetzung des Alten Testaments, der *Septuaginta*, wiedergegeben wird, bedeutet zwar tatsächlich „Gesetz“. Im Hintergrund steht aber auch hier der Gedanke einer kosmischen Ordnung (wie sie sich in unseren Vorstellungen von den Natur*gesetzen* zeigt). Weil die menschlichen Gesetze nach Auffassung der alten Griechen Ausdruck jener natürlichen Ordnung sind, besteht auch hier eine Übereinstimmung von Weltordnung und zwischenmenschlichem Handeln.

Das Gesetz des Mose erscheint damit vermutlich in einem ganz anderen Licht: Es ist nicht mehr eine der Schöpfung aufgezwungene, ihr fremde Moralvorstellung, sondern eher so etwas wie die Zusammenfassung dessen, was Israel in der Schöpfung erkannt hat. Ein Mensch des Alten Testaments betrachtet die *tora* daher unter ähnlichen Gesichtspunkten wie wir heute beispielsweise Sicherheitsvorschriften. Von Starkstromleitungen Abstand zu halten, einen erhitzten Kochtopf nicht mit bloßen Händen anzufassen oder bei einer chemischen Reaktion eine Schutzbrille zu tragen – all das sind ja nicht „sachfremde" Regeln, die man „auch noch" beachten muss, obwohl es problemlos ohne ginge. Es sind vielmehr Bestimmungen, die eingehalten werden sollten, damit gefährliche Situationen entschärft werden und ein sachgerechter Umgang überhaupt erst möglich wird.

Vielleicht ist es für manchen eine große Herausforderung, im Schöpfer, Gesetzgeber und Erlöser denselben Gott zu sehen, mit denselben Eigenschaften, denselben Absichten und denselben Zielen. Allzu oft wird er ja auseinandergerissen, wird so getan, als sei die Welt ein ihm fremder Lebensraum, den er sich erst noch aneignen müsste, das Gesetz eine Moralordnung für ein antikes Volk des Vorderen Orients und als bestünde die Erlösung darin, uns von beidem zu befreien.

Wer das so sieht, steht nicht in der Nachfolge Jesu. An ihm fasziniert ja auch, wie sehr er all dies zusammengedacht hat, weil er von einer Einheit Gottes ausging. Werfen wir nur einmal einen Blick in die Bergpredigt. Dort predigt Jesus nicht nur einen alle versorgenden, wohlwollenden und liebenden Schöpfer (z. B. in Matthäus 6,19-34), dessen Schöpfung letzten Endes nach seinen Vorgaben „funktioniert" (vgl. Matthäus 5,45), sondern bekennt sich auch unmissverständlich zum Gesetz des Mose als uneingeschränktem Ausdruck des Gotteswillens (vgl. Matthäus 5,17-20). Oder um es mit Paulus zu sagen: Das Gesetz ist „heilig, und das Gebot ist heilig, gerecht und gut" (Römer

7,12). Es mag ein unvollkommener Ausdruck des Gotteswillens sein und als solcher die Schöpfungsordnung nur unvollständig abbilden, es bleibt jedoch ein Ausdruck des Gotteswillens. Wer in der Nachfolge Jesu stehen möchte, kann das Gesetz daher nicht beiseiteschieben, sondern muss sich näher mit ihm beschäftigen.

WEISUNG.

Fachleute unterscheiden gern zwischen Ethik und Moral. Unter Moral versteht man danach die oft instinktiven Verhaltensregeln, die das alltägliche Tun bestimmen, also das, was „man so macht“, und das, was „sich so gehört“ oder eben gerade nicht. Ethik ist im Unterschied dazu eine Stufe höher angesiedelt, sie ist sozusagen die kritische Reflexion der Moral und beschäftigt sich mit der Frage, *warum* man etwas so oder anders machen sollte und *wozu* es gut ist, dass es sich so und nicht anders gehört.

Diese Unterscheidung ist sinnvoll, aber nicht allen bewusst. Noch weniger klar ist allerdings meiner Erfahrung nach vielen Menschen, dass man auch innerhalb der Ethik noch einmal eine Unterscheidung treffen sollte – und zwar zwischen einem Ansatz, der sozusagen eine ideale Welt beschreibt, und dem Umgang mit der tatsächlich existierenden. Das Erste beantwortet die Frage: „Wie *sollte* es sein?“, das Zweite fragt dagegen viel bodenständiger: „Wenn es nun einmal so ist, wie es ist, wie kann man das Beste daraus machen?“

Dass ein Kind in einen Brunnen fällt, würde in einer idealen Welt nie passieren. Da wären alle Brunnen gut gesichert, eine umfassende Aufsicht wäre jederzeit gewährleistet und natürlich wären alle Kinder pädagogisch so gut vorbereitet, dass sie von sich aus einen großen Bogen um jeden Brunnen machen würden. Diese Erkenntnisse helfen freilich nur wenig, wenn ein Kind im Brunnen liegt und um Hilfe ruft. Dann kann man zwar lange Debatten darüber führen, wie Brunnen in Zukunft besser zu sichern wären, dem Kind im Brunnen hilft das aber nicht. Angesichts eines schreienden Kindes wäre es vermutlich auch unmenschlich.

Vor solchen ethischen Dilemmata stehen wir als Christen und Nachfolger Jesu ebenfalls – wenn wir uns nicht mehr oder weniger geschickt darum herumdrücken. Oder wie soll man es verstehen, dass in christlichen Kreisen zwar oft gefordert wird, Krieg und Gewalt grundsätzlich zu ächten und alle Konflikte ausschließlich friedlich zu lösen, aber anscheinend nur sehr wenig darüber nachgedacht wird, wie man denn mit einer Situation umgeht, in der die eine Seite sich etwas mit Gewalt nimmt und den Verhandlungstisch eigentlich nur noch als Mittel benutzt, um der ganzen Sache einen legitimen Anstrich zu verleihen?

Dasselbe Problem erlebe ich auch in scheinbar kleinen Fragen. Man kann Sex vor der Ehe vehement ablehnen und dafür eintreten, dass so etwas gar nicht erst stattfindet – aber das löst noch nicht die Frage, was man denn machen soll, wenn ein Kind unterwegs ist, dessen Eltern nicht verheiratet sind. In einer idealen, ethisch in jeder Hinsicht „sauberen" Welt wäre das mit Sicherheit nie passiert. In unserer weitaus weniger idealen Welt kommt es jedoch ständig vor.

Natürlich ist es viel einfacher, sozusagen am Reißbrett eine Welt zu entwerfen, in der die Menschen und ihre Gemeinschaften friedlich, höflich und zuvorkommend sind sowie auf einen fairen Interessenausgleich bedacht. Das ist ehrlich gesagt keine große Kunst, weil jeder weiß, wie ein Kuchen zu verteilen ist, wenn fünf Menschen ein Stück von ihm haben wollen. Viel schwieriger wird es allerdings, wenn einer von ihnen den Kuchen schon hat und zu essen beginnt, während die anderen vier etwas davon abbekommen wollen. Wie sorgt man dann dafür, dass der eine teilt, obwohl er außer einer enormen Kalorieneinsparung eigentlich gar nichts davon hat?

Die Frage ist deshalb so spannend, weil wir uns bei ihrer Beantwortung zwangsläufig die Hände schmutzig machen müssen, denn wir werden nahezu unweigerlich in einen Konflikt zwischen verschiedenen ethischen Grundsätzen geraten. Wir könnten zwar darauf hoffen, dass einer „seinen" Kuchen nach einem eindringlichen Gespräch schon von sich aus herausrücken wird, nur ist das leider nicht allzu wahrscheinlich. Das hätte nämlich allein dann eine gewisse Erfolgsaussicht, wenn die Ungerechtigkeit auf Uninformiertheit beruhte. Mit anderen Worten: wenn der Kuchenesser gar nicht weiß, dass noch vier andere ebenfalls etwas vom Kuchen abhaben möchten. In einem solchen Fall könnte ein diesen Umstand erhellendes Gespräch tatsächlich eine freiwillige Verteilaktion einleiten.

Was ist allerdings, wenn der Esser sich durchaus bewusst ist, dass vier andere auch gern etwas von seinem Kuchen abbekämen – ja, wenn sie ihm vielleicht sogar sehnsüchtig beim Essen zuschauten? In einer Welt, in der jede Ressource begrenzt ist und deshalb immer nur von einer begrenzten Anzahl von Menschen genutzt und verbraucht werden kann, ist diese Situation leider sehr viel häufiger als die eben geschilderte. Ungleich verteilt ist ja zunächst einmal alles: Zeit, Begabungen, Lebensperspektiven, Bodenschätze, Witterungsverhältnisse, geografische Gegebenheiten und vieles mehr. Oft denken wir nicht daran, in manchen Bereichen ist es uns aber auch klar, dass wir einen größeren Teil des „Kuchens" für uns beanspruchen als uns zustände, wenn er gerecht verteilt werden würde. Wie soll man also damit umgehen, wenn der schlichte Appell ans Teilen auf taube Ohren stößt?

Vermutlich werden wir recht schnell in den oben schon erwähnten ethischen Konflikt geraten. Wenn jemand den Kuchen nicht freiwillig herausrückt, aber herausrücken soll, kann man ihn nämlich nur noch dazu zwingen. Zwang steht einer friedlichen Welt jedoch genauso entgegen wie eine ungerechte Güterverteilung. Welcher ethische Grundsatz sollte deshalb den Vorrang bekommen: Ist die Freiwilligkeit wichtiger als die Gerechtigkeit? Oder ist es gerade umgekehrt? Und welche Form dürfte der Zwang in diesem Fall annehmen? Sollen wir den Kuchenbesitzer zum Ausgleich bei irgendeiner anderen Verteilaktion leer ausgehen lassen? (Und damit darauf hoffen, dass zwei Ungerechtigkeiten irgendwie eine Gerechtigkeit ergeben.) Und was entspräche dabei dem Wert des Kuchens? Oder sehen wir es als unsere Aufgabe an, irgendwoher noch vier andere Kuchen zu zaubern, um die Ungerechtigkeit auf diese Weise auszugleichen? Aber wem würden wir die unter Umständen wegnehmen? Und noch schlimmer: Was ist, wenn der Kuchenbesitzer davon ausgeht, dass ihm der Kuchen zu Recht zusteht, weil er ihn als Erster „gefunden" hat?

Schon dieses kleine „Kuchendilemma" erklärt vielleicht, warum viele Menschen zwischen zwei Extremen schwanken, die beide ethisch nur wenig fruchtbar sind. Entweder sind wir mit den Verhältnissen, so wie sie sind, ganz zufrieden, etwa weil wir uns eher auf der „Gewinnerseite" sehen oder uns machtlos vorkommen. Die Welt ist eben ungerecht, damit muss man sich abfinden, denn ändern kann man es ja doch nicht. Auf der anderen Seite steht eine oft diffuse Sehnsucht nach der großen Revolution, in der aber auch wirklich alles auf den Kopf gestellt und neu geregelt werden sollte, damit es endlich dem Ideal einer gerechten Ordnung entspricht. Weil Revolutionen in der Regel aber eine äußerst blutige und destruktive Angelegenheit sind, die nicht selten nur alte Ungerechtigkeiten durch neue ersetzt, bleibt es dann beim Diskutieren und Träumen von einer besseren Welt.

Wer sich durch unsere von der Sünde in all ihren Formen gezeichnete Welt bewegt, braucht deshalb nicht nur eine ethische Orientierung, also so etwas wie ein Bild der idealen Welt ohne Sünde, sondern auch zumindest gute Nerven, um mit den alltäglichen Herausforderungen umzugehen. Denn wir werden nicht alle guten Prinzipien durchhalten können. Wir werden zum Beispiel nicht völlig ohne Zwang auskommen *und* gleichzeitig dafür sorgen, dass Egoisten und Machtmenschen in ihre Schranken gewiesen werden.

Noch schwieriger wird es, wenn wir es mit den Folgen von bereits geschehenen Sünden zu tun haben, die die Verhältnisse verkomplizieren und nicht einfach wieder rückgängig zu machen sind. Wer die Bibel kennt, weiß zum Beispiel, dass Ehescheidung von Jesus als Sünde angesehen wird (Matthäus 5,32; 19,6). Aber was bedeutet das, wenn ein bereits geschiedener Mensch mit einem anderen eine neue Beziehung anfangen will? Falls der Ex-Ehepartner kein Interesse an einer Wiederherstellung der alten Verhältnisse hat, ist der ethisch „saubere" Weg der Wiederversöhnung verschlossen.

„Darf" man einem Menschen in diesem Fall dabei helfen, eine neue Beziehung so zu gestalten, dass sie nicht wieder an derselben Stelle zerbricht wie die alte? Das würde schließlich die allgemeine Beziehungsfähigkeit verbessern, andererseits aber auch gerade die Scheidung endgültig als einen nicht mehr rückgängig zu machenden Fakt zementieren. Mit solchen und ähnlichen Fragen müssen wir Christen uns beschäftigen, wenn wir ethisch glaubwürdig sein und bleiben wollen. Ansonsten bauen wir zwar sehr schöne Luftschlösser, die zum Träumen einladen, aber zu eben auch nicht mehr, weil sie als Lösungen für die wirkliche Welt bestenfalls nur sehr bedingt taugen.

Wir sind damit jedoch nicht allein, denn diese Fragen sind so alt wie die Sünde selbst. Israel beantwortete sie mit dem Gesetz des Mose. Wie wir gesehen haben, muss das Gesetz, um eine wirkliche Antwort auf all diese Fragen zu bieten, eine dreifache Aufgabe erfüllen: Es muss erstens ein ethisches Ideal vor Augen malen, an dem es sich zu orientieren lohnt. Es muss zweitens Wege aufzeichnen, auf denen die Sünde, die ja nun schon einmal in der Welt ist, eingeschränkt werden kann. Und es muss drittens Auswege aufzeigen, wie die Folgen der Sünde wenigstens gemildert und vielleicht sogar aus der Welt geschafft werden können. Diesen drei Problembereichen gleichzeitig gerecht werden zu wollen, ist alles andere als leicht, ja vielleicht sogar unmöglich. Auf jeden Fall wird es zu Widersprüchlichkeiten und Interpretationsspielräumen führen, wie wir noch sehen werden.

Wenn wir uns das Gesetz genauer anschauen, entdecken wir, dass es trotzdem diese drei Aufgaben erfüllen soll. Es beginnt mit einer Art „Präambel", in der zuerst die Beziehung zwischen Gott und seinem Volk geklärt wird: „Ich bin der Herr, dein Gott, der ich dich aus Ägyptenland, aus der Knechtschaft, geführt habe“ (2. Mose 20,2). Auch das Gesetz fängt also nicht mit einem Gebot an, sondern mit einer Erinnerung an die Befreiung aus der Sklaverei in Ägypten. Vor diesem Hintergrund ist das Gesetz als ein Regelwerk zu verstehen, das die damit erworbene Freiheit erhalten und absichern soll.

Die unmittelbar anschließenden Zehn Gebote beschreiben dann so etwas wie ein ethisches Ideal, eine Lebensordnung. Die Zehn Gebote stellen den fixen Punkt dar, an dem die Ethik sich orientieren soll. Ihr „Du sollst“ lässt zwar an die übliche Formulierung von Gesetzestexten (und damit an eine in den Zehn Geboten nicht erwähnte Strafe bei etwaigen Übertretungen) denken, das ist aber nur eine Übersetzungsmöglichkeit – und vielleicht noch nicht einmal die angemessenste. Denkbar wäre auch, das erste Gebot folgendermaßen wiederzugeben: „Du wirst keine anderen Götter haben neben mir“ oder: „Du hast keine anderen Götter neben mir“.

Beides erinnert schon sehr viel mehr an heutige Lebensordnungen. Dazu passt auch, dass keine Konsequenzen für den Fall der Übertretung aufgezeigt werden. Es geht eben nicht darum zu regeln, was passiert, wenn einer doch Götzendienst betreibt. Darum kümmern sich andere Bestimmungen. Dieses „Gebot“ zielt nämlich nicht auf den Rand, die Grenze, bei der eine Übertretung festgestellt werden muss, sondern die Mitte, den Kern, das zentrale Anliegen hinter dem Gebot. Es beschreibt, wie ein ideales Leben aussieht, ein Leben, das der Schöpfungsordnung entspricht, so wie sie in der Weisheit herausgearbeitet wird.

Vielleicht hilft es an dieser Stelle, die Zehn Gebote einmal anders zu formulieren, damit deutlich wird, wie sehr sie eine gute Weltordnung beschreiben, in der sich das Leben entfalten kann (hierbei fließen gleichzeitig Erkenntnisse der Forschung zur Auslegung der Zehn Gebote ein):

1. *Ich bin der Herr, dein Gott, der dich befreit hat. Du hast in Ägypten in Sklaverei gelebt und damit ist jetzt dank meiner Hilfe Schluss.*

2. *Neben mir brauchst du keine anderen Götter. Deshalb wirst du dir weder ein Götterbild machen noch versuchen, irgendeine jenseitige oder diesseitige Macht als Gott darzustellen. Du wirst so etwas weder anbeten noch dich ihm unterwerfen. Denn ich, der Herr, dein Gott, bin wie ein eifersüchtiger Liebhaber. Und ich werde um dich kämpfen. Wenn man mich hasst, wird das Konsequenzen haben bis in die dritte und vierte Generation hinein. Wenn man mich liebt und in dem von mir eröffneten Freiheitsraum lebt, ebenfalls – dann jedoch noch viel größere, weil meine Barmherzigkeit viel größer ist als alles andere.*

3. *Noch bevor ich dich aus Ägypten befreit habe, habe ich dir meinen Namen mitgeteilt und dir damit etwas offenbart, was Beziehung ermöglicht. Dieser Name ist also ein ganz besonderer Schatz. Deshalb wirst du mit ihm nicht das bezeichnen, was kein Gott ist – schließlich hat so ein Missbrauch meines Namens ernsthafte Konsequenzen.*

4. *Als ich am Anfang die Welt geschaffen habe, habe ich ihr auch eine zeitliche Ordnung gegeben, an die sogar ich mich halte. An sechs Tagen habe ich alles erledigt, was zu erledigen war, und am siebten Tag habe ich geruht und ihn damit zu etwas ganz Besonderem erklärt. Diese Ruhe wirst du dir auch gönnen. Denn dieser siebte Tag, der Sabbat, ist mir heilig, und das ist er auch für dich. Sechs Tage lang wirst du arbeiten und alles erledigen, was anliegt. Aber am siebten Tag ist der Sabbat des Herrn, deines Gottes. An diesem Tag wird niemand arbeiten: du nicht, deine Kinder nicht, deine Angestellten nicht und auch nicht die anderen Menschen, die bei dir in der Stadt leben. Selbst die Tiere im Stall sollen an diesem Tag Ruhe haben.*

5. *In der langen Kette des Lebens bist du nur ein Glied. Deshalb wirst du an deine Eltern denken und sie versorgen, wenn sie alt sind. Auf diese Weise bist du deinen Kindern ein Vorbild und wirst deshalb auch ein langes Leben genießen können, wenn du einmal alt bist.*

6. *Du wirst das Leben eines Menschen nicht mutwillig auslöschen, denn das Leben ist von mir geliehen. Nur ich darf darüber verfügen.*

7. *Du wirst dich nicht in die Ehe eines anderen hineindrängen und ihm seinen Ehepartner abspenstig machen. Auf dieselbe Weise wird auch deine Ehe vor so etwas geschützt sein.*

8. *Du wirst einem anderen Menschen nicht seine Freiheit rauben, ihn ausbeuten, versklaven und missbrauchen.*

9. *Du wirst einen anderen Menschen nicht vor Gericht verleumden und ihn einer Sache bezichtigen, die er nicht getan hat.*

10. *Du wirst nichts unternehmen, um etwas an dich zu reißen, was dir nicht rechtmäßig zusteht – dabei ist es egal, ob es sich nun um den Ehepartner eines anderen handelt, etwas aus seinem Haushalt, seinen Besitz oder einen von den Menschen, die für ihn arbeiten.*

Tja, so wunderbar könnte die Welt geordnet sein. Aber leider ist sie das nicht (mehr). Deshalb beschäftigt sich der weitaus größte Teil des Gesetzes mit der Frage, wie man damit umgehen soll, dass die Welt nicht so ist, wie sie sein sollte. Und damit sind wir bei den Geboten, die den Hauptteil der fünf Bücher Mose ausmachen, den Bestimmungen, die den Alltag Israels regeln sollen.

Das sind Texte, die nach meiner Erfahrung viele Christen

heute abstoßen, weil sie angeblich ein sehr grausames Gottesbild vermitteln. Denn dort steht die Todesstrafe auf nicht wenige „Vergehen“, die heute gar nicht mehr als verboten angesehen werden – die Anbetung fremder Götter zum Beispiel (2. Mose 22,19), das Arbeiten am Sabbat (2. Mose 31,15) oder homosexuelle Handlungen (3. Mose 20,13). In einer Kultur, die schon die Todesstrafe an sich – selbst bei schwersten Verbrechen – ablehnt, kann so etwas nur auf äußerste Missbilligung stoßen.

Hierbei sollten wir aber aufpassen, dass wir das Gesetz des Mose in seinem Kontext betrachten. Und der ist nun einmal nicht das Europa des 21. Jahrhunderts, sondern der Alte Orient des zweiten Jahrtausends vor Christus. Selbst das viel jüngere antike griechische oder römische Recht ließe sich heute kaum eins zu eins anwenden. Und noch etwas sollte uns in die Demut führen: Sogar die napoleonische Gesetzgebung vom Anfang des 19. Jahrhunderts, die bis heute als fortschrittlich gefeiert wird, erscheint uns in manchen Bereichen als unmenschlich, ebenso nicht wenige Bestimmungen aus der Urfassung des Bürgerlichen Gesetzbuches (BGB).

Recht ist nun einmal nichts Statisches, sondern einer Entwicklung unterworfen. Mit ihr wandeln sich auch die Vorstellungen von dem, was als richtig und gerecht erscheint. So wie also davon auszugehen ist, dass manche unserer heutigen Vorstellungen in einigen Hundert Jahren als überholt und unmenschlich gelten werden (vielleicht sogar als barbarisch und grausam), kann man auch das mosaische Gesetz nicht als zeitlos gültige Rechtssammlung betrachten. Nach biblischer Chronologie ist es schließlich rund dreieinhalbtausend Jahre alt, selbst die kritischste Forschung geht davon aus, dass seine jüngsten Elemente immer noch mindestens zweieinhalbtausend Jahre alt sind. Wenn wir das Gesetz also einordnen wollen, dann müssen wir es in seine Zeit einordnen.

Und da schneidet es vorsichtig gesagt gar nicht mal so schlecht ab. Wenn man es mit Gesetzestexten aus seiner Umwelt vergleicht (von denen viele bekannt sind), fällt zunächst einmal auf, dass jegliche Form von Klassenjustiz fehlt. In Sklavenhaltergesellschaften war es bis in die Neuzeit hinein üblich,

Sklaven und Freie für dasselbe Vergehen unterschiedlich zu bestrafen, ebenso selbstverständlich war es, dass Adelige und Bürgerliche unterschiedlich beurteilt wurden. Im Gesetz des Mose findet man solche Unterscheidungen dagegen überhaupt nicht, im Umgang mit Sklaven ist es sogar von einer für die Antike einzigartigen Barmherzigkeit geprägt: Lebenslange Sklaverei gibt es nur auf freiwilliger Basis, ansonsten muss ein Sklave nach sechs Jahren freigelassen werden. Wenn sein Herr ihn misshandelt, muss er ihn unverzüglich freilassen; wenn der Sklave durch die Gewalt stirbt, muss der Herr sogar bestraft werden. Und selbstverständlich haben auch die Sklaven am Sabbat arbeitsfrei (vgl. 2. Mose 21,2ff.). Das sind Bestimmungen, von denen sich die Sklaven haltenden „christlichen" Gesellschaften des 18. und 19. Jahrhunderts eine dicke Scheibe hätten abschneiden können.

Betrachtet man sich nun die Strafbestimmungen des Gesetzes im Einzelnen, mögen sie für heutige Verhältnisse grausam erscheinen. Allerdings sollten wir dabei bedenken, dass es Freiheitsstrafen im alten Israel nicht gab (schließlich wären sie bei der im Gesetz vorausgesetzten nomadischen Situation auch kaum durchführbar). Die meisten anderen Kulturen des Alten Orients kannten sie ebenfalls nicht, sondern behalfen sich mit Verstümmelungsstrafen wie dem Abhacken von Gliedmaßen. Solche Strafen kennt auch noch das christliche Mittelalter, das Brandmarken eines Gefangenen wurde sogar erst im 19. Jahrhundert abgeschafft – im Alten Testament kommt beides überhaupt nicht vor.

Auch das in dieser Hinsicht gern zitierte Talionsrecht, „Leben um Leben, Auge um Auge, Zahn um Zahn, Hand um Hand, Fuß um Fuß, Brandmal um Brandmal, Wunde um Wunde, Beule um Beule" (2. Mose 21,23-25), ist nicht als Anweisung zur Verstümmelung gemeint. Wie die Verse davor und danach deutlich machen, geht es eigentlich um die Einschränkung möglicher Rache. Wer im Streit ein Auge verliert, darf dafür nicht den Tod seines Gegners fordern, sondern maximal ebenfalls ein Auge. Und weil ihm das kaum etwas nützen würde, wird gleich nach „Auge um Auge" geregelt, welcher finanzielle Schadenersatz im jeweiligen Fall zu leisten ist. Die Wiedergutmachung richtet sich dabei nach den Einschränkungen, die das Opfer in Bezug auf seine Arbeitskraft und Erwerbsmöglichkeiten erlitten hat. Das entspricht freilich einem Rechtsverständnis, das auch uns heute nicht fremd ist.

Und was die Todesstrafe angeht: Das Gesetz listet zwar eine ganze Reihe todeswürdiger Vergehen auf, schränkt die Verhängung der Todesstrafe allerdings so sehr ein, dass man den Eindruck bekommt, es geht ihm mehr um Abschreckung als um Bestrafung. „Auf zweier oder dreier Zeugen Mund soll sterben, wer des Todes wert ist, aber auf nur eines Zeugen Mund soll er nicht sterben", legt 5. Mose 17,6 eindeutig fest und bekräftigt damit einen Grundsatz, der selbst heute bei Gerichtsverfahren nicht angewandt wird. In unserem Rechtssystem reicht eine einzige Zeugenaussage, um den Täter zu überführen, wenn es keine Zeugen gibt, können sogar nur Indizien herangezogen werden. Nach dem Alten Testament wäre damit der Prozess unmöglich.

Wie streng die Zeugenaussagen zudem nach dem mosaischen Gesetz beurteilt wurden, kann man im ersten Kapitel der „Stücke zu Daniel" lesen, die zu den Spätschriften des Alten Testaments gehören. Dort wird eine junge Frau fälschlicherweise des Ehebruchs beschuldigt und soll zum Tode verurteilt werden. Der Fall sieht auf den ersten Blick eindeutig aus, denn es gibt scheinbar zwei Zeugen. Diese beiden Zeugen werden nun getrennt (!) verhört und dabei sogar nach der Baumsorte gefragt, unter der der Ehebruch angeblich stattgefunden haben soll. Weil der eine „Eiche" sagt und der andere „Linde", platzt der Prozess (vgl. Stücke zu Daniel 1 bzw. in römisch-katholischen Bibelausgaben wie der Einheitsübersetzung: Daniel 13).

Etwas Ähnliches sehen wir auch beim Prozess gegen Jesus. So berichtet der Evangelist Markus:

Die Hohenpriester und der ganze Hohe Rat suchten Zeugnis gegen Jesus, auf dass sie ihn zu Tode brächten, und fanden nichts. Denn viele gaben falsches Zeugnis gegen ihn; aber ihr Zeugnis stimmte nicht überein. Und einige standen auf und gaben falsches Zeugnis gegen ihn und sprachen: Wir haben gehört, dass er gesagt hat: Ich will diesen Tempel, der mit Händen gemacht ist, abbrechen und in drei Tagen einen andern bauen, der nicht mit Händen gemacht ist. Aber ihr Zeugnis stimmte auch darin nicht überein. (Markus 14,55-59)

Eine Verurteilung Jesu gelingt schließlich erst, nachdem er (entgegen den Bestimmungen des mosaischen Gesetzes) selbst befragt wird.

Vor dem Hintergrund dieser sehr strengen Vorgaben in Bezug auf Todesurteile sollte es uns also nicht wundern, dass wir in der gesamten Bibel kaum welche finden – und wenn doch, dann sind sie nicht nach den Bestimmungen der *tora* gefällt worden. Auch hier hilft vielleicht eine historische Einordnung: Im England des 19. Jahrhunderts, einer der liberalsten Gesellschaften ihrer Zeit, wurden pro Jahr rund tausend Todesurteile verhängt, von denen immerhin ungefähr zehn Prozent tatsächlich auch vollstreckt wurden, also rund zwei pro Woche. Dabei ging es in den meisten Fällen um Eigentumsdelikte und damit um Vergehen, für die das Alte Testament überhaupt keine Todesstrafe vorsieht. Nicht nur in dieser Hinsicht erweist sich das antike Gesetz des Mose also als „fortschrittlicher" als manche moderne Gesetzgebung.

Dass das alttestamentliche Gesetz gerade bei den schwersten, todeswürdigen Vergehen besonders unpraktikabel angelegt ist, lässt darauf schließen, dass es ihm nicht in erster Linie um eine Bestrafung des Übeltäters, sondern um seine Besserung und Wiedereingliederung in die Gemeinschaft geht. Darauf deuten nicht nur die zahlreichen Opfer- und Wiedergutmachungsbestimmungen hin, mit denen die Schuld aus der Welt geschafft wird, sondern auch die „pädagogischen" Begründungen vieler Gebote. Geradezu modern mutet in dieser Hinsicht zum Beispiel 2. Mose 23,9 an, wo es heißt: „Einen Fremdling sollst du nicht bedrängen; denn ihr wisst um der Fremdlinge Herz, weil ihr auch Fremdlinge in Ägyptenland gewesen seid." Hier geht es darum, sich über die Grenzen von Kultur, Volk und Tradition in einen anderen Menschen hineinzuversetzen. Gott möchte also offensichtlich, dass sein Volk versteht, warum es so und nicht anders handeln soll. Es geht um Einsicht, um Mündigkeit, darum, dass der Einzelne sein Handeln begründen kann.

Das Zentrum des Gesetzes bildet dabei das Liebesgebot, „Du sollst deinen Nächsten lieben wie dich selbst“ (3. Mose 19,18). Ganz im antiken Sinne wird Liebe nicht in erster Linie als Zuneigung verstanden, sondern als Achtung vor dem Lebensrecht des anderen. Er hat dieselben Bedürfnisse wie ich und damit auch dieselben Rechte, sie zu befriedigen. Vom Liebesgebot leiten sich daher verschiedene Aufrufe zur Barmherzigkeit ab.

Und damit kommen wir zum dritten Bereich, den das Gesetz als ethischer Entwurf abdecken muss: Neben der Beschreibung einer idealen Welt und Regelungen, wie damit umgegangen werden sollte, wenn die Welt nicht so ideal ist, wie sie sein sollte, gibt es ja noch diesen dritten Bereich, in dem es um die Frage geht, was man machen soll, wenn das Kind schon im Brunnen liegt und um Hilfe ruft. Dieser Bereich ist notwendigerweise etwas diffus, weil der Idealzustand in weite Ferne gerückt ist und es in der Regel nur noch darum geht, etwas Problematisches ein bisschen weniger problematisch zu machen.

Betrachten wir ein Beispiel. In 5. Mose 24,1-4 heißt es:

> *„Wenn jemand eine Frau zur Ehe nimmt und sie nicht Gnade findet vor seinen Augen, weil er etwas Schändliches an ihr gefunden hat, und er einen Scheidebrief schreibt und ihr in die Hand gibt und sie aus seinem Hause entlässt und wenn sie dann aus seinem Hause gegangen ist und hingeht und wird eines andern Frau und dieser andere Mann ihrer auch überdrüssig wird und einen Scheidebrief schreibt und ihr in die Hand gibt und sie aus seinem Hause entlässt oder wenn dieser andere Mann stirbt, der sie sich zur Frau genommen hatte, so kann sie ihr erster Mann, der sie entließ, nicht wieder zur Frau nehmen.“*

Es ist klar, dass diese Bestimmung nicht von einem Idealzustand ausgehen kann. In einer idealen Welt würden Ehepartner einander wohlwollend betrachten (voreinander „Gnade finden“) und sich so verhalten, dass die Beziehung gestärkt und nicht geschwächt wird (also nichts „Schändliches" tun oder einander „überdrüssig" werden). In einer idealen Welt würden Beziehungen zudem nicht nur nicht in die Brüche gehen, sie würden es schon gar nicht mehrfach nacheinander. In dem hier betrachteten Gebot – das übrigens das einzige des mosaischen Gesetzes ist, in dem die Ehescheidung explizit geregelt wird – geht es jedoch um einen ganz besonderen Fall: Eine Frau wird von ihrem Mann verstoßen, heiratet einen anderen, wird von diesem auch verstoßen bzw. verwitwet und überlegt nun, zu ihrem ersten Mann zurückzukehren. Das soll nicht sein. Wenn ein Scheidebrief einmal ausgestellt ist, soll er einen endgültigen Charakter haben, eine Wiederaufnahme der alten Ehe ist nach einer weiteren nicht möglich.

So weit, so gut – oder schlecht. Indem die *tora* sich nicht mit dem Idealzustand beschäftigt, macht sie sich nämlich von zwei Seiten angreifbar. Auf der einen Seite sind die ethischen Idealisten. Sie können mit Recht kritisieren, dass das Gesetz des Mose nicht von einer grundsätzlichen Unauflöslichkeit der Ehe ausgeht, sondern Ehescheidungen durchaus erlaubt. Ehe bedeutet damit nicht mehr prinzipiell „lebenslänglich", sondern sie kann auch vorher beendet werden. Der ihr zugrunde liegenden Bundesvorstellung tut das natürlich einen Abbruch, denn statt der bedingungslosen gegenseitigen Zuwendung werden nun doch Bedingungen genannt. Die Ehe gilt, solange ein Partner beim anderen „Gnade findet" und der wiederum nichts „Schädliches" oder ihm gar „überdrüssig" wird. Das reine Ideal geht auf diese Weise den Bach hinunter.

Doch wie soll man sonst mit der Tatsache umgehen, dass in einer Welt voller Sünde auch Beziehungen in die Brüche gehen? Die Alternative zum Scheidebrief und damit einem geordneten Trennungsverfahren kann doch nur darin bestehen, dass die Ehe zwar formal erhalten bleibt, sich beide „Partner" aber in Wirklichkeit anderen Beziehungen zuwenden – mit allen Folgen, die das hat. Gelten dann zum Beispiel die Kinder, die die Frau nach Jahren von ihrem neuen Partner bekommt, als eheliche Kinder des ersten? Wenn die Ehe erhalten bliebe, wäre das so. Und wie sieht es mit dem Erbrecht aus? Erbt die erste Partnerin (und erben ihre Kinder) den Besitz des Mannes, während die zweite völlig leer ausgeht?

Wenn man Beziehungen nicht völligem Chaos (und damit völliger Willkür) ausliefern will, muss man also Regelungen für den Fall treffen, dass sich das Ideal nicht durchhalten lässt, so problematisch das auch sein mag. Und problematisch ist es auf jeden Fall, weil auch solche Bestimmungen in eine Welt der Sünde hineingesprochen werden, in der ein Zugeständnis als grundsätzliche Erlaubnis verstanden werden kann. Und damit sind wir bei dem Gegenüber der eben genannten ethischen Idealisten, den ethischen Pragmatikern. Sie sehen in einem Zugeständnis, das ansonsten ungeordnete Verhältnisse wenigstens einigermaßen überschaubar machen soll, eine grundsätzliche Erlaubnis. Und so wird aus einer eigentlich nur für ethisch ausweglose Situationen gedachten Regelung mit einem Mal eine generell mögliche Option: Wer seiner Frau „überdrüssig" wird, kann ihr ja einen Scheidebrief ausstellen.

Meiner Erfahrung nach ist der Angriff von dieser Seite weitaus schwerwiegender als der vonseiten der Idealisten – ja, oft ist deren Pochen auf „unabänderliche Prinzipien" sogar nur ein Reflex darauf. Denn auf diese Weise wird Ethik ausgehöhlt und entkernt. Aus der Freiheit, im Einzelfall und um der Menschen willen auch einmal vom Grundsätzlichen abweichen zu können, wird Beliebigkeit. Eine Regel, die sich sowieso nicht bis ins Kleinste in jedem nur denkbaren Fall durchhalten lässt, wird dann ganz fallen gelassen. Wenn ich Probleme mit meinem Partner habe, habe ich nach Ansicht der ethischen Pragmatiker also zwei scheinbar gleichermaßen ethisch „saubere" Alternativen: Ich kann versuchen, die Grenzen meiner Beziehungsfähigkeit zu erweitern (was anstrengend ist), oder ich kann meinen Partner verstoßen. Das Gesetz erlaubt ja die Ehescheidung, wenn man dabei also formal alles richtig macht (d. h. einen Scheidebrief ausstellt), ist sie ethisch angeblich genauso vertretbar wie eine Fortführung der Ehe.

Es dürfte einleuchten, dass ein solcher Ansatz die Ethik auf lange Sicht ruiniert. Wer davon ausgeht, dass alles, was irgendwie ungeregelt ist oder nicht ausdrücklich verboten wird, nicht nur erlaubt ist, sondern auch als ethisch gleichwertig anzusehen ist, wird alle Bestimmungen nur noch unter diesem Gesichtspunkt betrachten. In der Frage der Ehescheidung geht es dann nicht mehr darum, wozu es die Ehe überhaupt gibt, welchen Zweck sie erfüllen sollte, auf welchen Grundlagen sie existiert, sondern nur noch darum, wie ein Scheidebrief „ordnungsgemäß" ausgestellt wird und ob seine Ausstellung an bestimmte Bedingungen geknüpft ist oder nicht. 5. Mose 24,1-4 ist in dieser Hinsicht ja etwas unklar: Einmal wird die Ehe dort deshalb geschieden, weil der Mann „etwas Schändliches" an seiner Frau gefunden hat – hierbei denkt man nicht zu Unrecht an ein schwerwiegendes moralisches Vergehen, zum Beispiel Ehebruch –, das andere Mal ist er ihr jedoch nur „überdrüssig" geworden. Bei Letzterem könnte er sie also auch nach einigen Ehejahren langweilig finden oder schlichtweg zu der Einsicht kommen, dass sie nicht seinen anfänglichen Vorstellungen entspricht.

Es verwundert daher nicht, dass es im Judentum schon zur Zeit Jesu Diskussionen darüber gab, welche Voraussetzungen bei der Ausstellungen eines „ethisch korrekten" Scheidebriefes gegeben sein müssen. Eine der beiden pharisäischen Schulen sah keinerlei Vorbedingungen, nach ihr konnte eine Ehe deshalb aus jedem beliebigen Grund geschieden werden. Die andere verwies dagegen auf die „Schändlichkeit" und wollte sie demnach nur bei Ehebruch oder ähnlichen schwerwiegenden Vergehen erlauben (vgl. Matthäus 19,3).

An dieser Stelle ist es wichtig zu erkennen, dass es sich dabei nicht um ein „typisches Pharisäerproblem" handelt („Diese Halunken suchen immer nur nach den Schlupflöchern!"), sondern um ein allgemein menschliches. So gehen wir Menschen – Juden wie Christen wie Anhänger anderer Weltanschauungen – mit Geboten um. Wir unterscheiden kaum die drei am Anfang genannten Ebenen, trennen nicht zwischen der Beschreibung des Idealzustandes, dem Versuch, ihm unter den Bedingungen der Sünde möglichst nahezukommen, und dem schlichten Unternehmen, in einer sündigen Welt einigermaßen geordnete Verhältnisse zu schaffen.

Wir Christen sind da nicht anders als der Rest der Welt. Ich habe jedenfalls schon oft Argumentationen gehört, wonach es bei der Ethik nur um die Grenze gehe, bis zu der „alles erlaubt" sei. Auch der Gedanke der Wiedergutmachung eines erlittenen Schadens kann entsprechend pervertiert werden, etwa wenn der unachtsame Umgang mit fremdem Eigentum damit gerechtfertigt wird, man werde ja einen eventuell entstandenen Schaden bezahlen. Sogar auf die Gottesbeziehung wurde das in meiner Gegenwart schon angewandt, indem behauptet wurde, ein alttestamentlicher Israelit habe ja nur ein Opfer bringen müssen, wenn er etwas falsch gemacht habe, ebenso könne heute ein Christ schon vor seiner sündigen Tat mit der Vergebung Gottes rechnen.

Dieser Falle entgeht man nur, wenn man – wie es Jesus und viele seiner Zeitgenossen getan haben – sich auf den „Kern" des Gesetzes besinnt, den ursprünglichen Willen Gottes. Was wollte Gott eigentlich mit dem Gesetz erreichen? Und damit sind wir bei dem zentralen Begriff der Gerechtigkeit.

GERECHTIGKEIT.

Es gibt Worte, mit denen man Wahlen gewinnen kann, ohne sie näher ausführen zu müssen. „Sicherheit" ist vermutlich eines davon, „Freiheit" war es lange Zeit, aber „Gerechtigkeit" scheint ein Allzeithoch zu genießen. Das Schöne an diesem Begriff ist, dass er überhaupt keine negativen Assoziationen zu wecken scheint. Beim Aufenthalt in einem „Hochsicherheitsbereich" bekommen viele beklemmende Gefühle, „freie Liebe" und „freie Marktwirtschaft" gefallen auch nicht jedem, aber bei „gerecht" kann man sich keine Verbindung vorstellen, die Unwohlsein verursacht. Gerecht ist immer erstrebenswert und gut. Gerechtigkeit ist zudem ein Begriff, mit dem jeder sofort etwas verbinden kann. Schon kleine Kinder ahnen, wenn etwas ungerecht ist, und fordern Gerechtigkeit. Und auch in späteren Jahren lässt das Gefühl dafür nicht nach, eher im Gegenteil.

Die meisten Menschen werden dabei von zwei Gerechtigkeitsvorstellungen geleitet. Die eine ist die der „Verteilungsgerechtigkeit": Wenn ein Kuchen auf zehn Personen verteilt werden soll, dann müssen alle Stücke gleich groß sein. Wenn dabei nur jedes zweite Stück eine kandierte Kirsche aufweist, müssen die entweder abgenommen und gesondert verteilt werden oder man einigt sich zum Beispiel darauf, dass die Kuchenstücke ohne Kirsche etwas größer sind. So funktioniert Verteilungsgerechtigkeit. Zur Not muss man den zu verteilenden Gegenstand (beispielsweise ein geerbtes Haus) zu Geld machen. Das lässt sich immer gleichmäßig verteilen.

Die zweite bekannte Form von Gerechtigkeit kommt aus dem Bereich von Lohn und Strafe. Wenn zwei Menschen dasselbe tun, müssen sie auch denselben Lohn bekommen. Was dabei „dasselbe" ist, kann zwar durchaus unterschiedlich sein – wenn es etwa darum geht, ein Rasenstück zu mähen, könnte man zwei Menschen entweder für das Mähen derselben Fläche denselben Lohn bezahlen (egal wie lange sie jeweils brauchen) oder für dieselbe Zeit (egal wie groß die jeweilige Fläche ist) – ungerecht wäre es jedoch, wenn man ohne besondere Gründe unterschiedliche Löhne zahlte.

Das heißt allerdings nicht, dass keine Gründe denkbar wären, die eine ungleiche Vergütung rechtfertigen würden. In unserem Beispiel vom Rasenmähen könnte die Bezahlung unterschiedlich ausfallen und trotzdem als gerecht gelten, wenn der eine zu einer ungünstigen Zeit (zum Beispiel abends, frühmorgens oder am Wochenende) arbeiten müsste und der andere nicht, wenn der eine ein komplizierteres Gelände zu mähen hätte als der andere (zum Beispiel einen steilen Hang mit vielen Büschen) oder wenn die Arbeit des einen besonders schmutzig oder gefährlich wäre und die des anderen nicht.

Wie schwierig dieser Gerechtigkeitsbegriff trotz seiner scheinbar einfachen Definition ist, wird an vielen Grenzfällen deutlich, in denen sich Menschen keineswegs einig darüber sind, was gerecht ist und was nicht. Wie sieht es beispielsweise mit der Entlohnung von Führungskräften aus? Sie tragen sicher mehr Verantwortung und müssen einen größeren Überblick behalten – aber inwiefern sollte sich das in ihrem Gehalt niederschlagen?

Und wie „verrechnet" man Bereitschaftszeiten oder eine größere Einsatzfreudigkeit? Sollte der eine der Mäher grundsätzlich mehr Lohn bekommen, falls er bereit ist, sofort anzurücken, wenn es sein muss, auch am Wochenende, während der andere nur unter der Woche von acht bis fünf arbeitet und das auch nur nach vorheriger Terminabsprache? Und sollte der erste Mäher seinen Mehrlohn auch dann bekommen, wenn er zu gewöhnlichen Zeiten und mit entsprechendem Vorlauf arbeitet?

Wie soll es gewertet werden, wenn sich jemand mehr Wissen, Erfahrung und sonstige Kenntnisse angeeignet hat und deshalb auch Dinge erledigen kann, bei denen andere nicht mehr weiterkommen? Aber sollte der auch bei einfachen Arbeiten besser entlohnt werden oder erst dann, wenn es wirklich schwierig wird?

So richtig spannend wird es bei der Frage, wie Scheitern gerecht bewertet werden sollte. Dabei geht es um ein klassisches Problem aus dem Reparaturalltag: Ein Computer läuft nicht mehr richtig, die Waschmaschine macht komische Geräusche, der Herd wird nicht so heiß wie er sollte. Repariert wird an solchen Stellen in der Regel mit „Trial and Error". Nacheinander geht man die „üblichen Fehlerquellen" durch, nur um ständig neu zu entdecken, dass das Problem immer noch nicht gelöst ist – bis man schließlich den Fehler gefunden hat. Dessen Beseitigung dauert zwar oft nur wenige Minuten, die Ursache überhaupt erst einmal zu finden, kann allerdings sehr viel längere Zeiträume in Anspruch nehmen. Wie soll man so etwas gerecht entlohnen? Hinzu kommt ja noch die Schwierigkeit, dass Erfahrung (oder das zufällige „Schon-einmal-erlebt-haben" desselben Fehlers) die Arbeitszeit enorm verkürzen kann.

Eine ähnliche Problematik tut sich auf, wenn man jenen Gerechtigkeitsbegriff nicht auf die Frage des Lohnes, sondern der Bestrafung anwendet. Auch da gilt ja zunächst, wenn zwei dasselbe Verbrechen begehen, müssen sie auch dieselbe Strafe erleiden. Was ist hier jedoch dasselbe? Ist ein Diebstahl ein Diebstahl, egal ob es sich nun um das Pflücken von Äpfeln auf einem Baumstück, die Mitnahme von Sperrmüll, das Entwenden eines Gegenstandes aus einem Laden, das Stehlen eines Autos oder das illegale Aneignen eines Musikstücks handelt?

Spielt es eine Rolle, ob die Tat aus einer Notlage heraus, aus Spaß am Nervenkitzel oder aus Habgier passiert ist? Ist es verwerflicher, einem armen Menschen die Brieftasche zu klauen als einem supereichen den Sportwagen? Oder müsste es gerade umgekehrt sein? Ein Luxusauto ist schließlich sehr viel mehr wert als ein paar kleine Scheine in einem Geldbeutel.

Schon diese wenigen Fragen machen deutlich, wie kompliziert alles ist. Deswegen reicht es in der Regel nicht, Diebstahl schlichtweg zu verbieten und die Übertretung des Verbots mit einer bestimmten Bestrafung zu versehen. Wir brauchen neben den Gesetzen und Vorschriften auch Gerichte, in denen sich Menschen mit der Frage beschäftigen, wie die entsprechenden Übertretungen einzuordnen und gegebenenfalls zu ahnden sind.

In unserer Gesellschaft hat sich vor diesem Hintergrund eine Vorstellung von Gerechtigkeit entwickelt, die ihre Wurzeln in der Antike hat. Symbolisiert wird sie oft durch die römische Göttin Justitia, die für Gerechtigkeit steht und von deren Namen unsere Bezeichnung Justiz abgeleitet ist. Ihre Darstellung wurde im Laufe der Zeit verändert, wodurch die verschiedenen Aspekte des Gerechtigkeitsbegriffs verdeutlicht werden.

Schon in der Antike hielt Justitia in einer Hand eine Waage, mit der „jedem das Seine" – so die grundlegende römische Definition von Gerechtigkeit – zugemessen werden sollte. Die Waage war dabei in waagrechter Haltung abgebildet, weil niemand bevorzugt werden sollte. In der anderen Hand trug Justitia ein Füllhorn, das die Wohltaten versinnbildlichte, die mit einer gerechten Verteilung verbunden sind. Wir haben es also mit einer Allegorisierung der Lohn- und Verteilungsgerechtigkeit zu tun.

Mit dem Mittelalter und der Neuzeit änderte sich die Darstellung der Justitia allerdings hin zu der, die wir heute immer noch vor vielen Gerichtsgebäuden finden. Die Waage ist zwar geblieben, allerdings ist sie nun nicht mehr waaggerecht, sondern geneigt, weil nicht nur verschiedene Interessen abzuwägen sind, sondern manche auch „für zu leicht" befunden werden. Als Zeichen der Unparteilichkeit trägt unsere Justitia nun häufig eine Augenbinde, sie ist „blind", weil sie die Person nicht ansehen, also jeden gleichermaßen beurteilen soll, ob es sich nun um einen Armen oder Reichen, einen Jungen oder Alten, einen Mann oder eine Frau handelt. Und statt des Füllhorns trägt sie ein Schwert in ihrer anderen Hand. Gerechtigkeit wird von uns offensichtlich weniger als Wohltat verstanden, bei der alle gewinnen, sondern als das Durchsetzen von Ansprüchen des einen gegen den oder die anderen, was leider oft nicht ohne Zwang geschehen kann. Wir wünschen uns eine „robuste" Gerechtigkeit, die die Übeltäter bestraft.

Richtig spannend wird es nun, wenn wir diese Vorstellung von Gerechtigkeit auf Gott übertragen. Schließlich sind auf den ersten Blick alle „Zutaten" vorhanden: Es gibt ein Gesetz und damit einen Maßstab, an dem Gerechtigkeit auszurichten ist. Damit verbunden ist eine klare Vorstellung von Lohn und Strafe: Wer Gutes tut, muss einen Lohn bekommen, wer Böses tut, eine entsprechende Strafe. Und natürlich gibt es auch einen Richter, Gott selbst, der ohne Ansehen der Person das Gericht vollziehen kann – aber im Unterschied zu einem menschlichen Gericht, bei dem man mit reumütigem Augenaufschlag um mildernde Umstände bitten kann, oder einem irdischen Arbeitgeber, dem man mit allen möglichen Tricks Betriebsamkeit und Engagement vorheucheln kann, ist Gott unerbittlich und absolut gerecht. Er sieht das Herz an, schaut einem Menschen direkt in den Kern seiner Persönlichkeit und seines Charakters und weiß deshalb ganz genau, aus welchen Motiven er gehandelt hat. Gott kann man also nichts vormachen, diese Justitia teilt wirklich aus, was einer verdient hat.

Es sagt viel über uns und unseren Anteil am Elend dieser Welt, dass wir davor zunächst einmal Angst haben. Es ist wie wenn beim Autofahren plötzlich ein Streifenwagen im Rückspiegel auftaucht. Unwillkürlich wirft man einen Blick auf den Tacho und versucht sich daran zu erinnern, ob für diesen Streckenabschnitt eine besondere Geschwindigkeitsbegrenzung gilt – ein Zeichen dafür, dass man es damit ansonsten nicht allzu genau nimmt. Ganz ängstliche Gemüter stellen auch auf der Autobahn das Überholen ein (man kann ja nie wissen!), bis die Polizei endlich selbst an einem vorbeigefahren ist. Wie muss das erst sein, wenn man es mit einem himmlischen Polizisten zu tun hat, der einem das schlechte Gewissen noch einmal extra ankreiden wird?

Doch dieser Vergleich ist falsch. Denn wie wir bereits gesehen haben, ist damit nämlich eine völlig falsche Vorstellung vom Gesetz verbunden, eine, die sich nur auf den Rand konzentriert, also allein auf die Frage, was erlaubt und was verboten ist, aber nicht nach dem Ziel und dem Sinn fragt. Bei der Straßenverkehrsordnung ist das der berühmte Paragraf 1, in dem es heißt: „Die Teilnahme am Straßenverkehr erfordert ständige Vorsicht und gegenseitige Rücksicht. Wer am Verkehr teilnimmt, hat sich so zu verhalten, dass kein anderer geschädigt, gefährdet oder mehr als nach den Umständen unvermeidbar behindert oder belästigt wird." Alle weiteren Bestimmungen sollen nur sicherstellen, dass dies tatsächlich passiert.

Auch beim Gesetz des Mose gibt es so einen zentralen Gedanken. Zur Zeit Jesu war er allgemein bekannt, wir finden ihn in den Evangelien sogar zweimal, wobei er einmal von einem Schriftgelehrten und einmal von Jesus selbst zitiert wird:

> *„»Du sollst den Herrn, deinen Gott, lieben von ganzem Herzen, von ganzer Seele und von ganzem Gemüt« (5. Mose 6,5). Dies ist das höchste und erste Gebot. Das andere aber ist dem gleich: »Du sollst deinen Nächsten lieben wie dich selbst« (3. Mose 19,18). In diesen beiden Geboten hängt das ganze Gesetz und die Propheten." (Matthäus 22,37-40; vgl. Lukas 10,27)*

Bereits der vorchristliche jüdische Rabbiner Hillel der Ältere, der Großvater des in Apostelgeschichte 5,34 und 22,3 erwähnten Rabbi Gamaliel, konnte diesen Kern des Gesetzes in einer noch einprägsameren kurzen Formel zusammenfassen:

> *„Was dir nicht lieb ist, das tue auch deinem Nächsten nicht. Das ist die ganze tora und alles andere ist nur die Erläuterung; geh und lerne sie." (Der Babylonische Talmud. Band I. S. 522; Shabbath II,v; Fol. 31a, 15)*

Jesu „goldene Regel" aus der Bergpredigt, „Alles nun, was ihr wollt, dass euch die Leute tun sollen, das tut ihr ihnen auch! Das ist das Gesetz und die Propheten" (Matthäus 7,12), ist so ähnlich, weswegen wir auf ganz sicherem Boden stehen, wenn wir annehmen, dass spätestens in neutestamentlicher Zeit das mosaische Gesetz im Doppelgebot der Liebe zusammengefasst wurde (zum Alten Testament haben wir leider keine Erkenntnisse).

All diese kurzen Zusammenfassungen dessen, worum es im Gesetz Gottes, der *tora*, eigentlich geht, haben eins gemeinsam: Sie formulieren keinen absoluten, sondern einen relativen Maßstab. Unsere Gottes- und Nächstenliebe wird nicht an einer bereits feststehenden, unveränderlichen „Latte" gemessen, sondern an einem wandelbaren Vergleichspunkt. Es ist wie beim Hochsprung. Ein absoluter Maßstab wäre: „Du musst höher als 1,50 Meter springen", ein relativer: „Du musst höher springen als beim letzten Mal". Auch die Anforderung: „Du musst zehn Zentimeter höher springen als deine Körpergröße", ist ein relativer Maßstab. Denn bei ihm müsste ein 2-Meter-Sportler über 2,10 Meter springen, ein 1,50 Meter großer Mensch aber nur über 1,60 Meter, um gleichermaßen erfolgreich zu sein.

Betrachten wir uns unter diesem Blickwinkel den Kern des mosaischen Gesetzes, sehen wir solche relativen Maßstäbe. So soll Israel Gott „lieben von ganzem Herzen, von ganzer Seele und von ganzem Gemüt" (5. Mose 6,5), demnach uneingeschränkt – aber eben bezogen auf die jeweilige Person. Es wird also keine Liebe verlangt, die das eigene Liebesvermögen übersteigt. Die Gottesliebe wird daher immer unterschiedlich aussehen, was sich zum Beispiel in der Frömmigkeit zeigen wird. So gilt es zum Beispiel als ein Ausdruck der Frömmigkeit, einem anderen Menschen die Auslösung eines Gelübdes zu zahlen (vgl. Apostelgeschichte 21,23f.). In der *tora* werden dafür bestimmte Summen festgelegt, die ein Mensch je nach Alter und Geschlecht in diesem Fall zu entrichten hat. Weil das jedoch teilweise das Vermögen übersteigt, wird das Ganze durch folgende Bestimmung ergänzt:

> *„Ist [ein Israelit] aber zu arm, diese Schätzung bei der Auslösung zu zahlen, so soll er jenen Menschen vor den Priester stellen und der Priester soll ihn schätzen; er soll ihn aber schätzen nach dem,*

was der zu geben vermag, der das Gelübde getan hat.“ (3. Mose 27,8)

Wie bei der berühmten Witwe aus Markus 12,41-44 wird also auch schon im mosaischen Gesetz die Gottesliebe relativ zu den Möglichkeiten des Einzelnen verstanden.

Noch deutlicher wird dies beim Gebot der Nächstenliebe (3. Mose 19,18), das durch „wie dich selbst“ in Bezug zum Gebotsempfänger gesetzt wird. Hier wie anderswo in der Antike geht es nicht um Emotionen, sondern um praktisches Handeln. Ich muss meinen Nächsten daher nicht „mögen“ (auch mich selbst nicht), ich muss nur erkennen, dass er dieselben Bedürfnisse hat wie ich. Und so wie ich sie bei mir selbst stille, indem ich für ausreichend Nahrung, Bekleidung und Unterkunft sorge, so soll ich das auch für meinen Nächsten tun.

Die von Jesus zur Erläuterung dieses Gebotes erzählte Beispielgeschichte vom barmherzigen Samariter (Lukas 10,30-35) macht genau das deutlich: Der Samariter hilft dem, der unter die Räuber gefallen ist, mit dem, was dieser braucht und jener geben kann. So extrem sein Einsatz dabei erscheint – immerhin gibt er für einen Wildfremden zwei Tageslöhne aus und ändert vermutlich auch seine Reisepläne –, er übersteigt an keiner Stelle seine Ressourcen. Von dem Samaritaner wird also nicht erwartet, dass er den Straßenraub generell bekämpft oder den, der unter die Räuber gefallen ist, mit genügend Mitteln ausstattet, damit dieser sein geraubtes Gut ersetzen kann. Es wird von ihm nur verlangt, dass er alle seine verfügbaren Mittel einsetzt, um zu helfen – so wie er sich das von anderen wünschen würde, wenn er sich selbst in einer Notlage befände. Darauf zielt letztlich auch die Frage ab, mit der Jesus seine Beispielgeschichte abschließt: „Wer ... ist der Nächste geworden dem, der unter die Räuber gefallen war?“ (Lukas 10,36)

Das mag sich nun wie eine ethische Entlastung anhören, das ist es allerdings keineswegs. Ein absoluter Maßstab wäre: „Du sollst einem Verletzten am Wegesrand mit zwei Silbergroschen helfen – aber nicht öfter als einmal im Monat.“ Dieses Gebot wäre für einen Reichen leicht zu erfüllen, für einen Tagelöhner, für den es zwei Tage Hunger bedeuten würde, entsprechend schwer. Bei einem relativen Maßstab ist das anders. Die Großzügigkeit, zwei Silbergroschen in der Gaststätte zu lassen, würde von einem Tagelöhner gar nicht erst gefordert, weil er sie sich schlichtweg nicht leisten kann. Bei einem Reichen dagegen wäre dieser Betrag vermutlich schäbig, denn der hätte ganz andere Möglichkeiten, dem Verletzten zu helfen.

Der relative Maßstab bezieht sich selbstverständlich nicht nur auf die Ressourcen des Helfenden, sondern auch auf die Bedürfnisse dessen, dem man helfen möchte. Einem Satten braucht man nichts zu essen geben, einem Nichtdurstigen nichts zu trinken – oder um es mit einem bekannten Jesuswort zu sagen: „Die Gesunden bedürfen des Arztes nicht, sondern die Kranken." (Lukas 5,31) Auch in unserer Beispielgeschichte wird nicht dazu aufgefordert, jedem, der einen auf der Straße darum bittet, einen Hotelaufenthalt zu spendieren, es geht vielmehr darum, den Verletzten zu pflegen, bis er wieder auf eigenen Füßen stehen kann.

Dahinter verbirgt sich ein Verständnis von Gerechtigkeit, das uns auch bekannt ist, obwohl es den meisten nicht zuerst in den Sinn kommt. Gerecht handelt danach einer, wenn er den verschiedenen Menschen, mit denen er in Beziehung steht, gerecht wird. Im Sport würden wir so etwas vermutlich als „Fairness" bezeichnen – eben das, was dafür sorgt, dass bei den Paralympischen Spielen nicht dieselben Maßstäbe angelegt werden wie bei der Olympiade. Zur Fairness gehört auch, dass es beim Boxen unterschiedliche Gewichtsklassen gibt, dass Männer und Frauen in derselben Sportart in unterschiedlichen Wettkämpfen antreten und dass zwischen Amateuren und Profis unterschieden wird. Derselbe Gerechtigkeitsbegriff liegt zugrunde, wenn wir davon sprechen, dass etwas „kindgerecht" oder „behindertengerecht" (was heute „barrierefrei" heißt) ist.

Diese Gerechtigkeitsvorstellungen existieren auch in Bezug auf Lohn und Strafe. So erscheint es uns als barbarisch, wenn zehnjährige Kinder zu denselben Strafen verurteilt werden, zu denen auch ein Erwachsener verdonnert worden wäre. Und damit ein Grundschüler einen Preis im Mathematikwettbewerb bekommt, muss es nicht dieselben Leistungen erbringen wie bei einer Ausschreibung unter Abiturienten. In all diesen Fällen wird kein absoluter, sondern ein relativer Maßstab angelegt – indem die „Latte", mit der gemessen wird, in Beziehung zu der Person gesetzt wird, von der etwas verlangt wird. Denn nur so kann man ihr wirklich gerecht werden.

Damit sind wir beim Kern dessen, was den biblischen Gerechtigkeitsbegriff ausmacht. Das hebräische Wort *zedakah*, „Gerechtigkeit", ist ein Verhältnisbegriff. Gerecht ist demnach einer, der den verschiedenen Beziehungen, in denen er steht, gerecht wird. Ein Gerechter geht also mit seinem Nächsten so um, wie es gut für diesen ist, und gestaltet auch seine Gottesbeziehung in einer Weise, die dem Verhältnis zwischen Schöpfer und Geschöpf entspricht. Denn – und darin unterscheidet sich dieses Gerechtigkeitsverständnis grundlegend von dem erwähnten römischen – in der Schöpfung haben wir es nicht mit Gleichem, sondern mit Ungleichem zu tun. Diebstahl ist deswegen nicht gleich Diebstahl und ein Dieb ist auch nicht immer ein Dieb. Es kommt darauf an, wer was aus welchen Gründen genommen hat. Was formal wie ein Diebstahl aussieht (ein Mensch entwendet einem anderen etwas in ungesetzlicher Weise), kann bei näherem Hinsehen ein Symptom für Ausbeutung sein, etwa wenn der eine Mensch sich so ausgebreitet hat, dass dem zweiten kein Raum zum Leben bleibt.

Wir finden diesen Zusammenhang zum Beispiel in 3. Mose 19,9-11, wo es heißt:

> *„Wenn du dein Land aberntest, sollst du nicht alles bis an die Ecken deines Feldes abschneiden, auch nicht Nachlese halten. Auch sollst du in deinem Weinberg nicht Nachlese halten noch die abgefallenen Beeren auflesen, sondern dem Armen und Fremdling sollst du es lassen; ich bin der Herr, euer Gott. Ihr sollt nicht stehlen noch lügen noch betrügerisch handeln einer mit dem andern."*

Interessant ist hier, dass dem Landbesitzer das Eigentum zwar zugesprochen wird – ihm gehört das Feld bzw. der Weinberg, daran gibt es keinen Zweifel –, aber gleichzeitig ein Teil seines Ertrages seiner Verfügungsgewalt entzogen wird. Auch wenn das Ernten auf einem fremden Feld eigentlich Diebstahl wäre, ist es das in diesem Fall jedoch nicht, denn die Armen müssen auch versorgt werden. Um dem gerecht zu werden, wird deshalb nicht nur die Nachlese, sondern auch die allzu gründliche Ernte verboten. Zudem werden „stehlen" und „betrügerisch handeln" auf eine Stufe gestellt, womit ein Ackerbesitzer, der penibel die letzten Ähren aufsammelt, nicht besser ist als ein Armer, der Mundraub begeht.

Zum biblischen Gerechtigkeitsbegriff gehört daher immer der Blick auf die Armen. Ob es in einer Gesellschaft gerecht zugeht oder nicht, entscheidet sich nämlich nicht in erster Linie an einem Vergleich der Kriminalstatistik mit der Verurteilungsquote, sondern daran, wie es den an den Rand gedrängten Menschen geht. Im Alten Testament ist das das „Dreigestirn" aus Witwen, Waisen und Fremden, denn die haben in einer auf Sippen- und Familienbande aufbauenden Kultur die kleinste Lobby und damit den wenigsten Rückhalt.

Ganz praktisch bedeutet das, dass die biblische Gerechtigkeit nicht passiv sein kann. Eine Justitia mit verbundenen Augen sieht die wahren Probleme nicht. Wie das Gleichnis von der bittenden Witwe (Lukas 18,2-5) verdeutlicht, muss Gerechtigkeit aktiv verfolgt werden, sonst geschieht sie nicht. „Schaffe mir Recht!" (18,3), fordert die Witwe von dem Richter. Ein Gerechter ist deshalb gerade nicht einer, der im Sinne eines (übrigens in der Bibel nicht vorkommenden) „Wer schläft, sündigt nicht!" einfach nur nichts falsch macht, sondern gerade ein tätiger Mensch, der sich aktiv für eine Verbesserung der Lebensumstände von Benachteiligten einsetzt, so wie es der barmherzige Samariter in Bezug auf den Ausgeraubten getan hat.

Wenn wir Gerechtigkeit in erster Linie als einen Verhältnisbegriff verstehen und eben nicht als Orientierung an einem absoluten Maßstab (obwohl es natürlich auch für ein Verhältnis Maßstäbe geben muss), dann verschieben sich ganz zwangsläufig die Kategorien, mit denen wir Handeln beurteilen. *Das* kindgerechte Verhalten als solches gibt es zum Beispiel nicht, weil man mit Kindern je nach Alter und Entwicklungsstand unterschiedlich umgehen muss, wenn man ihnen gerecht werden will. Von einem Dreijährigen zu verlangen, dass er seinen Namen von einer Vorlage abmalt, ist eine ziemliche Überforderung, von einer Zweitklässlerin kann man dagegen durchaus erwarten, dass sie ihn nicht nur auswendig aufschreiben kann, sondern das auch noch in einer gut lesbaren Schrift. Schon allein dieses kleine Beispiel macht deutlich, dass es bei Gerechtigkeit als Verhältnisbegriff eigentlich nicht um „richtig" oder „falsch" im Sinne eines absoluten Maßstabs geht, sondern eher um so etwas wie „angemessen", „zielführend" und „sinnvoll".

Vielleicht hilft ein biblisches Beispiel zur weiteren Verdeutlichung. Viele Christen sind der Auffassung, dass eine falsche Tatsachenbehauptung (im Volksmund „Lüge" genannt) immer verwerflich ist, weil sie dem (absoluten) Maßstab der Wahrhaftigkeit widerspricht. Beim Bibellesen stolpern sie dann über folgende Verse:

> *„Der König von Ägypten sprach zu den hebräischen Hebammen, von denen die eine Schifra hieß und die andere Pua: Wenn ihr den hebräischen Frauen bei der Geburt helft, dann seht auf das Geschlecht. Wenn es ein Sohn ist, so tötet ihn; ist's aber eine Tochter, so lasst sie leben. Aber die Hebammen fürchteten Gott und taten nicht, wie der König von Ägypten ihnen gesagt hatte, sondern ließen die Kinder leben. Da rief der König von Ägypten die Hebammen und sprach zu ihnen: Warum tut ihr das, dass ihr die Kinder leben lasst? Die Hebammen antworteten dem Pharao: Die hebräischen Frauen sind nicht wie die ägyptischen, denn sie sind kräftige Frauen. Ehe die Hebamme zu ihnen kommt, haben sie geboren. Darum tat Gott den Hebammen Gutes." (2. Mose 1,15-20)*

Die Situation ist eindeutig: Der Pharao beschließt den Völkermord an den Hebräern, indem alle ihre männlichen Nachkommen bei der Geburt getötet werden sollen. Damit hätte sich sein „Problem“ mit den Kindern Israels innerhalb von einer Generation erledigt, weil die verbliebenen Frauen gezwungen wären, Ägypter zu heiraten und auf diese Weise ihre Identität hätten aufgeben müssen.

Die beiden hebräischen Hebammen, die mit dem heimlichen Genozid beauftragt werden, machen ihm jedoch einen Strich durch die Rechnung. Statt die Jungen zu töten, lassen sie sie leben. Vom Pharao daraufhin zur Rechenschaft gezogen, greifen sie zu etwas, was man bei allem ethischen Drehen und moralischem Wenden als nichts anderes als eine dreiste Lüge bezeichnen muss: „Die hebräischen Frauen sind nicht wie die ägyptischen, denn sie sind kräftige Frauen. Ehe die Hebamme zu ihnen kommt, haben sie geboren.“ Das stimmt doch vorne und hinten nicht – und hat zudem einen gewissen Unterton, weil behauptet wird, die ägyptischen Frauen seien zu schwach, um allein Kinder auf die Welt zu bringen, die hebräischen dagegen stark genug.

Beurteilt man dieses Verhalten nach einem absoluten Maßstab – eine Lüge ist immer falsch –, dann haben die beiden Hebammen dagegen verstoßen und sich schuldig gemacht. Wir lesen aber: „Darum tat Gott den Hebammen Gutes.“ Offensichtlich bewertet Gott ihr Verhalten also nicht nach einem absoluten, sondern nach einem relativen Maßstab. Pua und Schifra haben in dieser Situation das einzig Angemessene, Zielführende und Sinnvolle getan, indem sie menschlich gehandelt und so den Völkermord aufgehalten haben. Dass sie ihr daraus entstandenes moralisches Dilemma nur mit einer Lüge „lösen“ konnten, gehört leider mit dazu. Denn wenn sie vor dem Pharao die Wahrheit gesagt hätten, hätte das niemandem etwas genutzt. Vermutlich hätte der nämlich einfach nur dafür gesorgt, dass sie in Zukunft keine Kinder mehr retten können, auf welche Weise auch immer.

Wir sehen einen ähnlichen Zusammenhang in Jesu Beispielgeschichte vom barmherzigen Samariter. Der Levit und der Priester, die beide an dem Schwerverletzten vorbeigehen, machen nach einem absoluten Maßstab vermutlich nur wenig falsch. Man könnte sie zwar der unterlassenen Hilfeleistung bezichtigen, dagegen könnten sie allerdings einwenden, dass sie den Mann gar nicht haben liegen sehen. Wie Lukas 10,31f. deutlich macht, gingen sie nämlich nicht nur „vorüber", wie es bei Luther heißt, sondern sie wechselten sogar die Straßenseite (so übersetzt es korrekter zum Beispiel die Elberfelder Bibel), sie sorgten also dafür, dass sie vom Verletzten nicht wahrgenommen werden konnten. Nach einem absoluten Maßstab müsste man zudem abwägen, ob jemand tatsächlich verpflichtet ist, sich zur Rettung eines anderen selbst in Gefahr zu begeben, schließlich ist keineswegs sicher, dass die Räuber nicht mehr in der Nähe sind. Vermutlich würden die beiden also relativ glimpflich davonkommen.

Ganz anders ist es, wenn man einen relativen Maßstab anlegt. Nach ihm hat sich der Samariter als Einziger „gerecht" verhalten: Er wurde dem Schwerverletzten und der damit verbundenen Situation als Einziger wirklich gerecht. Ob er sich noch besser hätte verhalten können, spielt dabei nur eine untergeordnete Rolle. Wichtig ist allein, dass er als Einziger erfasst hat, welches Handeln in dieser Situation dem schwer verletzten Mitmenschen dient und ihm ins Leben zurückhilft. Im Unterschied zu einer „absoluten" Gerechtigkeit ist eine „relative" also durchaus erreich- und lebbar, ja sie wird sogar erwartet. Es geht nämlich nicht um „moralische Vollkommenheit", sondern um Mitmenschlichkeit, Barmherzigkeit und Anstand.

Dass Gerechtigkeit ein Verhältnisbegriff ist, wird an verschiedenen Stellen des Alten Testaments deutlich. Noah zum Beispiel wurde von Gott „für gerecht befunden vor [ihm] zu dieser Zeit" (1. Mose 7,1). Sein Leben genügt also keinem absoluten Maßstab – was auch immer der wäre –, aber einem relativen: Er wird zu seiner Zeit der Gottesbeziehung am ehesten gerecht. In ähnlicher Weise formuliert Juda in 1. Mose 36,28 in Bezug auf Tamar, die er fälschlicherweise der Prostitution angeklagt hat: „Sie ist gerecht, ich nicht." Auch hier geht es nicht darum, dass Tamar „immer alles richtig gemacht" hat, sondern darum, dass sie sich im Vergleich zu Juda als gerecht erwiesen hat. Gerechtigkeit ist als Verhältnisbegriff also ein erreichbares Ideal, weswegen es nicht verwunderlich ist, dass das Alte Testament ganz unbefangen davon spricht, einzelne Menschen seien „gerecht“ bzw. „Gerechte“. Vor allem im Buch der Sprüche wird geradezu vorausgesetzt, dass ein Israelit ein Gerechter sein möchte.

Dass Gerechtigkeit als erreichbares Ideal galt, bedeutet freilich nicht, dass es auch tatsächlich erreicht wurde. Nicht zuletzt weil wir aufgrund der in uns wohnenden Neigung zum Egoismus und zur Verfolgung echter und vermeintlicher eigener Interessen und Bedürfnisse daran gehindert werden, werden wir trotz aller Bemühungen einem anderen Menschen leider oft nicht gerecht, höchstens etwas gerechter. Auch der barmherziger Samariter musste den Verletzten dem Wirt zur Pflege überlassen und seiner Wege ziehen. Damit hat er sich zwar gerechter verhalten als der Priester und der Levit, die ihn hätten sterben lassen, die Not wurde durch seinen Einsatz aber nur gelindert und nicht wirklich beseitigt.

Zum Alten Testament gehört neben dem Ideal eines gerechten Lebens damit auch die Klage darüber, dass letztlich niemand dieses Ideal auch tatsächlich erreicht (vgl. z. B. Psalm 143,2). Gerechtigkeit bleibt also ein erstrebenswertes und umsetzbares, im eigentlichen Sinne aber nur gelegentlich umgesetztes Ideal.

Wirklich gerecht ist und kann deshalb nur Gott sein, wie im Alten Testament an verschiedenen Stellen betont wird. Weil Gerechtigkeit jedoch auch in dieser Hinsicht ein Verhältnisbegriff ist, geht es bei Gott ebenso wenig um die Erfüllung eines absoluten Maßstabes. Die Vorstellung, dass sich Gott irgendeiner von ihm unabhängigen ethisch-moralischen Ordnung unterwerfen müsste, um „gut“ oder „gerecht“ zu sein, wird nirgendwo in der Bibel vertreten. Gut und Böse sind dort nämlich auch Verhältnisbegriffe, die sich aus dem Verhältnis des Geschöpfes zu seinem Schöpfer ergeben. Weil Gott gut ist, ist alles gut, was dem ursprünglichen Sinn und Ziel der Schöpfung dient, und böse, was dem widerspricht und es zunichtemachen möchte. Als Schöpfer ist Gott daher immer gut und sein Verhältnis zu seiner Schöpfung angemessen und damit gerecht.

Wenn wir dies alles im Hinterkopf behalten, dann verändert

sich auch unser Blick auf das Gericht Gottes grundlegend. Leider verstehen allzu viele Christen unter dem Gericht Gottes so etwas wie einen Strafprozess in einem totalitären Staat: Es geht nur darum, wer was wie in Bezug auf ein bewusst nicht einhaltbar gestaltetes Gesetz falsch gemacht hat, und Staatsanwalt, Richter und Henker sind eine Person. Nichts könnte irreführender sein.

Betrachten wir noch einmal den Anfang von allem. Gott hat die Welt geschaffen, um damit einen Tempel zu bauen, in dem er angebetet wird, also einen Raum, der dem Verhältnis von Schöpfer und Geschöpf gerecht wird. Dieses Verhältnis ist relativ schnell tief greifend gestört worden, weil das Böse in die Welt eingedrungen ist. Die Schöpfung verfolgt nun eigene Ziele, die ihr letztlich aber nicht nur nicht dienen und sie nicht weiterbringen, sondern sie sogar mit der Vernichtung bedrohen.

Wie bereits weiter oben ausgeführt, wäre es deshalb unsinnig anzunehmen, dass Gottes Gericht darin besteht festzustellen, alle hätten alles falsch gemacht und müssten deshalb alle vernichtet werden. Natürlich muss es eine ganz nüchterne Bestandsaufnahme geben, in der Fehlverhalten, falsche Einstellungen und Haltungen sowie alle möglichen anderen Probleme benannt werden. Aber das ist nicht einfach nur eine Rechtfertigung dafür, den Vernichtungsprozess noch zu beschleunigen. Vielmehr geht es darum, ihn aufzuhalten und umzukehren.

Schon im Alten Testament zeigt sich daher Gottes Gerechtigkeit nicht darin, dass er den Sünder vernichtet, sondern auf den richtigen Weg zurückführt. So heißt es etwa in Psalm 25,8f.:

> *„Der Herr ist gut und gerecht; darum weist er Sündern den Weg. Er leitet die Elenden recht und lehrt die Elenden seinen Weg."*

Das Ziel der Gerechtigkeit und des Gerichtes Gottes besteht im (Auf-)Richten und (Gerade-)Rücken dessen, was schief und krumm geworden ist. Wer sich auf einem schlechten Weg befindet, soll auf den guten zurückgeführt werden. Denn bei all dem lässt Gott das nicht aus den Augen, was die Schöpfung ursprünglich einmal hätte sein und nun trotz aller Widerstände immer noch werden soll: ein Tempel, in dem er angebetet wird.

So etwas geschieht jedoch nicht von heute auf morgen und erst recht nicht durch ein Fingerschnipsen. Es ist vielmehr ein Prozess, in dem jedes Geschöpf auf den richtigen Weg geleitet werden muss, ein pädagogischer Vorgang, in dem man nicht nur eine „Weisung" und Lebensordnung braucht, sondern auch Vorbilder. Und es ist ein Prozess, in dem es manche Irrwege geben wird, weil niemand auf Anhieb zielführend und angemessen handelt. Nachfolge hat also etwas mit Geschichte zu tun.

GESCHICHTE.

Es gibt Zeiten, die man vermutlich nie vergisst. Eine von ihnen ist ein Winter vor ein paar Jahren. Die Kinder waren noch klein und hatten eines nach dem anderen Magen-Darm-Grippe. Zum Abschluss, pünktlich zu Weihnachten, wurde zuletzt auch meine Frau krank. Besonders ein Abend ist mir noch sehr gut in Erinnerung. Zwei meiner Kinder übergaben sich abwechselnd, meine Frau und ich waren eigentlich nur noch mit Saubermachen und Eimerreichen beschäftigt. In diesem Moment ist unsere Jüngste, damals erst ein paar Monate alt, von dem Lärm geweckt worden, den wir zwangsläufig veranstaltet haben. Und nun lag sie in ihrem Bettchen und schrie wie am Spieß – völlig übermüdet und genervt. Das war wirklich *das* Puzzleteilchen, das uns noch zum Familienglück gefehlt hatte.

In diesem Augenblick sind mir verschiedene Dinge klar geworden. Das eine ist, wie recht die biblische Sündenlehre doch hat, wenn sie davon ausgeht, dass wir Menschen von klein auf selbstzentriert sind. Wohl gemerkt, dabei geht es um Sünde, nicht um Schuld. Man kann einem Säugling nicht vorwerfen, dass er egoistisch ist. Nichtsdestotrotz kommen wir in diese Welt und betrachten uns als das Zentrum des Universums. Andere mit ihren Bedürfnissen nehmen wir überhaupt nicht wahr. Stattdessen sehen wir nur, dass wir jetzt aufgewacht und genervt sind – und schreien, damit irgendwer alles stehen und liegen lässt und sich darum kümmert.

Um es noch einmal zu betonen: Das hat mit Schuld oder Versagen überhaupt nichts zu tun. Das ist einfach der Lauf der Dinge. Unser Gesichtsfeld ist klein, wenn wir auf die Welt kommen, wir nehmen die anderen nur als unsere Umgebung wahr, aber nicht als Personen, die eigene, unseren vielleicht sogar widersprechende Bedürfnisse haben. Erst nach und nach weitet sich der Blick, wir lernen im Lauf der Kindheit, uns in andere hineinzuversetzen und die Welt aus ihren Augen zu betrachten.

Damit bin ich bei dem zweiten, das mir an jenem Abend aufgefallen ist: Erziehung ist keine nette Spielerei, die man auch sein lassen könnte, wenn man die lieben Kleinen nicht „verbiegen" möchte, sondern etwas Grundlegendes und Notwendiges. So auf sich selbst bezogen, so wenig rücksichtsvoll im Blick auf die anderen wie es ein Säugling ist, sollte es ein Erwachsener nicht mehr sein. Beim Erwachsenwerden geht es also um weit mehr als um das Erlernen bestimmter Fähigkeiten und den Erwerb von Wissen. Im Zentrum steht vielmehr eine Sache, für die der Dominikanermönch Meister Eckhart († ca. 1328) einen eigenen Begriff in die deutsche Sprache eingeführt hat: Bildung. Abgeleitet ist dieses Wort aus 1. Mose 1,26, wonach der Mensch als Ebenbild Gottes geschaffen worden ist. Dieses Ebenbild soll er werden. Bei Bildung im eigentlichen Sinne geht es also nicht in erster Linie um Wissen, Fähigkeiten und Kompetenzen, sondern um Charakterformung. Und ob sie gelingt, hängt entscheidend davon ab, wie sehr wir uns in andere hineinversetzen können, wie sehr wir ihre Bedürfnisse und Interessen wahrnehmen und berücksichtigen.

Das Ganze ist natürlich ein Wachstumsprozess, in dem man das Wachstum selbst nicht steuern kann, wohl aber die Richtung, in die es sich entwickelt. Kinder kommen als einigermaßen unbeschriebene Blätter auf die Welt und versuchen sich ihrer Umgebung so gut es geht anzupassen. Sie lernen, indem sie nachmachen und ausprobieren. Sie saugen die Vorstellungen und Werte ihrer Umwelt zunächst einmal ungefiltert auf. In der westlichen Kultur lernt ein Kind auf diese Weise, dass es ein Individuum ist, das eigene Bedürfnisse und Rechte hat und auf keinen Fall so etwas wie der „Besitz" seiner Eltern ist. Wer im Westen aufwächst, findet daher den Gedanken, dass einem die Eltern schon kurz nach der Geburt den künftigen Ehepartner aussuchen oder enge Vorgaben zur Berufswahl machen könnten, vermutlich ziemlich absurd.

Kinder lernen das in der Regel jedoch nicht bewusst, sondern indem sie im Laufe der Jahre unzählige Geschichten hören, Filme sehen und Bücher lesen, in denen immer wieder vorausgesetzt und betont wird, dass alle Menschen eigenständige Individuen sind. Darüber hinaus erleben sie in unserem Kulturkreis praktisch keine Erwachsenen, die sich anders verstehen und das öffentlich verkündigen. Und unter ihnen behandeln auch nicht wenige das Kind so, als sei es zumindest in Teilbereichen schon ein „richtiges" Individuum.

Wie unbewusst dieser Prozess abläuft, wird deutlich, wenn man bedenkt, dass er ebenso ganz anders laufen könnte und vielerorts auch läuft bzw. gelaufen ist. Was wäre, wenn ein Kind sich von Anfang an nur als ganz kleines Rädchen in etwas viel Größerem erlebt, als Teil einer Großfamilie, eines Clans, eines Stammes oder eines Volkes? Wenn ihm in Büchern, Filmen und Geschichten immer nur das eine erzählt worden wäre, dass es so etwas wie ein Individuum gar nicht gibt, sondern dass jeder Mensch einzig und allein die Interessen seines Kollektivs zu erfüllen hat – und dann eben ganz selbstverständlich den Beruf und Ehepartner „wählt", der damit verbunden ist? Was wäre, wenn alle Erwachsenen um unser Kind herum sich ganz genauso betrachteten und das dem Kind auch immer wieder unmissverständlich zu verstehen gäben?

Die Antwort ist klar: Dann würde unser Kind eben nicht als Individuum aufwachsen, denn es würde sich dieser Umgebung genauso anpassen wie anderswo der individualistischen. Dasselbe gilt natürlich auch für eine gewalttätige, religiöse, rassistische, atheistische, pazifistische, kapitalistische oder ökologiebewusste Umwelt. Kinder wachsen niemals „wertefrei" oder „weltanschaulich neutral" auf, deswegen ist Erziehung als bewusste Form der Charakterformung so wichtig – umso mehr, wenn man bedenkt, dass ein Kind ja auf jeden Fall erwachsen werden wird, auf welche Weise auch immer.

Spannend ist nun die Frage, ob man diese Erkenntnisse auch auf größere Einheiten, auf Familienclans, Stämme, Völker und sogar die Menschheit als Ganzes übertragen kann. Hier gibt es nicht nur auf den ersten Blick auffällige Parallelen: Auch größere Menschengruppen haben ja so etwas wie eigenständige Biografien, weil sie in unterschiedlichen Regionen der Welt zu Hause sind. Manche leben in einem angenehmen Klima, in dem sich ohne viel Mühe Lebensmittel produzieren lassen. Andere müssen ihre Nahrung kargen Böden und ungünstigen Witterungsbedingungen regelrecht abringen. Die einen wohnen relativ sicher, weil sie durch natürliche Grenzen wie Meere, breite Flüsse oder hohe Gebirge vor möglichen Feinden geschützt sind. Andere dagegen machen seit Jahrhunderten die Erfahrung, dass von ihrer Arbeit nichts bleibt, wenn sie sich nicht verteidigen. Es wäre ein Wunder, wenn so etwas keine Spuren hinterließe, Spuren in Form von Geschichten, Ritualen und Lebensentwürfen, die als „gut" und „richtig" gepriesen werden.

Wie sehr solche Strukturen schon recht früh zu Spezialisierungen führen, machen Ausgrabungen deutlich. An den Ufern der Meere und Flüsse finden wir Überreste von Kulturen, die von Schifffahrt und Fischfang gelebt haben und dazu Techniken entwickelten, die „Landratten" unbekannt waren. Im Zweistromland haben sich entlang von Euphrat und Tigris recht bald Stadtkulturen mit ausgefeilten Bürokratien entwickelt, weil dort Ackerbau nur mit einem komplizierten Bewässerungssystem möglich war, das einzelne Familienverbände überfordert hätte. In Ägypten dagegen, wo der Nil in regelmäßigen Abständen über die Ufer tritt und das Land fruchtbar macht, investierte man seine Innovationskraft in Himmelsbeobachtungen und Kalendersysteme, um vorbereitet zu sein, wenn der fruchtbare Schlamm kam. Im nördlichen Mitteleuropa mit seinen guten Böden und gemäßigtem Klima entstanden dagegen gar keine großen Städte, sondern kleine Ansiedelungen mit Äckern in Laufnähe.

So etwas führt natürlich zu Unterschieden im Selbstverständnis, führt dazu, dass sich Menschen eher als Teil einer Familie oder als Glied an einem größeren Ganzen wie einer Stadtgemeinschaft oder einem Volk betrachtet haben. Es führt zu unterschiedlichen Regierungsformen, je nachdem, ob ein starker Krieger an der Spitze gefragt ist oder eine überschaubare Einheit ihre Verhältnisse selbst regeln kann. Und es führt natürlich zu unterschiedlichen Innovationen und damit einem unterschiedlichen Verhältnis zur übrigen Schöpfung. Wer sie eher als Garten betrachtet, in dem es sich gut leben lässt, wird einen anderen kaum verstehen, für den der Nahrungserwerb ein täglicher Kampf ist.

Damit bilden sich zwangsläufig auch unterschiedliche Weltanschauungen und Charaktere heraus, ohne dass man sie einem einfachen Schwarz-Weiß-Schema im Sinne von „die Ägypter sind so und die Germanen so“ zuordnen kann, denn dafür existieren seit Anfang der Menschheit zu viele Kontakte und Bewegungen zwischen den Völkern. Und in all dem gibt es dank der Innovation so etwas wie ein „Erwachsenwerden“ der Menschheit, weil ihre Möglichkeiten ständig erweitert werden. Ein verbessertes oder gar neues Transportmittel vergrößert den Aktionsradius, lässt Nachrichten und Güter schneller vorankommen, aber leider auch Krieg und Zerstörung.

Das Gleiche gilt natürlich ebenso für jede andere Technik, vom Faustkeil (der zu Moses Zeiten noch im Gebrauch war, vgl. 2. Mose 4,25) bis zum Raketentriebwerk. Und es gilt für Strukturen. Die Könige des Alten Testaments hatten kaum Macht über ihre Völker, weil ihnen ein effektiver Verwaltungsapparat fehlte. Auch das Römische Reich vertraute vor allem auf kleine Lokalfürsten. Noch im Mittelalter mussten die Herrscher großer Einheiten ständig unterwegs sein, um ihre Macht vor Ort durchsetzen zu können. Erst sehr spät wurde ein Beamtensystem entwickelt, mit dem sich der Wille der Regierung auch in entfernten Winkeln des Landes umsetzen lässt.

In Bezug auf Familien, Clans, Stämme und Völker, ja sogar die Menschheit als Ganzes lässt sich also eine ähnliche Entwicklung beobachten wie bei einem einzelnen Individuum. Zunächst einmal ging es um Wahrnehmung und Koordination. So wie ein kleines Kind seinen Körper koordinieren lernen muss – etwa wenn es laufen lernt –, so mussten auch die einzelnen Sippen und Clans zunächst lernen, sich als Teil von größeren Einheiten zu verstehen, um gemeinsam mehr erreichen zu können.

Wir sehen diese Entwicklung auch in der Bibel, wo aus einer Nomadenfamilie (Abraham, Isaak und Jakob) im Laufe der Jahrhunderte etwas wird, das sich als Volk ansieht – selbst wenn es sich immer noch mit „Familienvokabeln" („Kinder Israels") bezeichnet. Wie lose die damit verbundenen Bande trotzdem sind, erkennt man daran, dass in der Anfangszeit bei jedem räuberischen Einfall um Verbündete gerungen werden musste. Im Richterbuch ist es keinesfalls selbstverständlich, dass ein Stamm Israels einem anderen zu Hilfe eilt, wenn dieser bedroht ist. Die einzige zentrale Instanz ist die Stiftshütte, das Heiligtum. Aber so etwas wie eine gemeinsame Politik oder gar einen gemeinsamen Herrscher gibt es nicht.

Diese zentrale politische Instanz, das Königtum, bildet sich erst heraus, nachdem Israel es mit einer neuen Bedrohung zu tun bekam. In der Richterzeit hatte es sich vor allem mit losen Reiterverbänden wie denen der Ammoniter und Midianiter herumzuschlagen. Die tauchten regelmäßig zur Erntezeit auf, um zu plündern und dann mit ihrer Beute wieder zu verschwinden. Das war lästig, aber mit einem rasch zusammengetrommelten Bauernheer zu bewältigen.

Bei den Philistern, die die Küstenebene, das Gebiet des heutigen Gazastreifens bewohnten, war das anders. Im Gegensatz zum losen Zusammenschluss der Stämme Israels waren sie vergleichsweise straff organisiert. Ihre fünf Könige hielten regelmäßig gemeinsame Besprechungen ab (vgl. etwa 1. Samuel 5,8.11) und dadurch konnten die Philister nach außen hin als Einheit auftreten. In militärischer Hinsicht waren sie aber nicht nur deshalb Israel überlegen. Sie verfügten auch über ein Berufsheer, also über ausgebildete Soldaten, denen die Truppe israelitischer Teilzeitkrieger nur wenig entgegenzusetzen hatte.

Hinzu kommt eine waffentechnische Überlegenheit, die man ebenfalls nicht gering schätzen darf: Im Gegensatz zu Israel, das sich damals noch in der Bronzezeit befand, konnten die Philister schon Eisen verarbeiten. Das Alte Testament ist auch hier sehr deutlich. In 1. Samuel 13,19f. lesen wir, dass es in ganz Israel keine Schmiede gab und nur die Philister diese Technik beherrschten. Gegen ein geschmiedetes Eisenschwert erweist sich eins aus Bronze als praktisch wertlos, weil die Bronze so weich ist, dass das Eisen hindurchfährt. Dass die Philister im Unterschied zu den Israeliten darüber hinaus sogar über Streitwagen verfügten – sozusagen die Panzer der Antike –, unterstrich ihren Nimbus der Unbesiegbarkeit noch mehr.

Als Antwort auf diese ganz neue Gefahr war also ein Zusammenschluss und damit Zentralisierung gefragt. Auch das ist eine Parallele zur Entwicklung des Individuums. Wir entdecken im Laufe unseres Erwachsenwerdens, dass wir das Leben nicht allein meistern können, und schließen uns deshalb größeren Einheiten an, seien es nun selbst gewählte Peergroups und Freundeskreise oder vorgegebene Institutionen wie die Schule.

Damit verbunden ist eine Erweiterung des Wahrnehmungshorizontes, den die Menschheit ebenfalls erlebt. Erfindungen wie Bronze oder die Möglichkeit, Eisen zu schmieden, sind ja nicht an verschiedenen Stellen gleichzeitig gemacht worden. Vielmehr wurden sie irgendwo umgesetzt und dann von anderen aufgeschnappt und weiterentwickelt. Das setzt Beziehungen zwischen einzelnen Menschengruppen voraus, Handelswege und alle möglichen anderen Verbindungen. Eisen kommt schließlich nicht überall gleichermaßen vor, ebenso wenig wie Kupfer und Zinn, woraus Bronze besteht. Hier muss also Handel betrieben worden sein.

Damit sind Horizonterweiterungen verbunden, weil zumindest die Handelsleute wissen, bei wem und wo es was zu erwerben gibt – womit freilich auch die Begehrlichkeiten von Kriegern geweckt werden. Die Beziehungen zwischen den einzelnen Menschengruppen müssen also immer wieder neu bestimmt werden, sei es durch Handel oder durch militärische Aktionen. Wie bei einem einzelnen Menschen erfordern diese Veränderungen jedoch auch so etwas wie eine charakterliche Entwicklung. In einer Welt mit ständig wachsenden militärischen

Vernichtungsmöglichkeiten kann man Konflikte nicht mehr so austragen, wie das zwischen zwei Steinzeitclans üblich war. Hier muss also ebenfalls eine Entwicklung stattfinden, müssen Werte und Weltanschauungen mit den technischen und sonstigen Prozessen Schritt halten.

Geschichte im Sinne von Entwicklung geschieht also auf jeden Fall und unaufhaltsam. Auch da ist es wie bei einem einzelnen Menschen, der heranwächst und damit ständig seine Möglichkeiten erweitert und seine Grenzen neu definieren muss. Und wie die Biografie eines Individuums ist auch die Geschichte eines Clans, Stammes oder Volkes offen. Was die Herausforderungen sein werden, mit denen man umgehen muss, lässt sich zwar nur selten im Voraus erahnen, wie man dann mit ihnen umgeht, kann man allerdings durchaus im Vorhinein überlegen.

Israel zum Beispiel hätte keinen König fordern müssen. Bisher war man gut damit gefahren, dass einzelne charismatische Anführer immer wieder neu von Gott berufen worden sind, wenn Gefahr drohte. Dieses Verfahren war ja sogar bereits modifiziert worden, indem Samuel praktisch auf Lebenszeit zum Richter und Heerführer eingesetzt worden war. Ein König würde das ganze System auf den Kopf stellen: Bisher war Israel die feste Größe gewesen, der Anführer dagegen variabel. Sobald aber ein König – und damit ein Königshaus, eine Herrscherfamilie – an der Spitze stehen würde, würde sich dieses Verhältnis grundlegend ändern. Ein König denkt dynastisch, er will seine Macht für seine Nachkommen sichern und wenn möglich erweitern. Mit der Errichtung eines Königtums wird das Herrscherhaus also das stabile Element, die Beherrschten dagegen werden variabel. Wie wir im weiteren Verlauf der Geschichte sehen, ging es auch den Königen Israels um die Erweiterung ihres Herrschaftsbereiches mit dem Ergebnis, dass spätestens unter David und Salomo ein Staatsgebilde entstanden war, das verschiedene andere Völker mit einschloss. Das erste Samuelbuch steht dem Königtum denn auch insgesamt sehr kritisch gegenüber (vgl. 1. Samuel 8,1-22; 10,17-19; 12,1-25), vertritt jedoch trotzdem den Gedanken, dass der König von Gott eingesetzt ist (vgl. 1. Samuel 9,15 – 10,1; 10,24).

Damit sind wir bei der spannenden Frage, die bei einer Betrachtung von Geschichte immer mitschwingt, vielleicht genauso wie bei der Biografie eines Menschen: Gibt es so etwas wie eine zielgerichtete Bewegung? Wir Menschen tendieren ja dazu, solche „roten Fäden" zu sehen und dann die Entwicklung entweder unter den Vorzeichen des „Fortschrittes" oder eben des „Rückschrittes" zu interpretieren.

Schon bei einem einzelnen Menschen ist das allerdings nicht ganz klar: Wenn man manche Sprüche über Babys hört, die angeblich „noch" so „süß, klein und unschuldig" sind, denen dann „schwierige Teenager" und vermutlich noch problematischere Erwachsene gegenübergestellt werden, könnte man meinen, das Erwachsenwerden wäre ein Rückschritt, eine Art Verfallsprozess, in dem die ursprüngliche „Unschuld" und „Unverdorbenheit" immer mehr unter die Räder kommen. Andere dagegen sehen darin gerade einen Fortschritt: Menschen entwickeln sich, erweitern ihre Grenzen und Lebensräume, eröffnen sich mehr Möglichkeiten und treffen zunehmend verantwortungsvollere Entscheidungen. Als Entwicklung vom „unmündigen Kind" hin zum „mündigen Erwachsenen" ist das Älterwerden natürlich als Fortschritt zu verstehen.

Wie schwierig diese Einordnung ist, wird vielleicht an einem kleinen Beispiel deutlich. Irgendwann im Laufe seines Aufwachsens wird ein Kind entdecken, dass es nicht allen Menschen vertrauen kann, weil manche dieses Vertrauen ausnutzen. Infolgedessen wird es sich vermutlich anders verhalten, wird misstrauischer und vorsichtiger werden, wird versuchen, die Menschen, mit denen es zu tun hat, einzuordnen in vertrauenswürdige und weniger vertrauenswürdige. Ist das nun ein Fortschritt oder ein Rückschritt? Betrachtet man diese Entwicklung vom (angenommenen) Idealzustand einer „natürlichen Unschuld" her, zu der gehört, dass man das Böse nicht nur nicht erlebt hat, sondern sich auch gar nicht vorstellen kann, dass es existiert, handelt es sich um einen Rückschritt. Misstrauen ist keine moralische Qualität, es ist kein Zustand, der Beziehungen ermöglicht und vertieft.

Auf der anderen Seite gelten vertrauensselige Menschen

nicht von ungefähr als naiv, was ihnen das Leben keineswegs leichter macht. Wer kein gesundes Misstrauen gegenüber allzu verlockenden Angeboten und scheinbar selbstlosen Menschen entwickelt, wird mit Sicherheit über den Tisch gezogen und ausgenutzt, wenn nicht Schlimmeres geschieht. Die Herausbildung eines gewissen Misstrauens ist deshalb durchaus ein Erziehungsziel, ja es ist sogar die Voraussetzung von Mündigkeit. Denn zu ihr gehört es, dass man nicht nur abwägt, welche Entscheidungen man trifft, sondern auch die Grundlagen kritisch prüft, auf denen diese Entscheidungen getroffen werden sollen. Aus diesem Blickwinkel betrachtet, ist eine Entwicklung hin zu einem kritischeren Blick auf andere als Fortschritt zu verstehen.

Noch mehr als einzelne Menschen beschauen wir die Geschichte als Ganzes unter den Gesichtspunkten des Fortschritts und des Rückschritts. Manches erscheint uns „modern" und „zeitgemäß", vielleicht sogar „progressiv" (was nichts anderes als „fortschrittlich" bedeutet), anderes wiederum ist „altmodisch", „rückwärtsgewandt" oder gar „mittelalterlich" (obwohl vieles von dem, was heute als solches bezeichnet wird, im Mittelalter gar nicht existierte). Spätestens seit der Aufklärung und den Revolutionen des 18. Jahrhunderts scheint die Geschichte nur eine Bewegung zu kennen: nach „vorn". Nur worin dieses „Vorne" besteht, darüber sind sich die „Propheten des Fortschritts" nicht einig. Geht es in Richtung von mehr Individualismus oder eher mehr Solidarität? Wird die Gesellschaft freiheitlicher oder gerechter? Sollen Staat und Regierung mehr Macht und Geld bekommen, um Aufgaben erfüllen zu können, die bisher den kleineren Einheiten oblagen (beispielsweise Bildung und Versorgung), oder sollen sie eher weniger davon haben, weil die Bürger sich selbst entfalten wollen? (Beispielsweise in der Berufswahl und in partnerschaftlichen Beziehungen.)

Interessanterweise argumentieren unter Christen beide Seiten mit der Bibel. Während „Fortschrittsromantiker" von einem zukünftigen „Reich Gottes" träumen, dem wir uns immer mehr annähern, haben „Nostalgiker" eher den verlorenen „Garten Eden" vor Augen, von dem wir uns immer weiter entfernen. Gemeinsam ist ihnen jedoch, dass die Geschichte keine zu vernachlässigende Kategorie ist. Wer die Menschheit verstehen will, muss sie studieren, so wie man einen Menschen besser kennenlernt, wenn man einen Einblick in seine Biografie bekommt.

Doch wie ist das nun mit Fortschritt und Rückschritt? War zum Beispiel die oben erwähnte Einführung des Königtums im alten Israel ein Fortschritt oder ein Rückschritt? Das Faszinierende an der biblischen Geschichtsschreibung ist, dass sie darin beides zugleich sieht. Ein König, so macht es das erste Samuelbuch unmissverständlich klar, ist gleichbedeutend mit dem Abfall von Gott. „Mich [haben sie] verworfen, dass ich nicht mehr König über sie sein soll", interpretiert Gott höchstselbst den Wunsch des Volkes (1. Samuel 8,7). Schon der zweite König, David, ist jedoch nicht nur ein Mann nach Gottes Herzen (1. Samuel 13,14), er wird auch zum Vorläufer des von Gott gesandten Retters, der als „Sohn Davids" charakterisiert wird. Im Königtum geschieht also beides zugleich, die Verwerfung Gottes wie auch dessen Stellvertretung. Das Amt steht dabei unter einem negativen Vorzeichen, ausgefüllt von der „richtigen" Person ist es jedoch gut.

Was auf den ersten Blick recht pragmatisch aussieht, hat freilich System. Die Geschichte lässt sich mit den Kategorien Fortschritt und Rückschritt nämlich nicht wirklich erfassen. Der Garten Eden war zwar der ursprüngliche Zustand der Schöpfung vor dem Sündenfall, wir wissen aber nicht, ob er als Idealzustand gedacht war oder nur als Vorstufe zu etwas noch Besserem, das aufgrund des Einzugs der Sünde bisher nicht verwirklicht werden konnte. Die Bibel blickt jedenfalls an keiner Stelle nostalgisch auf den Garten zurück. Umgekehrt war auch der Sündenfall kein Fortschritt, keine Grenzüberschreitung hin zur Mündigkeit der Menschheit, als die man ihn betrachten könnte, sondern eine Tragödie, die die Schöpfung ins Chaos gestürzt hat. Das „Neue Jerusalem", die erneuerte Schöpfung nach Offenbarung 21f. ist dennoch keine Wiederherstellung des Gartens, sondern etwas ganz Neues. Und es kommt vom Himmel herab auf die Erde, entwickelt sich also nicht aus der menschlichen Geschichte. Es kann demnach kein Fortschritt sein.

Wenn man die Dimension der Sünde mit einbezieht, die die Geschichte genauso durchzieht wie alles andere, wird es noch komplexer. Nehmen wir etwa die Liebe: Ein Säugling kann nicht anders, als sich Menschen zuzuwenden, erst im Laufe der Zeit merkt ein Kind, dass es Alternativen gibt. Dann beginnt das „Fremdeln", in dem ein kleines Kind zwischen vertrauten und nicht vertrauten Personen unterscheiden lernt. Im Laufe der Entwicklung wird Liebe immer mehr zur Entscheidung, sich einem oder mehreren anderen Menschen hinzugeben, auch wenn es schwerfällt. Gerade an diesem „wenn es schwerfällt" machen wir die Ernsthaftigkeit und damit „Echtheit" der Liebe fest. Damit Liebe wachsen kann, braucht sie also Widerstände, die überwunden werden müssen. Kinder „testen" dies an ihren Eltern in der „Trotzphase", in der sie (nahezu) alles tun, um ihren Eltern das Leben und die Liebe schwer zu machen, damit sie gerade darin deren Unverfälschtheit erkennen.

Daraus folgt allerdings die verstörende Erkenntnis, dass die Liebe umso stärker empfunden wird, je schwieriger sie wird. Mit anderen Worten: Wenn das Leben „Rückschritte" macht, weil die ursprüngliche heile Welt verloren geht, macht die Liebesfähigkeit „Fortschritte". Fortschritt und Rückschritt sind damit eng miteinander verwoben. Und das Ziel der Liebe besteht auch nicht darin, den ursprünglichen Zustand „unschuldiger" Zuneigung wiederherzustellen, sondern in einer reflektierten Zuwendung, die ihr Gegenüber kennt und deshalb auch das wahrnimmt, was eigentlich nicht zur Zuneigung reizt, aber dennoch das Gegenüber als Ganzes annimmt und liebt.

Wie das Leben eines einzelnen Menschen ist freilich auch die Geschichte eine „vermischte Angelegenheit", ein Zusammenspiel von Fortschritt und Rückschritt, von Gutem und Bösem, von Konstruktivem und Destruktivem. Auch wenn wir diese Dimension gern aus dem Blick verlieren, Gott tut es nicht. Die Bibel schildert uns einen Schöpfer, der nicht einfach nur schafft und dann abseits steht, sondern einen, der sich einmischt, der mitmischt, der dabei ist, beim großen Ganzen der Weltgeschichte genauso wie im Klein-Klein der einzelnen menschlichen Biografien.

Das hat enorme Auswirkungen. Die eine ist, dass wir im Kontakt mit diesem Gott ständig in der Versuchung des Götzendienstes stehen. Wer in der Geschichte mitmischt, wirft sich in einen Schlamassel, in dem es keine ausschließlich Guten oder Bösen gibt, sondern vor allem ein großes Durcheinander. Die Gefahr ist deshalb groß, dass wir Gott in Konflikten mit einer Seite identifizieren, weil er ihr einmal den Rücken gestärkt hat; dass wir ihn in der Völkervielfalt nur einem oder wenigen Völkern zurechnen, weil er sich ihm oder ihnen besonders zugewandt hat; dass wir bestimmte Zeiten oder Orte für heiliger halten als andere, weil Gott sich dort intensiver geoffenbart zu haben scheint.

Wenn Gott sich Menschen gegenüber offenbaren wollte, musste das allerdings zwangsläufig zu einer bestimmten Zeit, an einem bestimmten Ort, in einer bestimmten Sprache und einer bestimmten Menschengruppe gegenüber sein. Aber das macht all dies nicht heiliger als andere und es verleiht kein größeres Anrecht auf Gott. Hebräisch etwa ist die Sprache, in der Gott zu Israel gesprochen hat, aber das macht es nicht zu einer göttlichen Sprache, es bleibt eine menschliche. Der Landstrich zwischen Mittelmeer und Zweistromland ist der, in dem die Bibel entstanden ist, aber damit ist diese Gegend nicht heiliger als andere. Und auch die Zeit der Bibel, jene zweitausend Jahre zwischen Abraham und Paulus, sind kein „Goldenes Zeitalter" gewesen, dessen Züge und Strukturen man idealerweise erhalten oder wenigstens wieder aufleben lassen sollte.

All das ist Götzendienst, so wie es Götzendienst ist, wenn man einem Menschen eine besondere Qualität zuspricht, weil Gott sich ihm gegenüber gezeigt hat. Denn es macht Gott klein, reduziert ihn auf Zeiten, Orte und Menschen. Gott geht in die Geschichte ein, er schreibt sie, aber er bleibt immer noch ihr Herr und lässt sich auch mit der Geschichte nicht fassen. Die Zeit gehört ebenso wie der Raum zur Schöpfung, sie ist der Bereich, in dem Gott uns begegnet, aber sie begrenzt ihn nicht.

Das hat Konsequenzen für die Auslegung der Bibel. Sie deckt ja in erster Linie Geschichte ab, den langen Zeitraum zwischen Abraham und Paulus, rund zweitausend Jahre. In ihr gibt es dogmatische und ethische Texte, sie ist allerdings weder eine Dogmatik noch eine Ethik. Wir erfahren, wie Gott Menschen begegnet ist und wie sie reagiert haben, in welchen Umständen sie gelebt haben, was sie glaubten und verwarfen, welche Dinge ihnen wichtig und welche unwichtig waren. Oft jedoch wird das nicht einmal gewertet, sondern einfach nur berichtet.

Wie ist das zum Beispiel mit dem Königtum? Die Bibel lehnt es ab, weil sie darin eine Abkehr von der „ursprünglichen" Gottesherrschaft erkennt. Spätestens mit David macht sie es sich allerdings in einer Weise zu eigen, dass man den Eindruck bekommt, es sei Gottes Plan von Anfang an gewesen. Gleichzeitig wird die grundsätzliche Ablehnung des Königtums auch nachträglich an keiner Stelle auf die Person Sauls beschränkt. Nein, die Forderung nach einem König ist ein Misstrauensvotum gegen Gott. Und ja, Gott ist mit dem König und regiert durch ihn. Die Bibel ist damit weder monarchistisch noch republikanisch, vielmehr ist sie beides zugleich. Denn Gott wirkt in dem Durcheinander der Weltgeschichte, er wirkt durch sie und in sie hinein.

Weil es sich dabei jedoch immer um ein Wirken in Zeit und Raum handelt, darf es nicht von der damit verbundenen Zeit und dem entsprechenden Raum getrennt werden. In der Bibel ist Offenbarung ebenso wenig zeitlos wie raumlos. Das bedeutet, dass zwar alles Gottes Wort ist, aber eben Gottes Wort in die jeweilige Zeit hinein, nicht in eine zeitlose Ewigkeit. Anders wäre es auch kaum vorstellbar, denn so etwas wie ein zeitloses Wort kann es nicht geben, weil auch Worte immer eine Geschichte haben und Kontexte, in denen sie benutzt werden.

Nehmen wir zum Beispiel das Wort „Opfer": Im antiken Kontext wurde dabei immer an Religion gedacht und ein Opfer war in der Regel ein Tier, das in einem kultischen Zusammenhang getötet wurde. Dieses Wort hat damit schon in der Antike eine Geschichte, die es mit Blut und Tod, aber auch mit Heil und Versöhnung verbindet. In unserem heutigen Kontext hat es diesen zweiten Teil verloren. Als Opfer bezeichnen wir in unserer Alltagssprache einen Menschen, der bei einem Unglück ums Leben kommt oder durch ein Verbrechen einen Schaden erleidet.

An Tiere denken wir dabei nicht. Noch abstrakter wird der Begriff von uns gebraucht, wenn er einen persönlichen Verzicht um einer guten Sache oder Beziehung willen beschreibt, womit wir „ein Opfer bringen“. Unter Jugendlichen ist das Wort sogar zum Schimpfwort geworden, mit dem ein anderer als wehrloser Schwächling abgewertet wird.

Mit anderen Worten: Einen zeitlosen Gebrauch des Wortes „Opfer“ gibt es nicht und kann es auch nicht geben, weil das Wort zu unterschiedlichen Zeiten und in unterschiedlichen Zusammenhängen verschiedene Bedeutungen hat. Wenn irgendwo von einem Opfer gesprochen wird, müssen wir deswegen zwingend zunächst den Hintergrund klären, weil es in der Kirche etwas anderes bedeutet als auf dem Schulhof oder in den Abendnachrichten und weil es in der Antike anders verstanden wurde als heute. Wenn Gott sich also zeitlos äußern wollte, müsste er sich einer Sprache bedienen, die in keinem Kontext zu Hause wäre und auch keine Geschichte hat – und damit auch keine menschliche Sprache sein kann.

Wir kommen daher nicht darum herum, Gottes Wort zu interpretieren, auszulegen, zu versuchen, es in der Zeit und vor dem Hintergrund des Ortes zu verstehen, in der und wo es gesprochen wurde. Das „Opfer am Kreuz“ beinhaltet nämlich ein breites Spektrum von Verstehensmöglichkeiten, je nachdem, ob man es religiös oder säkular, jugend- oder erwachsenensprachlich, antik oder modern interpretiert. Und sie können nicht allesamt richtig sein, weil sie sich zumindest teilweise widersprechen. Wir brauchen daher die Einordnung in den zeitlichen und situativen Kontext, um ein Wort, also auch Gottes Wort, verstehen zu können.

Damit sind wir wieder bei der Dimension der Geschichte, die als Entwicklung der Menschheit verstanden werden muss. Das bedeutet nicht, dass bestimmte Dinge als „überholt“ abgetan werden sollten (das entspräche einem der geschichtlichen Entwicklung nicht gerecht werdenden Fortschrittsglauben), aber eben zwingend in ihrer Zeit verstanden werden müssen. Das Gesetz des Mose zum Beispiel ist Gottes Wort, aber Gottes Wort an das Israel der Wüstenzeit vor mehr als dreitausend Jahren und nicht an uns. Der Brief des Apostels Paulus an die Römer ist Gottes Wort genauso wie die Bergpredigt, aber eben nicht an uns, sondern an eine antike Gemeinde in einer damaligen Weltstadt, während Jesus zu Menschen im Galiläa des ersten Jahrhunderts gesprochen hat. Wenn wir also nicht insgeheim die Antike zu einer „Heilszeit" machen wollen, sondern sie als eine Zeit betrachten, die nicht besser oder schlechter war als die unserige, allerdings „früher", dann müssen wir auch Gottes Reden in dieser Zeit betrachten.

Das bedeutet nichts anderes, als dass wir den Gedanken der Entwicklung in den Blick nehmen müssen. Mit anderen Worten: Wir müssen die Dimension der Geschichte ernst nehmen. Zur Zeit des Mose etwa gab es weder ein funktionierendes Gemeinwesen in unserem Sinne, noch hatten die Israeliten auf ihrem Weg von Ägypten ins Gelobte Land die Möglichkeit, Gefängnisse zu bauen und zu betreiben. Die Strafen sind deshalb anders ausgefallen als in einem modernen westlichen Rechtsstaat. Kriege wurden in jener Zeit um die sehr begrenzte Ressource Land geführt, von der jeweils nur eine eng begrenzte Anzahl Menschen satt werden konnte. Deswegen waren sie als Vertreibungs- und Vernichtungsfeldzüge angelegt. In einem nomadischen Sippenverband war zum Überleben eine strenge Hierarchie notwendig, deswegen findet sie auch ihren Niederschlag in den biblischen Texten.

Wer sie mit heutigen Vorstellungen vergleicht, begeht deshalb denselben Fehler wie einer, der die Handlungen und Äußerungen eines Kindes durch die Brille eines Erwachsenen betrachtet. Es ist also absurd, ein antikes Buch an heutigen Menschenrechtsvorstellungen, den Bestimmungen eines auf Resozialisation angelegten Strafrechtes, der Haager Landkriegsordnung oder der Genfer Flüchtlingskonvention zu messen. Die naturwissenschaftlichen Leistungen eines Kindes beurteilt man ja auch nicht anhand der neusten Forschungsergebnisse. Der Vergleichspunkt ist vielmehr die entsprechende Altersgruppe.

So ist es auch mit der Geschichte. Der Vergleichspunkt sind immer die jeweiligen Zeitgenossen. Hier kann und muss gefragt werden, ob Israel humaner mit Kriegsgefangenen umgegangen ist als andere Völker, ob sein Strafrecht menschlicher war als das seiner Umgebung, ob es in seiner Gesellschaft insgesamt gerechter zuging als anderswo.

Schon ein Vergleich zwischen Mose und Jesus verbietet sich jedoch, wenn sie dabei klammheimlich zu Zeitgenossen werden. Denn das Gebot der Feindesliebe in Matthäus 5,44 kann durchaus als eine Weiterentwicklung des einen Vers zuvor angeführten Talionsrechtes „Aug' um Auge, Zahn um Zahn" (3. Mose 19,18) verstanden werden. Mehr als tausend Jahre zuvor hat Mose in einer Gesellschaft ohne funktionierende Gerichte die Blutrache auf ein nahezu nicht mehr praktikables Minimum reduziert. Jesus verbietet sie nun ganz, weil sie ohnehin nie Gottes Idee gewesen war. Aber die Jahrhunderte dazwischen waren notwendig, damit Israel lernt, eine Abscheu davor zu empfinden.

Dasselbe könnte man für viele andere Dinge sagen. Die Opfer zum Beispiel waren notwendig, um den Grundgedanken zu etablieren: Sünde muss aus der Welt geschaffte werden, weil sie die Schöpfungsordnung stört. Aber mit ihr soll nicht der Sünder vernichtet werden, sondern stellvertretend ein Tier – bis auch diese Form des Opfers abgeschafft wurde. Stiftshütte und Tempel symbolisierten das, was die Schöpfung hätte sein sollen und eines Tages werden wird – bis auch sie überflüssig geworden waren, weil die Menschheit gelernt hat.

Ohne ein Verständnis von Geschichte als Entwicklung der Menschheit kommen wir also nicht aus. Das bedeutet, dass wir mit der Bibel in einer ähnlichen Weise umgehen müssen wie mit anderen autoritativen Texten aus der Vergangenheit (das heißt jedoch nicht, dass beides auf einer Stufe steht). Der Grundrechtskatalog des deutschen Grundgesetzes ist mittlerweile rund siebzig Jahre alt. Die Mütter und Väter unserer Verfassung konnten sich also noch nicht mit den Herausforderungen beschäftigen, die durch die Digitalisierung entstanden sind. Dass es eines Tages nicht nur möglich, sondern normal sein würde, dass nahezu jeder ein Smartphone in der Tasche hat, das nicht nur alle seine Vorlieben aufzeichnet, sondern auch ein Bewegungsprofil erstellt, war damals undenkbar.

Das bedeutet natürlich nicht, dass die Grundrechte in der virtuellen Welt keine Gültigkeit hätten. Allerdings lässt sich heute nicht feststellen, was eine Person im Jahr 1949 in Bezug auf den Gebrauch von Smartphones im 21. Jahrhundert gesagt hätte. Wir haben jedoch den Art. 10 (1), in dem das „Briefgeheimnis sowie das Post- und Fernmeldegeheimnis" für „unverletzlich" erklärt werden. Wenn das Verfassungsgericht darüber entscheidet, wie das in Bezug auf die von Smartphones ermittelten Daten zu verstehen ist, muss es einen zweifachen Schritt tun: Zum einen muss es überlegen, was die Väter und Mütter des Grundgesetzes sich bei diesem Artikel gedacht haben, was sie genau schützen wollten und warum. Das lässt sich noch relativ leicht herausfinden.

Schwieriger ist der zweite Schritt, in dem auf Grundlage der so ermittelten Erkenntnisse ermittelt werden muss, wie sie vermutlich in einem Fall entschieden hätten, den sie noch gar nicht kennen *konnten*. Über das „hätte" kann es jedoch keine gesicherten Erkenntnisse geben, sondern nur mehr oder weniger wahrscheinliche Vermutungen, deren Plausibilität im Wesentlichen davon abhängt, wie gut es gelingt, eine nachvollziehbare Linie von den damaligen Aussagen über die dahinterstehenden Grundeinsichten hin zu den heutigen Schlussfolgerungen zu ziehen.

Das, was damals gesagt worden ist, bleibt dabei unverrückbare Grundlage, an der es nichts zu rütteln oder zu kritisieren gibt. Nichts davon ist „überholt", auch wenn manches nicht mehr in der gleichen Weise aktuell erscheint wie damals. Umgekehrt ist auch nichts ohne weitere Interpretation „zeitlos" gültig, weil sich die Situation geändert hat. Die Autorität eines alten Textes kann deshalb nur gewahrt bleiben, indem man ihn in seiner Zeit und an seinem Ort belässt und von daher auslegt, um dann die Linien ins Heute zu ziehen.

Auch wenn es evangelische Christen schmerzen mag, kommen wir deshalb ohne einen Blick auf die Tradition nicht aus. Kirchengeschichte ist keine trockene Disziplin, sondern die Auslegungsgeschichte der Bibel, sie zeigt uns, wie die Christen über die Jahrhunderte mit Gottes Wort gerungen haben, wie sie versucht haben, es auf ihre veränderten Situationen anzuwenden, und auf welche Chancen und Grenzen sie dabei gestoßen sind.

Eine Beschäftigung mit der Geschichte ist also unentbehrlich. Wir lernen aus ihr, wie sich Nachfolger in früheren Zeiten im Unterschied zu anderen verhalten haben und wie sie mit Herausforderungen umgegangen sind, die anders, aber doch ähnlich waren wie unsere. Wir können sie deshalb nicht kopieren, aber wir können über ihre Ziele und Motive nachdenken und dem nachspüren, der sie angetrieben hat. Ein Glaube ohne Geschichte wird deshalb Gott ebenso wenig gerecht wie ein Menschenbild, das die Biografie nicht ernst nimmt.

Und damit wenden wir uns dem zu, wie Gott die Geschichte der Menschheit zu seiner Geschichte gemacht hat.

BUND.

Mit Abraham und seinen Nachkommen hat Gott sich auf das Wagnis der Geschichte eingelassen, indem er mit Menschen einen Bund geschlossen hat. Was das bedeutet, wird klarer, wenn man sich die Alternative überlegt: Gott hätte auch auf seinem Thron sitzen bleiben und der Welt einfach nur mitteilen können, wie sie eigentlich zu sein habe. Auf diese Weise hätte er sich zwar den Ruf einer „kompromisslosen ethisch-moralischen Instanz" eingehandelt, wäre aber wahrscheinlich wirkungslos geblieben, weil niemand die Dinge in die gewünschte Richtung vorangebracht hätte. Denn wer das tut, wird sich nahezu zwangsläufig die Hände schmutzig machen müssen. Der Schlamassel, in dem die Welt steckt, ist schließlich so groß, dass er sich nicht mit ein paar einfachen Vorgaben lösen lässt.

Gott hat sich trotzdem direkt dort hineinbegeben, hat sich angreifbar gemacht und wird bis heute deswegen angegriffen. Betrachten wir ein Beispiel: Die Welt der Patriarchen vor jeder Staatlichkeit, in der Sippen ums blanke Überleben kämpften und ein Mensch nur dann einen gewissen Wert hatte, wenn er zum eigenen Clan gehörte und ein wehrfähiger Mann war, war unglaublich brutal. Lamech etwa, ein Nachkomme Kains, prahlte vor seinen beiden Frauen: „Einen Mann erschlug ich für meine Wunde und einen Jüngling für meine Beule. Kain soll siebenmal gerächt werden, aber Lamech siebenundsiebzigmal" (1.Mose 4,23f.). In dieser Welt ausufernder Blutrache hat Gott so etwas wie eine „Grundregel" eingeführt, die die Vergeltung dahin gehend begrenzt, dass maximal der eigene Schaden „ausgeglichen" werden darf. Wir haben uns das Gebot bereits betrachtet: „Entsteht ein dauernder Schaden, so sollst du geben Leben um Leben, Auge um Auge, Zahn um Zahn, Hand um Hand, Fuß um Fuß, Brandmal um Brandmal, Wunde um Wunde, Beule um Beule" (2. Mose 21,23-25). Für diese umfassende Einschränkung der Unmenschlichkeit wird Gott heute als „Rachegott" kritisiert.

Und weil er die Vernichtungskriege einer frühen Agrargesellschaft, in der man nur am Ackerboden, aber gerade nicht an den von ihm bisher lebenden Menschen interessiert war, auf ein Minimum beschränkt hat, indem er die Ausrottung der Bevölkerung ganzer Landstriche allein in dem von ihm verordneten „Bann" rund um die Landnahme zur Zeit Josuas gelten lässt (aber nicht aus purer Eroberungslust), wird er heute als „grausam" betrachtet. Dass er mit einem Menschen, einer Familie und einem Volk den Anfang machte, gilt als „ungerecht", sein Bestehen darauf, dass schlimme Taten auch schlimme Konsequenzen haben, macht ihn „unbarmherzig". Mit anderen Worten: Im Alten Testament riskiert Gott seinen guten Ruf, heute noch viel mehr als jemals zuvor.

Vielleicht hilft es ein bisschen, wenn wir sehen, dass es im Alten Testament auch um den Ruf der Menschen nicht besonders gut bestellt ist. Als Gott sich auf das Wagnis eines Bundes mit konkreten Menschen und ihren Nachkommen eingelassen hat, tat er das ja mit einem Hintergedanken: Zunächst ein paar Menschen, dann eine Familie und schließlich ein Volk sollten das werden, was die Schöpfung ursprünglich hatte sein sollen – ein Tempel, in dem sich Gott und Menschen begegnen, in dem der Mensch Gottes Segen und Weisung erfährt und ihm mit dankbarer Anbetung antwortet. Das, was sich der Schöpfer bei der Erschaffung der Welt gedacht hat und was aufgrund des Einbruchs der Sünde nicht verwirklicht werden konnte, sollte zeichenhaft gelebt werden. An Israel sollte also deutlich werden, wie Gottes bedingungslose Zuwendung aussieht, wie es ist, wenn er sich völlig unverdient Menschen zuwendet, sie segnet und versorgt. Von der Erwählung Abrahams über den Auszug aus Ägypten bis hin in die Königszeit zieht sich diese Segenslinie.

Gleichzeitig sollte Israel auch eine zeichenhafte Gemeinschaft darstellen. Die Klage darüber, dass mit der Einführung eines menschlichen Königtums die Königsherrschaft Gottes abgelehnt wurde (vgl. 1. Samuel 8,7), weist ja im Umkehrschluss auf das eigentliche Ziel hin: Gott wollte an und mit diesem Volk demonstrieren, wie seine Herrschaft aussieht und aussehen soll, und damit etwas errichten, was in den Evangelien „Reich Gottes" genannt werden wird – eine weise Ordnung, in der sich Gottes Schöpfervorstellungen mit dem Doppelgebot der Liebe im Mittelpunkt zeigen. Israel sollte „ein Königreich von Priestern und ein heiliges Volk" sein (2. Mose 19,6), an dem abzulesen ist, wie Gerechtigkeit gelebt wird. Das Gesetz des Mose ist und bleibt dessen deutlichster Ausdruck, auch wenn es natürlich nur ein Spiegelbild davon in die damaligen Verhältnisse hinein ist.

Doch wer Kinder hat, weiß, dass Erziehung alles andere als eine dankbare Aufgabe ist. Man freut sich an den „Ergebnissen", wenn man seine Sprösslinge erlebt, gleichzeitig allerdings ist es eine Knochenarbeit, für die man selten gelobt, aber oft kritisiert wird, gerade von den eigenen Kindern. Denn das, was das Alte Testament über Israel aussagt, gilt für uns alle: Wir sind ein „halsstarriges Volk" (2. Mose 32,9 u. ö.), das leicht vom „Weg der Tugend" abkommt und immer wieder auf verschiedene Weisen ermutigt und ermahnt werden muss, das Gute zu tun und das Böse zu lassen. Mit dem alttestamentlichen Gottesvolk und seiner Gottesbeziehung war das nicht anders.

Man kann sich nun darüber streiten, ob Israel über die Regelung der eigenen Angelegenheiten hinaus auch so etwas wie ein Vorbild für die übrige Welt, ein „Beispielvolk", hätte sein sollen. Der Prophet Jesaja träumte jedenfalls davon, verheißt es allerdings erst für ein späteres Zeitalter. Gleichzeitig sieht er genau darin einen Ansporn für das Israel seiner eigenen Zeit:

„Dies ist das Wort, das Jesaja, der Sohn des Amoz, schaute über Juda und Jerusalem. Es wird zur letzten Zeit der Berg, da des Herrn Haus ist, fest stehen, höher als alle Berge und über alle Hügel erhaben, und alle Heiden werden herzulaufen, und viele Völker werden hingehen und sagen: Kommt, lasst uns hinaufgehen zum Berg des Herrn, zum Hause des Gottes Jakobs, dass er uns lehre seine Wege und wir wandeln auf seinen Steigen! Denn von Zion wird Weisung ausgehen und des Herrn Wort von Jerusalem. Und er wird richten unter den Nationen und zurechtweisen viele Völker. Da werden sie ihre Schwerter zu Pflugscharen machen und ihre Spieße zu Sicheln. Denn es wird kein Volk wider das andere das Schwert erheben, und sie werden hinfort nicht mehr lernen, Krieg zu führen. Kommt nun, ihr vom Hause Jakob, lasst uns wandeln im Licht des Herrn!“ (Jesaja 2,1-5)

Das ist also das Fernziel der Geschichte Gottes mit den Menschen: eine verwandelte Welt, in der Frieden und Gerechtigkeit herrschen. Und gleichzeitig wird daran auch der Weg deutlich. Israel soll den Anfang machen, in ihm soll sich die Gottesherrschaft verwirklichen und von dort aus in die Welt hinausstrahlen. Ob das Israel der Königszeit diesen Anspruch schon empfand und ihm genügen wollte, ist allerdings unklar, denn der Prophet Jesaja wirkte erst in der zweiten Hälfte des achten Jahrhunderts vor Christus, rund zweihundertfünfzig Jahre nach David, und erlebte den Untergang des nördlichen Teils des alten Israels noch mit.

Unstrittig ist allerdings, dass das Gottesvolk auch nach eigener Ansicht nicht das war, was es hätte sein sollen. Schon ganz zu Anfang des Richterbuches – Israel ist sozusagen gerade eben ins Gelobte Land eingezogen – taucht eine Deutung auf, nach der die Geschichte des Gottesvolkes als eine sich ständig wiederholende Folge von Abfall, Bedrängnis, Umkehr, Rettung und erneutem Abfall verstanden wird, das sogenannte „Richter-Schema“:

„Da taten die Israeliten, was dem Herrn missfiel, und dienten den Baalen und verließen den Herrn, den Gott ihrer Väter, der sie aus Ägyptenland geführt hatte, und folgten andern Göttern nach von den Göttern der Völker, die um sie her wohnten, und beteten sie an und erzürnten den Herrn. Denn sie verließen den Herrn und dienten dem Baal und den Astarten. So entbrannte denn der Zorn des Herrn über Israel, und er gab sie in die Hand von Räubern, die sie beraubten, und verkaufte sie in die Hände ihrer Feinde ringsumher. Und sie konnten nicht mehr ihren Feinden widerstehen, sondern sooft sie auszogen, war des Herrn Hand wider sie zum Unheil, wie denn der Herr ihnen gesagt und geschworen hatte. Und sie wurden hart bedrängt. Wenn dann der Herr Richter erweckte, die sie retteten aus der Hand der Räuber, so gehorchten sie auch ihren Richtern nicht, sondern hurten andern Göttern nach und beteten sie an und wichen bald von dem Wege, auf dem ihre Väter gegangen waren, als sie des Herrn Geboten gehorchten; sie jedoch taten nicht wie diese. Wenn aber der Herr ihnen Richter erweckte, so war der Herr mit dem Richter und errettete sie aus der Hand ihrer Feinde, solange der Richter lebte. Denn es jammerte den Herrn ihr Wehklagen über die, die sie unterdrückten und bedrängten. Wenn aber der Richter gestorben war, so fielen sie wieder ab und trieben es ärger als ihre Väter, indem sie andern Göttern folgten, ihnen zu dienen und sie anzubeten. Sie ließen nicht von ihrem Tun noch von ihrem halsstarrigen Wandel.“ (Richter 1,11-19)

Wer das Alte Testament aufmerksam liest, wird erkennen, dass sich dieses Schema nicht nur bei den einzelnen Richtern findet, sondern auch so etwas wie der „rote Faden“ durch die Geschichte des alten Israels ist: Von Gott berufen und aus der Gewalt der Ägypter gerettet, geht das Volk zunehmend seine eigenen Wege und betet in den männlichen Baalen und den weiblichen Gottheiten Astarte und Aschera fremde Götter an. Am Ende steht der Untergang. Israel verliert seine Heilsgüter Land und Tempel – aber nicht den Bund, die bedingungslose Zuwendung

Gottes. Ein Teil des Volkes wird nach Assyrien, der andere Teil rund hundertfünfzig Jahre später nach Babylonien ins Exil verschleppt. In einer Zusammenfassung deutet das zweite Buch der Könige diese Ereignisse entsprechend:

„Die Israeliten hatten gegen den Herrn, ihren Gott, gesündigt, der sie aus Ägyptenland geführt hatte, aus der Hand des Pharao, des Königs von Ägypten, und fürchteten andere Götter und wandelten nach den Satzungen der Völker, die der Herr vor den Israeliten vertrieben hatte […] Und die Israeliten ersannen, was nicht recht war gegen den Herrn, ihren Gott. Sie bauten sich Höhen in allen ihren Städten, vom Wachtturm bis zur festen Stadt, und richteten Steinmale auf und Ascheren auf jedem hohen Hügel und unter jedem grünen Baum und räucherten auf allen Höhen wie die Völker, die der Herr vor ihnen weggetrieben hatte, und trieben böse Dinge, womit sie den Herrn erzürnten, und dienten den Götzen, von denen der Herr zu ihnen gesagt hatte: Das sollt ihr nicht tun! Und doch hatte der Herr Israel und Juda gewarnt durch alle Propheten und alle Seher und ihnen sagen lassen: Kehrt um von euren bösen Wegen und haltet meine Gebote und Rechte nach dem ganzen Gesetz, das ich euren Vätern geboten habe und das ich zu euch gesandt habe durch meine Knechte, die Propheten. Aber sie gehorchten nicht, sondern versteiften ihren Nacken wie ihre Väter, die nicht an den Herrn, ihren Gott, glaubten. Dazu verachteten sie seine Gebote und seinen Bund, den er mit ihren Vätern geschlossen hatte, und seine Warnungen, die er ihnen gab, und wandelten ihren nichtigen Götzen nach und trieben Nichtiges. Sie taten wie die Heiden um sie her, von denen der Herr ihnen geboten hatte, sie sollten nicht wie diese tun. Aber sie verließen alle Gebote des Herrn, ihres Gottes, und machten sich zwei gegossene Kälber und eine Aschera und beteten alles Heer des Himmels an und dienten dem Baal und ließen ihre Söhne und Töchter durchs Feuer gehen und gingen mit Wahrsagerei und Zauberei um und verkauften sich, zu tun, was dem Herrn missfiel, um ihn zu erzürnen. Da wurde der Herr sehr zornig

über Israel und tat es von seinem Angesicht weg, sodass nichts übrig blieb als der Stamm Juda allein. – Auch Juda hielt nicht die Gebote des Herrn, seines Gottes, sondern wandelte nach den Satzungen, nach denen Israel gelebt hatte. – Darum verwarf der Herr das ganze Geschlecht Israel und demütigte sie und gab sie in die Hände der Räuber, bis er sie von seinem Angesicht wegstieß.“ (2. Könige 17,7-20)

In einer Zeit, in der die Anbetung anderer Götter schlimmstenfalls als „Kavaliersdelikt“ betrachtet wird, oft sogar als kulturelle Bereicherung, ist die Vehemenz erklärungsbedürftig, mit der Gott gegen „Götzendienst“ vorgeht. Die Religionsfreiheit gehört schließlich zu den großen Errungenschaften der Moderne, der mehrere Jahrhunderte ebenso erfolgloser wie blutiger Kriege um den „wahren Glauben“ vorausgegangen waren. Religion ist eine der stärksten Antriebskräfte der Menschheit, deshalb muss auf diesem Gebiet um des Friedens willen Freiheit herrschen. Denn wer bereit ist, für seinen Glauben zu sterben, ist leider allzu oft auch willens, dafür zu töten.

Weil nun in unserer Gesellschaft verschiedene religiöse Überzeugungen, die einander nicht selten sogar grundlegend widersprechen, nebeneinander existieren, taugt in unseren Augen Religion nur bedingt als Grundlage des Zusammenlebens. Sie mag *eine* Wahrheit ausdrücken, aber nicht *die* Wahrheit, nur eine persönliche, aber keine allgemeine. An welchen Gott einer glaubt oder eben nicht, ist deshalb allein seine eigene Entscheidung und Überzeugung. Religion ist also „Privatsache“. Deswegen erscheint in unserer Gesellschaft die Leugnung Gottes weitaus weniger verwerflich als zum Beispiel die des Klimawandels.

Vor diesem Hintergrund wirkt der „eifernde Gott“ (2. Mose 20,5) des ersten Gebots wie ein typisches Beispiel für religiösen Extremismus. Religion darf ja gern etwas mit Gefühl zu tun haben, aber wenn Gott sich aufführt wie ein verschmähter Liebhaber und seiner Eifersucht freien Lauf lässt, hört der Spaß auf. In der Predigt wird dieser Zug Gottes deshalb auch gern im Sinne verletzter Gefühle verschleiert. Gott „eifert“ dann zwar nicht mehr, ist aber umso „trauriger“ darüber, dass die Menschen ihn einfach so links liegen lassen.

Das wird freilich den Texten des Alten Testaments nicht gerecht. Deren Gott weint nicht leise in sich hinein, sondern schlägt geradezu um sich und „[sucht] die Missetat der Väter heim bis ins dritte und vierte Glied an den Kindern derer, die mich hassen“, wie es im ersten Gebot weiter heißt (2. Mose 20,5). Es geht eben um den Bund, der im Alten Testament an verschiedenen Stellen mit einer unauflöslichen zwischenmenschlichen Ehe verglichen wird (z. B. in Hesekiel 23 und Hosea 1 – leider wird dieser Vergleich dort nur angestellt, um Israels Untreue und „Ehebruch“ zu illustrieren).

Wenn sich Israel von seinem Gott ab- und anderen Göttern zuwendet, bricht es also den Bund, dessen Grundlage im „Glaubensbekenntnis“ des Alten Testaments, dem „Höre Israel“, ausgedrückt wird:

> *Höre, Israel, der Herr ist unser Gott, der Herr ist einer. Und du sollst den Herrn, deinen Gott, lieb haben von ganzem Herzen, von ganzer Seele und mit all deiner Kraft. (5. Mose 6,4f.)*

Um den „Eifer“ Gottes für seinen „Namen“ zu verstehen, müssen wir uns daher etwas tiefer mit dem Wesen der Anbetung beschäftigen.

Wie wir alle wissen, sind Menschen soziale Wesen. „Der Mensch wird am Du zum Ich“, hat der jüdische Philosoph Martin Buber († 1965) festgestellt. Er meinte damit das große Du Gottes, aber es gilt auch für das kleine Du der Menschen, mit denen wir es zu tun haben. Wer wir sind, was uns wichtig ist, was wir mögen und ablehnen, all das entscheiden wir nicht im stillen Kämmerlein, sondern entwickeln es im Dialog mit anderen Menschen. Am stärksten geschieht dies in der Phase der Pubertät, weswegen es alles andere als unwichtig ist, mit welchen Menschen wir uns in dieser Zeit umgeben. Ob einer auf die „schiefe Bahn“ gerät oder zu einem verlässlichen Mitglied der Gesellschaft heranwächst, hängt nämlich in entscheidendem Maße von den Freunden ab, mit denen er groß geworden ist.

Diese Erkenntnisse verwundern umso weniger, je mehr wir uns bewusst machen, dass wir Menschen von Gott so geschaffen sind. Wir sind „Ebenbilder“ – Spiegel, die reflektieren. Deshalb saugen wir die Werte und Haltungen unserer Umwelt auf und geben sie wieder, als seien sie unsere. Damit aber sind wir beim Kern dessen, was Anbetung ausmacht. Unser „Spiegeldasein“ äußert sich ja in doppelter Hinsicht: Zum einen „werden“ wir das, was wir widerspiegeln (so wie ein Spiegel zu dem Bild „wird“, das er reflektiert), zum anderen projizieren wir dieses Bild auf unsere Umgebung. In Bezug auf Zweiteres sind sich Bibel und Religionskritik interessanterweise völlig einig. Wie der Philosoph Ludwig Feuerbach († 1872) richtig festgestellt hat, sind unsere Gottesvorstellungen oft unsere Wünsche und Bedürfnisse, die wir an das Himmelszelt werfen. Aber das trifft auch genauso umgekehrt zu: Wir werden immer mehr wie das, was wir anbeten.

Wir haben es also mit einer Wechselwirkung zu tun. Betrachten wir als Beispiel eine Gruppe von Menschen, die einen Kult pflegt, in dem ein Kriegsgott im Mittelpunkt steht. Damit ist eine Wechselwirkung verbunden: Wenn der Krieg nämlich tatsächlich als Grundlage des Daseins angesehen wird, wird diese Menschengruppe nicht nur die Kriegskunst perfektionieren und Krieger als höchste Repräsentanten ihres Gemeinwesens ansehen, der Kriegsgott, den sie anbeten, wird auch ein entsprechend kriegerisches Vorbild darstellen. Die Menschen werden also so, wie ihr Gott ist, und ihr Gott ist so, wie die Menschen ihn sich vorstellen.

Welche Ziele und Werte eine Gemeinschaft von Menschen hat und pflegt, kann man also immer an dem ablesen, was sie anbetet. Die Frage, wer bzw. was angebetet wird, ist daher alles andere als nebensächlich. Sie offenbart vielmehr den Kern unserer Persönlichkeit.

Das war in der Antike nicht anders. Was damals als Götter verehrt wurde, war in aller Regel etwas, was wir heute vielleicht als „Einflüsse“ bezeichnen würden, also etwas Abstraktes, ungreifbar Mächtiges, das durch ein Götterbild greif- und darstellbar wurde. Dabei ging es um Dinge wie „Gerechtigkeit“,

„Liebe", „Krieg", „Schicksal" und diverse Naturgewalten wie „Meer", „Berge" und „Sturm".

Im Alten Orient, in dem das Alte Testament entstanden ist, wurden oft noch grundlegendere Bedürfnisse vergöttert: Baale (männliche Gottheiten) und Ascheren (weibliche Gottheiten) standen für die „Fruchtbarkeit" und damit auch die Sexualität als treibende Kraft hinter Ackerbau und Viehzucht. Andere Gottheiten waren die Verkörperung der Macht und des Fortbestands eines Gemeinwesens. So ist der Name des kanaanäischen Gottes Moloch vermutlich von der Wurzel *mlk* („König sein, herrschen") abgeleitet. Man kann daher guten Gewissens sagen, dass die Götter der Antike so etwas wie die Personifizierungen der Basisprinzipien der Welt waren – oder zumindest der Kräfte, die die Menschen damals für die grundlegenden hielten.

Daraus erklärt sich ein weiterer Zug, der für das antike Heidentum typisch ist: Es ging nie von nur einem Gott bzw. einer Göttin aus. Weil es in der Welt verschiedene Kräfte gibt, die sich nicht auf eine allen gemeinsame „Urkraft" zurückführen lassen – was hat etwa der Krieg mit dem Meer zu tun? –, erscheint der Polytheismus, also der Glaube an mehrere Götter, sinnvoller als der Monotheismus, der Glaube an nur einen Gott. Verstärkt wird diese Vorstellung dadurch, dass der antike Polytheismus auf Erfahrung beruht. Und es braucht nun einmal andere Kräfte, um die Liebe zu wecken, als nötig sind, um den Hagel von den eigenen Feldern wegzutreiben.

Die biblische Vorstellung, dass *alles* im Universum, die *gesamte* Schöpfung inklusive *aller* in ihr wirkenden Kräfte letzten Endes auf den *einen* Gott und Schöpfer zurückzuführen sind, ist dagegen alles andere als naheliegend. Deswegen sind selbst Christen immer wieder versucht, wenigstens einen Dualismus anzunehmen, indem dem guten Gott ein böses Gegenüber entgegengesetzt wird. Das „entlastet" nicht nur Gott von allem, was man ihm nicht zuschreiben möchte, es ist auch ein Ausdruck der Ratlosigkeit darüber, dass man Gesundheit *und* Krankheit, Leben *und* Tod, Liebe *und* Zerstörung sowie vieles mehr nicht auf eine Quelle zurückführen kann.

Spannend wird es, wenn man sich einmal verdeutlicht, was in diesem Fall passiert: Zum einen wird Gott – oder vielmehr das, was man als solchen ansieht – reduziert. Wenn Gott nur in einer Kraft erfahren werden kann und nicht auch in den anderen, macht man ihn zwangsläufig kleiner und damit auch machtloser. Ein Gott, der allein in der Liebe zu Hause ist und nicht ebenso im Hass und der Gleichgültigkeit, ist notwendig begrenzter als einer, der mit allem zu tun hat. Im Polytheismus neigt man daher dazu, die Kräfte nicht nur zu trennen, sondern auch gegeneinander auszuspielen. Denn weil keine der Kräfte alles verkörpert, stellt sich natürlich die Frage, welche die stärkere, urtümlichere oder eben zukünftigere ist.

Als Zweites ist festzustellen, dass damit langfristig eine Abwendung von Gott und eine Hinwendung zur Welt geschieht. Der Blick wendet sich vom Schöpfer, von dem letztlich alle Kräfte ausgehen, weg, weil er nicht vorstellbar ist, wenn alles auf ihn zuläuft. Stattdessen nimmt man umso intensiver die einzelnen Kräfte der Welt ins Visier und vergöttert damit Teile der Schöpfung. Das wäre schlimm genug, wenn die Kräfte der Schöpfung ihre ursprüngliche Unschuld bewahrt hätten. Tatsächlich aber sind sie seit dem Sündenfall Parteien in dem großen Machtkampf geworden, wer bzw. was die Schöpfung letztlich beherrschen soll. Dieser Kampf ist es jedoch, der die Schöpfung zugrunde richtet, denn er wird mit harten Bandagen geführt.

Wie zerstörerisch er ist, sehen wir, wenn wir als Drittes einen Blick auf die Menschen werfen. Die Kräfte der Welt können nämlich nicht neutral sein, weil die Menschen es nicht sind. In dem immerwährenden Machtkampf um die Vorherrschaft sind Götter eine starke Waffe. Wem es gelingt, sich als „Werkzeug der Götter" darzustellen, kann Kräfte mobilisieren, die ihm sonst nicht zur Verfügung stünden. Es gibt keine größere Motivation als die Vorstellung, dass „Gott mit uns" ist, und keine größere Hingabe, als wenn man „Gottes Werk tut".

Religion ist vielleicht nicht die eigentliche Ursache von Konflikten, aber auf jeden Fall ein enormer Brandbeschleuniger. Auch das Christentum ist hiervon nicht frei, auch es hat Gott immer wieder zu „seinem Gott" gemacht und dabei die Grundregel nicht beachtet, die in der Begegnung Josuas mit einem Erzengel folgendermaßen ausgedrückt wird:

> *Und es begab sich, als Josua bei Jericho war, dass er seine Augen aufhob und gewahr wurde, dass ein Mann ihm gegenüberstand und ein bloßes Schwert in seiner Hand hatte. Und Josua ging zu ihm und sprach zu ihm: Gehörst du zu uns oder zu unsern Feinden? Er sprach: Nein, sondern ich bin der Fürst über das Heer des Herrn und bin jetzt gekommen. (Josua 5,13f.)*

Gott kämpft nicht auf einer Seite. Der Schöpfer bezieht nicht für einen Teil seiner Schöpfung Stellung gegen einen anderen. Sein Ziel ist vielmehr die Versöhnung – sowohl der Kräfte der Schöpfung wie auch der Menschen in ihr.

Götzendienst ist deshalb ein schleichendes Gift, das nicht nur die Wahrnehmung der Welt verändert, sondern auch die Konfliktlinien verschärft. Denn mit dem Götzendienst verschieben sich die Prioritäten und die Werte. Dabei spielt es keine Rolle, ob es sich nun um die alten Götzen Baal, Aschera und Moloch handelt oder die „neuen" Geld, Sexualität und Macht. Jeder Götze führt vom eigentlichen Ziel weg und leitet damit in die Irre. Das gilt übrigens auch für Gott selbst, wenn er als Götze verstanden wird.

Das Bilderverbot „Du sollst dir kein Bildnis noch irgendein Gleichnis machen, weder von dem, was oben im Himmel, noch von dem, was unten auf Erden, noch von dem, was im Wasser unter der Erde ist: Bete sie nicht an und diene ihnen nicht!" (2. Mose 20,4f.), hat darin seine Begründung. Wer den Schöpfer auf ein Bild reduziert, um ihn (be-)greifbar zu machen, macht ihn zum Götzen. Es ist daher kein Wunder, dass dieses Gebot bereits ganz am Anfang genannt wird. Denn es bildet die Grundlage des Bundes Gottes mit seiner Schöpfung und den Menschen.

Das alte Israel ist übrigens von seinem Hang zum Götzendienst kuriert worden. Seit dem Babylonischen Exil, das, wie wir gesehen haben, mit dem Götzendienst begründet wurde, finden wir im Judentum keine Spur mehr von ihm. Stattdessen berichten uns die Bücher Esra und Nehemia, wie sich das Volk aufs Gesetz des Mose neu verpflichtet. Und im Judentum zur Zeit Jesu spielt der Götzendienst denn auch gar keine Rolle mehr. Hier geht es vielmehr um die Frage, wie das von allen anerkannte Gesetz auszulegen ist, um dem Bund Gottes mit seinem Volk gerecht zu werden.

VORBILD.

Am Ende des Alten Testaments angekommen, hat Israel einen weiten Weg mit Gott zurückgelegt – oder vielmehr Gott mit seinem Volk. Zweitausend Jahre liegen zwischen Abraham und Jesus, mehr als zwölfhundert sind zwischen dem Auszug aus Ägypten und der Verkündung des Gesetzes am Sinai sowie Christi Geburt vergangen. Etwas über vierhundert davon hatte Israel in so etwas wie einem eigenen Staat gelebt (die meiste Zeit seiner Geschichte waren es sogar zwei), das letzte halbe Jahrtausend hatte es – bis auf eine kurze Episode – unter heidnischer Fremdherrschaft gestanden.

In dieser Zeit hatte sich Israel in vielerlei Hinsicht weiterentwickelt: Aus einem losen Sippenverband war ein Volk geworden, die nomadische Kultur hatte sich in eine sesshafte gewandelt, aus einer großenteils anarchischen Gesellschaft mit nur ganz wenigen Grundregeln war ein geordnetes antikes Gemeinwesen geworden. Und in all das war die Gottesbeziehung hineingewoben – keine einfache und sanfte, sondern eine mit Höhen und Tiefen, eine Geschichte aus Segen und Gericht. Vergessen wir nicht, dass Israel seinen Namen – wörtlich: „Gott streitet" oder „Gottesstreiter" – auf ein Ringen mit Gott zurückführt: „Du sollst nicht mehr Jakob heißen, sondern Israel; denn du hast mit Gott und mit Menschen gekämpft und hast gewonnen" (1. Mose 32,29).

Seit seiner Verheißung an Abraham, „Ich will dich segnen und du sollst ein Segen sein" (1. Mose 12,2), hat Gott diesem Volk seinen Stempel aufgeprägt. Am Anfang ging es schlichtweg um Vertrauen, darum zu erkennen, dass Gott es gut meint und seine Verheißungen wahr macht. Dann kam die Offenbarung des Gesetzes hinzu und mit ihm ein ausgefeiltes Konzept von Sünde und Sühne, von Schuld und Vergebung, von guten und schlechten Taten, von Gemeinschaft und Liebe – alles zusammengefasst unter dem großen Wort der Gerechtigkeit. Und schließlich ging es um den Kampf mit den Götzen, darum, Israel als Brückenkopf Gottes in einer gefallenen Welt zu erhalten.

In dieser Zeit hat Israel eine Identität als Gottesvolk herausgebildet, die sich an verschiedenen Eckpunkten festmachte: Über allem stand der Bund vom Sinai mit seinem Gesetz, daran knüpften verschiedene Traditionen und Symbole an. Zu ihnen zählten für uns scheinbar banale Dinge wie die Frage, was man am Sabbat tun darf und was nicht, aber auch bedeutende wie der Tempel und seine Vorläuferin, die Stiftshütte. Zu den Symbolen gehört auch die große Erzählung des Alten Testaments, die ja auch nicht in einem Stück heruntergeschrieben, sondern nach und nach festgehalten worden ist.

Im Babylonischen Exil (597/87–539 v. Chr.) und danach entwickelte sich die Identität Israels schließlich so stark weiter, dass Religionswissenschaftler einen Übergang feststellen. Aus einer Art „Stammesreligion", an der man nahezu ausschließlich aufgrund seiner Herkunft und Volkszugehörigkeit teilhatte, war eine „richtige" Religion geworden, die auf einem feststehenden weltanschaulichen Grundkonzept beruhte und auf die persönliche Überzeugung der Menschen abzielte.

Entsprechend hatte sich der Gottesdienst verändert. Zum weiterhin zentralen Opferkult im Jerusalemer Tempel trat die Andacht in der Synagoge vor Ort, bei der nicht das Opfer, sondern das mosaische Gesetz und seine Auslegung im Mittelpunkt standen. Damit verbunden bildete sich eine neue Form von Religionsvertretern heraus, die „Schriftgelehrten": Theologen, die im Unterschied zu den Priestern ihre Aufgabe nicht im praktischen Vollzug des Opfergottesdienstes und der Wahrnehmung der verschiedenen kultischen Reinheitsvorschriften sahen, sondern in der Auslegung der heiligen Schriften. Der Gottesdienst sollte nicht auf eine regelmäßige Veranstaltung im (fernen) Jerusalem beschränkt sein, sondern ein alltägliches Geschehen werden, in dem jeder Angehörige des Gottesvolkes sein Leben nach den Vorgaben Gottes ausrichtet und nach dessen Willen in den damit verbundenen verschiedenen Entscheidungssituationen fragt.

Zeitgleich kam es zu einer Verschärfung der Konflikte mit der nicht jüdischen Umwelt. Im vermutlich jüngsten Buch des Alten Testaments, dem Danielbuch, bekommen wir die apokalyptische Vision einer Welt vor Augen gemalt, in der die ursprüngliche Schöpfungsordnung durch Gewalt völlig auf den Kopf gestellt worden ist. Statt dass der Mensch gemäß Gottes Willen über die Tiere herrscht, zermalmen und zertrampeln nun zu Bestien verzerrte „Tiere" die Menschenwelt (vgl. Daniel 7,1-8).

Darin wird eine Erfahrung reflektiert, die das Gottesvolk in der Zeit zwischen den beiden Testamenten (ca. 500 v. Chr. bis zur Zeitenwende) mehrmals gemacht hat. Während die heidnischen Kulte um Baal und Astarte in der Königszeit eine Anfechtung und Versuchung gewesen waren, weil sie sozusagen die „natürliche Religion" des Landes dargestellt hatten, hatte sich das Bild im Exil grundlegend gewandelt. Israel war aus Babylonien geläutert zurückgekehrt, an seiner grundlegenden Ausrichtung auf den einen Gott konnte kein Zweifel mehr bestehen.

Umso aggressiver gebärdeten sich jedoch seine heidnischen Herren. Die Perser duldeten und unterstützten zwar noch den jüdischen Gottesdienst, mit dem Zug Alexanders des Großen († 323 v. Chr.) und den daraus entstandenen Nachfolgestaaten wandelte sich dies allerdings tief gehend. So ließ sich der syrische König Antiochus IV., zu dessen Reich Palästina seinerzeit gehörte, nicht nur als „Epiphanes" („erscheinender Gott") bezeichnen, 167 v. Chr. wandelte er den Jerusalemer Tempel auch in ein dem griechischen Zeus geweihtes Heiligtum um und verbot Beschneidung und jüdische Religionsausübung. In dem darauffolgenden Aufstand wurde das Martyrium zum ersten Mal Thema im Judentum.

Unversehens wurden Menschen vor die Entscheidung gestellt, ob sie lieber dem Gesetz Gottes gehorchen oder weiterleben wollten. Wie die in dieser Zeit entstandenen Makkabäerbücher, die in den evangelischen Bibelausgaben zu den Spätschriften des Alten Testaments gehören, eindrücklich beschreiben, zogen die Beschneidung von Kindern, das Einhalten der Sabbatruhe oder die Weigerung, Schweinefleisch zu essen, unter Umständen schwerste Folter und einen grausamen Tod nach sich (vgl. 2. Makkabäer 6f.).

Auch wenn das Verhältnis zwischen Juden und Nichtjuden in der Folgezeit wieder friedlicher wurde, blieb doch die Erfahrung, dass Israel seinen heidnischen Herrschern nicht trauen konnte. Assyrer, Babylonier, Perser, Griechen und Römer erschienen als Glieder in einer langen Kette fremder Unterdrücker, die letztlich darauf aus waren, dem Judentum den Gottesglauben und damit seine Seele zu nehmen – wenn nicht anders möglich, dann sogar durch die physische Vernichtung der Gläubigen. Der politische Kampf gegen die Fremdherrschaft hatte damit eine tiefe geistliche Komponente. Bis in die Offenbarung des Johannes hinein stehen heidnische Herrscher unter dem Verdacht, „Tiere“ zu sein, deren allumfassender Herrschaftsanspruch auch den geistlichen Bereich betrifft und deren Ziel es letztlich ist, die Schöpfung endgültig ihrem Schöpfer zu entreißen und sich selbst zu unterjochen (vgl. z. B. Offenbarung 13).

Für die Frage der Nachfolge bedeutete dies gravierende Herausforderungen. Das Gesetz war ja gegeben worden, auf dass Israel in einer gottfernen Welt gemäß der Schöpfungsordnung leben konnte. Immer wieder wird deshalb im Alten Testament betont, dass eine Ausrichtung an den Geboten zu einem langen und gesegnetem Leben führt, ihre Missachtung dagegen das irdische Dasein unnötig verkürzt (die Ausleger sprechen hier von einem „Tun-Ergehen-Zusammenhang“). Weisheit und Gesetzesgehorsam deuteten also in dieselbe Richtung.

Wie allerdings sollte man damit umgehen, wenn sich beides grundlegend widersprach, wenn das Leben gerade deshalb gewaltsam beendet wurde, *weil* man die Gebote befolgte, und es daher „weiser“ erscheinen musste, das Gesetz zu missachten? Und wie konnte man überhaupt als „Brückenkopf Gottes“ in einer Welt leben, in der man noch nicht einmal mehr Herr im eigenen Haus war? Palästina war schließlich nicht nur ein besetztes Land unter heidnischer Herrschaft, sondern seit dem Exil das Siedlungsgebiet so vieler nicht jüdischer Völker, dass es so etwas wie „rein israelitische“ Siedlungsgebiete kaum noch gab.

Wie wir sehen, führte der Konflikt mit dem Heidentum nicht nur zu einem neuen Nachdenken darüber, wie man sich Gottes Gerechtigkeit vorstellen sollte, wenn er nicht einfach gutes und schlechtes Tun in diesem Leben ausgleicht, sondern auch zu grundsätzlichen Fragen darüber, wie man denn überhaupt nach dem Gesetz des Mose in einer so völlig veränderten Umwelt leben konnte.

Auch dies führte zur Herausbildung einer spezifisch jüdischen Theologie oder besser gesagt: mehrerer jüdischer Theologien. Weil es bei Texten wie dem Gesetz des Mose immer verschiedene Auslegungsmöglichkeiten gibt und bei Traditionen immer gefragt werden muss, wie bedeutend sie sind, entstand nahezu zwangsläufig so etwas wie Konfessionen. *Die* Juden gab es zur Zeit Jesu genauso wenig wie heute *die* Christen.

Die bekannteste dieser jüdischen Gruppierungen sind vermutlich die Pharisäer, die uns im Neuen Testament an vielen Stellen begegnen. Ihr Ziel war die Heiligung des Alltags, wobei sie sich eng an dem im Gesetz des Mose geoffenbarten Willen Gottes orientierten und dabei die Schriften der Propheten ebenfalls zu Rate zogen. Die große Wirkungsstätte der Pharisäer war deshalb die Synagoge, in der die heiligen Schriften gelesen, ausgelegt und für das alltägliche Leben fruchtbar gemacht wurden.

Die Pharisäer waren jedoch nicht die einzige „Konfession“ des antiken Judentums. Mit ihnen im Konflikt standen die Sadduzäer, für die der Tempel und damit der Opfergottesdienst im Mittelpunkt standen. Ihnen ging es weniger um eine Umgestaltung des Alltags, sondern vielmehr um die Wiederbelebung des Kultes, mit dem Israel in vorexilischer Zeit seine Gottesbeziehung sichergestellt hatte. Entsprechend sahen sie nur das Gesetz des Mose als heilige Schrift an und verstanden es vor allem als Lebensordnung für Priester. Die Propheten lehnten sie als Neuerer ab.

Wie groß die Unterschiede und damit auch die Konflikte zwischen Pharisäern und Sadduzäern waren, macht eine kleine Episode deutlich, die Lukas in seiner Apostelgeschichte schildert:

> *„Als aber Paulus erkannte, dass ein Teil Sadduzäer war und der andere Teil Pharisäer, rief er im Hohen Rat: Ihr Männer, liebe Brüder, ich bin ein Pharisäer und ein Sohn von Pharisäern. Ich werde angeklagt um der Hoffnung und um der Auferstehung der Toten willen. Als er aber das sagte, brach ein Streit aus zwischen Pharisäern und Sadduzäern und die Versammlung spaltete sich. Denn die Sadduzäer sagen, es gebe keine Auferstehung noch Engel noch Geister; die Pharisäer aber bekennen beides. Es entstand aber ein großes Geschrei; und einige Schriftgelehrte aus der Gruppe der Pharisäer standen auf, stritten und sprachen: Wir finden nichts Böses an diesem Menschen; vielleicht hat ein Geist oder ein Engel mit ihm geredet.“ (Apostelgeschichte 23,6-9)*

Damals wie heute lebten allerdings viele Juden schon seit Generationen nicht mehr im Gelobten Land, sondern waren über den ganzen Mittelmeerraum verstreut. Die meisten großen Städte hatten jüdische Viertel. Und diese Juden hatten ebenfalls eine eigene Frömmigkeit – oder besser: mehrere Frömmigkeiten.

Weil in der Diaspora (so lautet das aus dem Griechischen abgeleitete Fachwort für „Zerstreuung“) kaum jemand Hebräisch sprach, war schon in vorchristlicher Zeit eine griechische Übersetzung des Alten Testaments angefertigt worden, die *Septuaginta*, die ihren Namen von dem griechischen Wort für „siebzig“ ableitet. Der Legende nach wurde sie nämlich von 72 Übersetzern innerhalb von 72 Tagen angefertigt. In der Antike schätzte man die Zahl der Völker auf 72, was die Zielgruppe dieser Übersetzung noch einmal unterstreicht. Neben den aus dem hebräischen Alten Testament bekannten Büchern enthält sie noch einige, die auf Griechisch verfasst worden sind. In der Lutherbibel werden sie als „Spätschriften" (früher „Apokryphen") geführt, in der römisch-katholischen Bibel gehören sie zum Alten Testament. Neben der Septuaginta waren bei den Juden in der „Zerstreuung" zudem noch andere griechische Bücher im Gebrauch, manche versuchten sogar, bekannte heidnische Philosophen wie Platon „jüdisch" zu lesen und zu verstehen.

Wie nun die „richtige Theologie" aussehen sollte und wie ein Leben, das Gott gefiel und der Schöpfungsordnung wirklich entsprach, wurde durch diese Vielfalt kaum leichter herauszufinden. Im Gegenteil: Der bekannte Spruch, „Zwei Theologen, drei Meinungen", bewahrheitete sich auch im Judentum. Auch wenn der Rahmen mit dem Monotheismus feststand und mit dem Gesetz des Mose alle auf dieselbe Grundlage aufbauten, konnte doch die Bandbreite der Frömmigkeitsrichtungen und -möglichkeiten kaum breiter sein.

In diese Welt der Unterschiede und Diskussionen um die Auslegung des Gotteswillens hinein geschah etwas so Außergewöhnliches und Einzigartiges, dass man es selbst zweitausend Jahre später kaum fassen kann: Gott wurde selbst Mensch, wurde Jude, wurde ein Teil dieses Volkes, das so sehr um das richtige Verständnis seiner Identität und von Gottes Willen rang.

Im Neuen Testament ist ein mehr als deutliches Echo dieses unglaublichen Ereignisses zu vernehmen. Gott „war in der Welt, und die Welt ist durch [ihn] gemacht; und die Welt erkannte [ihn] nicht", staunt zum Beispiel der Apostel Johannes. Gott „ward Fleisch und wohnte unter uns, und wir sahen seine Herrlichkeit, eine Herrlichkeit als des eingeborenen Sohnes vom Vater, voller Gnade und Wahrheit. [...] Von seiner Fülle haben wir alle genommen Gnade um Gnade. Denn das Gesetz ist durch Mose gegeben; die Gnade und Wahrheit ist durch Jesus Christus geworden. Niemand hat Gott je gesehen; der Eingeborene, der Gott ist und in des Vaters Schoß ist, der hat es verkündigt." (Johannes 1,10.14.16-18)

Nüchterner, aber nicht weniger hymnisch drückt es der Autor des Hebräerbriefes am Anfang seines Schreibens aus: „Nachdem Gott vorzeiten vielfach und auf vielerlei Weise geredet hat zu den Vätern durch die Propheten, hat er zuletzt in diesen Tagen zu uns geredet durch den Sohn, den er eingesetzt hat zum Erben über alles, durch den er auch die Welten gemacht hat. Er ist der Abglanz seiner Herrlichkeit und das Ebenbild seines Wesens und trägt alle Dinge mit seinem kräftigen Wort" (Hebräer 1,1-3). Den zweiten Teil des letzten Verses, in dem es um die „Reinigung von den Sünden" geht, habe ich hier übrigens bewusst weggelassen. Mir geht es an dieser Stelle nicht um Erlösung, sondern um etwas anderes, was im Zuge des Nachdenkens darüber oft vergessen wird: In einer Welt des Streites darum, wie der Wille Gottes aussieht und umzusetzen ist, wurde Gott zunächst einmal auch deshalb Mensch, um ein Vorbild zu sein.

Diese Vorbildfunktion Jesu sehen wir vor allem daran, dass er nicht wie Mose oder die Propheten in erster Linie als Verkündiger auftrat, sondern von Anfang an als Lehrer. Die Evangelien sind sich darüber einig, dass eine der ersten öffentlichen Aktionen Jesu in der Berufung und Sammlung von Schülern bestand (vgl. Matthäus 3,18ff.; Markus 1,16ff.; Lukas 5,1ff.; Johannes 1,35ff. – das griechische Wort *mathetes* bedeutet schlicht „Schüler" bzw. „Lehrling").

Diese zwölf „Jünger" sollten zwar einerseits eine symbolische Erneuerung des alten 12-Stämme-Volkes darstellen, dies aber mit einer klaren inhaltlichen Zielsetzung: Jesus „setzte zwölf ein, die er auch Apostel nannte, dass sie bei ihm sein sollten und dass er sie aussendete zu predigen und dass sie Vollmacht hätten, die Dämonen auszutreiben", heißt es in Markus 3,15f. Wie bei jedem Lehrer-Schüler-Verhältnis bestand also auch dort der Lehrplan darin, dass der „Jünger [...] werde wie sein Meister" (Matthäus 10,25).

Jesu Wirken, Gottes Wirken, war damit von Anfang an nicht nur auf Multiplikation angelegt, sondern darauf, dass die Menschen Christus ähnlich werden. Das ist letztlich auch der Kern des sogenannten Tauf- und Missionsbefehls am Ende des Matthäusevangeliums: „Geht und macht alle Völker zu meinen Jüngern; tauft sie auf den Namen des Vaters und des Sohnes und des Heiligen Geistes und lehrt sie, alles zu befolgen, was ich euch geboten habe" (Matthäus 28,19f.; nach der Einheitsübersetzung).

Lassen Sie uns kurz innehalten, um zu verstehen, was da passiert ist: Gott wird selbst Mensch, er wird damit sozusagen sein eigenes Ebenbild. Der „Abglanz“ von Gottes „Herrlichkeit und das Ebenbild seines Wesens“ (Hebräer 1,3) hätte eigentlich Adam sein sollen. „Gott schuf den Menschen zu seinem Bilde“ lesen wir schließlich in 1. Mose 1,27. Das lässt jedoch nur einen Schluss zu, der vielleicht verblüffend ist: Jesus Christus ist so, wie Adam hätte sein sollen, aber nicht gewesen ist. Der ursprüngliche Auftrag Gottes an die Menschheit, die Schöpfung zu „bebauen“ und „bewahren“ (1. Mose 2,15), über sie zu „herrschen“ (1. Mose 1,26.28), den die Menschheit schon im Garten Eden verweigert hat, wird nun von Gott selbst übernommen – aber eben nicht als Gott, sondern als Mensch.

Der berühmte Ausruf des römischen Statthalters Pontius Pilatus, der den gefolterten Jesus mit den Worten präsentierte: „Sehet, welch ein Mensch!“ (Johannes 19,5), ist deshalb zu allen Zeiten auch in dieser Richtung interpretiert worden: An Jesus sehen wir, wie der Mensch von seiner ursprünglichen Bestimmung her sein sollte. Dass die altkirchlichen Bekenntnisse ihn als „wahren Menschen“ betrachten, bezieht sich daher nicht nur auf seine „Substanz“ oder sein „Wesen“ – es ist auch ein Ausdruck der Erkenntnis, dass wir Gottes Vorstellung vom Sinn und Ziel der Menschheit nirgendwo näherkommen als in Jesus Christus.

Wenn es also jemals im Laufe der Geschichte ein Vorbild gegeben hat, dem es wirklich von ganzem Herzen, ganzer Seele und mit aller Kraft nachzufolgen gelohnt hat, dann ist er es.

Wenn wir Jesus nun aus diesem Blickwinkel betrachten, dann fällt auf, dass er selbst sich ebenfalls als Vorbild hinstellt. „Folge mir nach!“ (z. B. Matthäus 4,19; 8,22; 10,38; 19,21) ist seine häufigste Aufforderung an die Menschen. Mehr noch als den Appell, sich dem Jesus umgebenden Jüngerkreis anzuschließen, beinhaltet dies die Übernahme seines Lebensstils. Zentral ist dabei sicher der Gedanke der Kreuzesnachfolge. So wie Jesus seinen Weg als einen Leidensweg versteht, sollen ihm auch seine Jünger darin nachfolgen:

„Der Menschensohn muss viel leiden und verworfen werden von den Ältesten und Hohenpriestern und Schriftgelehrten und getötet werden und am dritten Tage auferstehen. Da sprach er zu allen: Wer mir folgen will, der verleugne sich selbst und nehme sein Kreuz auf sich täglich und folge mir nach." (Lukas 9,22f.)

Warum dies so ist, darauf werden wir später noch näher eingehen. Nun jedoch interessiert uns zunächst nur, dass Jesus Menschen aufforderte, ihm ähnlicher zu werden. Das ist der Kern seines Rufes in die Nachfolge, wie unter anderem der folgende Text zeigt:

„Und als sie auf dem Wege waren, sprach einer zu ihm: Ich will dir folgen, wohin du gehst. Und Jesus sprach zu ihm: Die Füchse haben Gruben und die Vögel unter dem Himmel haben Nester; aber der Menschensohn hat nichts, wo er sein Haupt hinlege. Und er sprach zu einem andern: Folge mir nach! Der sprach aber: Herr, erlaube mir, dass ich zuvor hingehe und meinen Vater begrabe. Er aber sprach zu ihm: Lass die Toten ihre Toten begraben; du aber geh hin und verkündige das Reich Gottes! Und ein andrer sprach: Herr, ich will dir nachfolgen; aber erlaube mir zuvor, dass ich Abschied nehme von denen, die in meinem Hause sind. Jesus aber sprach zu ihm: Wer die Hand an den Pflug legt und sieht zurück, der ist nicht geschickt für das Reich Gottes." (Lukas 9,57-62)

Wie Jesus sollen also auch seine Nachfolger Besitz und Heimat hinter sich lassen und so sehr auf das eine Ziel hin ausgerichtet sein, dass selbst die absolut grundlegendste antike Pflicht, die Toten zu bestatten, sie nicht mehr betrifft. Ähnlich schroff wird es später der Apostel Paulus formulieren, der die Christen auffordert, sich nicht durch Heiraten in Bindungen zu begeben:

„Das sage ich aber, liebe Brüder: Die Zeit ist kurz. Auch sollen die, die Frauen haben, sein, als hätten sie keine; und die weinen, als weinten sie nicht; und die sich freuen, als freuten sie sich

nicht; und die kaufen, als behielten sie es nicht; und die diese Welt gebrauchen, als brauchten sie sie nicht. Denn das Wesen dieser Welt vergeht. Ich möchte aber, dass ihr ohne Sorge seid." (1. Korinther 7,29-32)

Wie bei Paulus ist es auch bei Jesus falsch, von „Unabhängigkeit" oder gar „Bindungslosigkeit" zu sprechen, obwohl solche Aussagen dazu verführen könnten. Tatsächlich ist Jesus jedoch weder unabhängig noch ungebunden, er reduziert vielmehr alle Abhängigkeiten und Bindungen auf die eine grundlegende.

Das Problem des Sündenfalls bestand ja in einer unguten Unabhängigkeit und einem falschen Ungebundensein. Statt auf Gott und sein Gebot vertraute der Mensch auf sich selbst. Er „sah, dass von dem Baum [der Erkenntnis] gut zu essen wäre und dass er eine Lust für die Augen wäre und verlockend, weil er klug machte" (1. Mose 3,6). In der Folge ist der Mensch deshalb tatsächlich auf sich selbst geworfen, ihm bleibt nichts anderes übrig, als sich selbst immer wieder gegen die anderen zu behaupten. Die Genesis beschreibt denn auch eine Spirale der Gewalt als Folge der Unabhängigkeit des Menschen, die die Welt so sehr ins Chaos stürzt, dass auch Ordnung nur noch mit Gewalt geschaffen und aufrechterhalten wird.

Jesu scheinbare Unabhängigkeit ist daher nur die Kehrseite seiner totalen Abhängigkeit. Als wahrer Mensch, als Mensch, wie er von Gott gedacht ist, versteht er sich selbst ebenfalls nur von Gott her. Der Schlüssel dazu ist seine Bezeichnung Gottes als „Vater", denn damit ist weit mehr gemeint als eine vertraute Anrede. Wer sich Jesu Lehre einmal genauer betrachtet, wird schnell erkennen, dass Jesus in Gott wirklich einen Vater im antiken Sinne sah: einen Versorger, der den Bedürfnissen seiner Kinder gerecht wird, und eine Ordnungsmacht, die alles weise organisiert (beides findet sich in Matthäus 6,25-32).

Gemäß antiker Vorstellungen werden vom Sohn auch keine Innovationen erwartet. Er soll vielmehr das Haus so an seinen eigenen Sohn übergeben wie er selbst es von seinem Vater übernommen hat. Wenn der Sohn wird wie der Vater, ist also sein Ziel erreicht. Entsprechend fordert Jesus seine Nachfolger nicht nur dazu auf, so zu werden wie er selbst, sondern gerade damit so wie sein himmlischer Vater. Seid „Kinder [...] eures Vaters im Himmel"! (Matthäus 5,45)

Jesu Unabhängigkeit von allen Bindungen ist also eine tiefe Abhängigkeit von seinem Vater im Himmel. Gerade weil der Erbe des Hauses nichts weiter sein und werden soll als ein vollkommener Repräsentant seines Vaters, muss er völlig unabhängig von allen außerhäuslichen Bindungen auftreten. Für Jesus zählt daher allein sein Gottesbezug. Und er ist insofern radikal, als dass er jeden Aspekt seiner Identität und Persönlichkeit, ja des Menschseins überhaupt, von dieser Wurzel (lateinisch *radix*) her versteht.

Als Ebenbild Gottes repräsentiert er Gott. Und indem seine Nachfolger ihm ähnlich werden, werden auch sie kontinuierlich in Gottes Ebenbild verwandelt (vgl. 2. Korinther 3,18). Sie nähern sich damit immer mehr dem an, was Gott sich bei der Schöpfung als Ziel und Bestimmung des Menschen vorgestellt hat.

So wie Jesus seine Gottesbeziehung lebt, ist zugleich auch ein großes Missverständnis ausgeschlossen, das Christen ihm leider immer wieder unterstellen. Jesus macht Dinge nicht einfach nur, „weil er Jesus ist". Er hat keinen Freifahrtschein, mit dem er tun und lassen könnte, was er wollte, „schließlich ist er Gott". Ebenso wenig können sich Christen auf ihre „persönliche Jesusbeziehung" gegen das berufen, was in der Bibel offenbart ist.

Das hat mit dem Wesen des antiken Vater-Sohn-Verhältnisses zu tun. Wie wir bereits gesehen haben, war die antike Gesellschaft wie nahezu alle auf Landwirtschaft beruhenden vormodernen Gesellschaften sehr statisch. Von einem Bauern wurde nicht erwartet, dass er die von ihm bewirtschafteten Ländereien ausdehnte, er entsprach vielmehr dem Ideal, wenn er den Hof seines Vaters in dessen Sinne weiterführte und wenn möglich in demselben Zustand, wie er ihn empfangen hatte, an seinen Sohn weitergab.

In ähnlicher Weise wurde auch von keinem Handwerker die Entwicklung einer neuen Produktlinie oder die Erschließung frischer Absatzmärkte erwartet. Der Sohn eines Zimmermanns zum Beispiel sollte nur dieselben Tätigkeiten beherrschen wie sein Vater, wenn er dessen Betrieb übernahm, und dann seinen Sohn anlernen, sodass dieser das Handwerk nach seinem Tod genauso weiterführen konnte.

Wenn wir diese Vorstellungen auf die Gottesbeziehung Jesu (oder auch auf unsere Jesusnachfolge) übertragen, wird deutlich, dass es ohne Tradition nicht geht. Es gibt eben nur die eine Weise, wie die eigene Familie schon immer diese Felder bestellt hat, und nur diese Techniken entsprechen einer „ordentlichen Handwerkskunst". Weil die Familie, das Haus viel größer gedacht wurden als der Einzelne, hat sich dieser dorthinein zu fügen.

Wenn Jesus sich also als Repräsentant Gottes versteht, als sein Ab- und Ebenbild, dann kann und darf das, was er sagt und tut, nicht dem widersprechen, was Gott zuvor gesagt und getan hat. So bleibt etwa das Gesetz als Ganzes der Gotteswille, den man weder aufheben noch ihm widersprechen kann. Jesus äußert sich entsprechend (z. B. in Matthäus 5,17-20).

Und natürlich darf nichts von dem, was als Auslegung dieses Gotteswillens gelten soll, im eigentlichen Sinne „neu" und „nie dagewesen" sein, denn dann kann es ebenfalls nicht dem ursprünglichen Gotteswillen entsprechen. Deshalb bemüht sich Jesus nicht nur, seine Aussagen mit Verweisen auf das Gesetz des Mose oder die Propheten zu bekräftigen, er zieht auch Linien zur Schöpfung (z. B. in Matthäus 19,4), den Patriarchen (z. B. in Matthäus 22,31f.) und David (z. B. in Matthäus 12,3ff.). Aus all dem wird ersichtlich, dass Jesus sich nicht als Neuerer verstand, sondern als jemand, der den „alten Glauben", den Glauben der Väter, wieder zur Geltung bringen wollte. Seine Schriftauslegung, sein Umgang mit den Symbolen und Traditionen des Judentums, seine Frömmigkeit sind daher durch und durch jüdisch und tief verwurzelt im Alten Testament.

Auch seine Nachfolger tun daher gut daran, Jesus nicht gegen einen wie auch immer gearteten „Gott des Alten Testaments" auszuspielen und seinen Ansatz dem „Bisherigen" gegenüberzustellen. Denn wie Jesus selbst sagt: „Ich bin nicht gekommen aufzulösen, sondern zu erfüllen" (Matthäus 5,17).

REICH.

„Die Zeit ist erfüllt, und das Reich Gottes ist nahe herbeigekommen. Tut Buße und glaubt an das Evangelium!" So lautet die Grundbotschaft Jesu nach den Evangelien (vgl. Markus 1,15; Matthäus 3,2). Jesus, sein Wirken und das Reich Gottes, die „Gute Nachricht", dass Gott nun die Herrschaft in besonderer Weise antritt, gehören untrennbar zusammen. Das taucht nicht nur an zentraler Stelle des von Jesus überlieferten Gebetes, des Vaterunsers, auf („Dein Reich komme. Dein Wille geschehe wie im Himmel so auf Erden"; Matthäus 6,10), die Frage nach dem Reich ist sogar die letzte, die die Jünger an ihren auferstandenen Herrn richten (vgl. Apostelgeschichte 1,6).

Doch auch wenn sich die Ankündigung eines Gottesreiches auf den ersten Blick neu anhören mag, so beispiellos war sie nicht. Schon das Alte Testament ging von einer Königsherrschaft Gottes aus, davon, dass Gott die Schöpfung nie sich selbst überlassen hatte, sondern sie weiterhin auf geheimnisvolle Weise regierte. Diese Vorstellung finden wir zum Beispiel in den Psalmen (47; 96; 97). Bei den Propheten verschob sich allerdings der Schwerpunkt: weg von dem Gedanken, dass Gott gegenwärtig schon „im Regimente sitzt", wie es der Dichter Paul Gerhardt († 1676) ausdrückte, hin zu der Hoffnung, dass Gott eines Tages seine Herrschaft in noch nie dagewesener Weise durchsetzen werde.

> *„Wie lieblich sind auf den Bergen die Füße des Freudenboten, der da Frieden verkündigt, Gutes predigt, Heil verkündigt, der da sagt zu Zion: Dein Gott ist König! Deine Wächter rufen mit lauter Stimme und jubeln miteinander; denn sie werden's mit ihren Augen sehen, wenn der Herr nach Zion zurückkehrt. Seid fröhlich und jubelt miteinander, ihr Trümmer Jerusalems; denn der Herr hat sein Volk getröstet und Jerusalem erlöst. Der Herr hat offenbart seinen heiligen Arm vor den Augen aller Völker, dass aller Welt Enden sehen das Heil unsres Gottes. Weicht, weicht, zieht aus von dort und rührt nichts Unreines an! Geht weg aus ihrer Mitte, reinigt euch, die ihr des Herrn Geräte tragt! Denn ihr sollt nicht in Eile ausziehen und in Hast entfliehen; denn der Herr wird vor euch herziehen und der Gott Israels euren Zug beschließen“,*

lesen wir etwa beim Propheten Jesaja (52,7-12).

Diese Hoffnung findet sich auch in Jesaja 24–27 und in Sacharja 12–14, wo sie mit dem Ende der Welt verbunden wird – wobei man eigentlich genauer von einem Ende der bisherigen Weltordnung sprechen muss. Im Zentrum steht schließlich nicht der Gedanke, dass die bisherige Schöpfung vergeht und in Nichts aufgelöst wird, sondern vielmehr, dass sie von den Mächten, die sie unterdrücken und von ihrem Gott wegreißen, befreit wird. Der Schöpfer selbst wird sie für sich zurückerobern und die bisherigen Herrschaftssysteme vernichten, bis nur noch er allein König ist. Der „Gott des Himmels“ wird „ein Reich aufrichten, das nimmermehr zerstört wird [...] Es wird alle [...] Königreiche zermalmen und zerstören; aber es selbst wird ewig bleiben“, prophezeit entsprechend das Danielbuch (2,44).

Damit ist freilich eine Frage verbunden, mit der wir uns nun näher beschäftigen müssen: Das Alte Testament spricht von einer gegenwärtigen Gottesherrschaft, erwartet aber eine noch intensivere in der Zukunft. Wie ist das nun mit Jesus? Sieht er mit seiner Verkündigung diese intensivere Form der Gottesherrschaft schon angebrochen oder möchte er vor allem die Hoffnung auf ihren baldigen Anbruch verstärken? Mit anderen Worten: Ist das „Reich Gottes“, von dem Jesus spricht, nun schon da oder ist es erst für die Zukunft zu erwarten?

Nur scheinbar gelöst wird diese Frage mit einem Verweis auf das Matthäusevangelium, in dem Jesus vom „Reich der Himmel“ bzw. dem „Himmelreich“ spricht. Während die Evangelisten Markus und Lukas mehrdeutig vom „Reich Gottes“ reden, scheint die Sache nach Matthäus also klar zu sein: Jesus hat mit dem Reich Gottes keine irdische und gegenwärtige Größe gemeint, sondern eine jenseitige und zukünftige, weswegen wir erst nach unserem Tod ins Reich Gottes gelangen könnten. Jesu Aussage vor Pilatus, „Mein Reich ist nicht von dieser Welt“ (Johannes 18,36), scheint das zu bestätigen.

Tatsächlich liegt hier jedoch ein Missverständnis vor. So ist der Sprachgebrauch des Matthäusevangeliums der Tatsache geschuldet, dass der Apostel Matthäus sich mit seinem Buch an Juden wandte, die aus Ehrfurcht so wenig wie möglich von Gott redeten und stattdessen Ersatzworte wie „Herr“, „der Name“, „der (All-)Mächtige“, „der Ewige“ oder eben „der Himmel“ gebrauchten. Das „Himmelreich“ ist demnach kein Ort im Himmel, sondern ein Reich, in dem der Himmel (also Gott) regiert. Markus und Lukas, die ihre jeweiligen Evangelien für ein heidenchristliches Publikum verfassten, das solche Skrupel nicht kannte, sprechen deshalb auch nicht vom „Reich der Himmel“, sondern vom „Reich Gottes“ und meinen dasselbe wie Matthäus.

Wie die Vaterunserbitte „Dein Wille geschehe wie im Himmel so auch auf Erden“ zudem unterstreicht, geht es Jesus durchaus darum, dass sich Gottes Herrschaft im Hier und Jetzt durchsetzt. Das, was bisher für andere, gottferne und nicht schöpfungsgemäße Zwecke verwendet worden ist, soll nun Gott dienen. Der Vers aus dem Johannesevangelium widerspricht dem übrigens nicht. Wie der Kontext deutlich macht, geht es dort um die Frage, von welcher Instanz Jesus seinen Herrschaftsanspruch ableitet. In dieser Hinsicht ist er selbstverständlich

„nicht von dieser Welt": Jesus ist kein potenzieller Herrscher im üblichen Sinne, der mit einem Rechtstitel, seiner Popularität oder nackter Gewalt seine Ansprüche durchsetzen wollte. Seine Herrschaft leitet sich gerade nicht von irgendeinem Königsgeschlecht, einer Ideologie oder einem militärischen Sieg ab, sondern allein von Gottes Beauftragung.

Trotzdem ist damit die Frage noch nicht geklärt, ob wir uns das Reich Gottes eher als gegenwärtig oder zukünftig vorstellen sollen. Der biblische Befund gibt eine verblüffende Antwort: beides. So wie es aussieht, hat Jesus fest damit gerechnet, dass Gott in naher Zukunft sein Reich aufrichten wird (vgl. Markus 9,1) und dass die Vorbeben, die „Wehen", die dieses weltumstürzende Ereignis mit sich bringt, schon jetzt spürbar sind. Der Ausdruck „Wehen", den Jesus selbst benutzt (Matthäus 24,8), trifft es vielleicht am besten. Mit den Wehen ist die Geburt da, aber eben noch nicht das Kind. Trotzdem unterscheiden sich die Wehen auch von der Schwangerschaft, mit der man vielleicht die Hoffnung des Alten Testaments charakterisieren könnte: Die Propheten waren sich sicher, dass Gott eines Tages seine Herrschaft in ungeahnter Weise aufrichten würde, und sahen dafür in ihrer Zeit schon die ersten Anzeichen. Jesus dagegen wusste, dass die Aufrichtung der Gottesherrschaft so unmittelbar bevorstand, dass in seinen Augen die Weltgeschichte praktisch von nichts anderem mehr bestimmt wurde.

Obwohl es zunächst so klingt, als sei der Anbruch des Gottesreiches damit auf die (wenn auch unmittelbar bevorstehende) Zukunft „vertagt", ist das noch nicht das ganze Bild. An vielen Stellen spricht Jesus nämlich von der Herrschaft Gottes in einer Weise, als sei sie längst schon da. Am deutlichsten wird das in den Worten, in denen es um den Kampf mit den Mächten geht, die mit dem Anbruch der Gottesherrschaft ihre bisherige Gewalt verlieren. So „sah" Jesus nach eigener Aussage nicht nur „den Satan vom Himmel fallen wie einen Blitz" (Lukas 10,18), mit seinen Dämonenaustreibungen beweist er auch, dass „das Reich Gottes zu euch gekommen" ist (Lukas 11,20).

Umgekehrt zeigen die sogenannten „Wachstumsgleichnisse", dass das Reich Gottes bisher nur keimhaft da ist so wie der Same einer Pflanze, der erst noch aufgehen muss (Markus 4,26-29; Lukas 13,18f.), oder ein Sauerteig, der das ihn umgebende Mehl erst noch durchsäuern muss (Lukas 13,21). Vielleicht lässt sich also die Botschaft Jesu dahingehend verstehen, dass die Herrschaft Gottes von nun an eine feste und nicht mehr rückgängig zu machende Größe der Weltgeschichte ist, auch wenn ihr Anbruch noch nicht in jeder Hinsicht sichtbar ist.

Das macht die Frage umso spannender, woran wir denn nun die Herrschaft Gottes und ihren Anbruch erkennen sollen. Die Antwort darauf wird wie so viele entscheidend von unserem Gottesbild beeinflusst. Das leiten manche Christen allerdings nicht von der Bibel her, sondern von einer Philosophie, die im antiken Griechenland ihren Ausgangspunkt genommen hat. Gott ist demnach ein Wesen, das so jenseits unseres Erfahrungshorizontes ist, dass es sich nur auf zwei Weisen beschreiben lässt: über den „Weg der Erhöhung“ und den „Weg der Verneinung“. „Erhöhung“ geschieht dabei durch die Vorsilbe „all-“ (*all*mächtig, *all*wissend, *all*gegenwärtig). Hier werden also menschliche Potenziale ins Unermessliche gesteigert. Der „Weg der Verneinung“ vervollständigt diese Sichtweise, indem er durch die Vorsilbe „un-“ irdische Begrenzungen für Gott negiert (*un*sterblich, *un*endlich, *un*begreiflich).

Zu diesem Gottesbild kommt in der Regel noch eine Unterscheidung von „Natur“ und „Übernatur“ hinzu, die vermutlich etwas mit der europäischen Aufklärung zu tun hat. Die „Natur“ ist danach ein eigenständiger Raum, der nach eigenen Gesetzmäßigkeiten (sogenannten „Naturgesetzen“) funktioniert und dafür Gott nicht braucht. Gott kann jedoch „in die natürlichen Prozesse eingreifen“, indem er „übernatürlich“ handelt, also durch ein Ereignis, das sich nicht innerhalb der Naturgesetze erklären lässt – ein „Wunder“.

Kombiniert man nun das philosophische Gottesbild mit diesem Naturbegriff, erhält man eine Vorstellung vom Reich Gottes, die ungefähr folgendermaßen aussieht: Der allmächtige Gott, der praktisch alles Denkbare (und auch manches Undenkbare) tun kann, weil er nicht von den Naturgesetzen begrenzt wird, greift nun ins Weltgeschehen ein und tut Wunder über

Wunder, bis schließlich alle seine Herrschaft anerkannt haben. Weil Gott dabei so etwas wie ein „Gattungsbegriff" ist, durch den sich der Schöpfer in seinem „Sein" grundlegend von dem des Menschen unterscheidet (allmächtig statt ohnmächtig, unsterblich statt sterblich usw.), lässt sich die Menschwerdung Gottes vor diesem Hintergrund nicht wirklich denken, weil ein Wesen nicht gleichzeitig allmächtig *und* ohnmächtig, sterblich *und* unsterblich sein kann. Die Definition der „Gattung" Gott erfolgte ja gerade, indem man menschliche Stärken ins Unermessliche überhöhte und menschliche Grenzen negierte.

Jesus als Überbringer und Verkünder des Reiches Gottes wird in dieser Theologie deshalb ständig entweder „als Mensch" oder „als Gott" betrachtet – wobei Letzteres eindeutig überwiegt. So tut er Wunder, um seiner Umwelt zu beweisen, „dass er Gott ist", weil eben nur Gott „übernatürlich eingreifen" könne.

Aussagen wie die, wonach niemand den Zeitpunkt des Endes der Welt wissen könne, „auch der Sohn nicht, sondern allein der Vater" (Matthäus 24,36), werden dagegen mit „Hier redet der Mensch Jesus" erklärt. Auch das Gebetsleben Jesu ist nach dieser Sicht entweder Ausdruck der innertrinitarischen Beziehung zwischen Gott dem Vater und Gott dem Sohn (an die wir Menschen nicht heranreichen) oder hat einen reinen Vorbildcharakter für die Jünger. Beide Male hat es jedoch kaum etwas mit dem zu tun, warum und wie Menschen beten.

Mit einer solchen Theologie sind insgesamt einige Schwierigkeiten verbunden, die uns den Blick auf das Reich Gottes eher verstellen als eröffnen. Gegenüber dem zu erwartenden „übernatürlichen Feuerwerk", das mit dem Anbruch des Gottesreiches verbunden sein müsste, fällt schließlich selbst das in den Evangelien geschilderte Wirken Jesu trotz der vielen Heilungen etwas dürftig aus, spätestens in der Apostelgeschichte wird es ganz mager. Anhänger der aufs „Übernatürliche" zielenden Theologie helfen sich, indem sie den „eigentlichen" Anbruch des Gottesreiches zeitlich weit nach hinten verlegen und das Wirken des „irdischen Jesus" nur als ein erstes kurzes Aufblitzen betrachten. Jesus habe nämlich nicht schon bei seinem ersten Kommen das Reich aufrichten wollen, das werde vielmehr erst bei seiner

Wiederkunft der Fall sein – einschließlich des entsprechenden Feuerwerks an „übernatürlichen" Zeichen und Wundern.

Viel gravierender ist allerdings, dass die Tatsache der Menschwerdung Gottes zwar weiterhin behauptet, insgeheim aber geleugnet wird. Der „übernatürliche" Jesus, der alles Mögliche tun kann, „weil er Gott ist", ist kaum etwas anderes als ein Gott in einer menschlich wirkenden Hülle – er sieht zwar aus wie ein Mensch, alles Menschliche ist ihm jedoch fremd. Das Gefühl, ständig im Angesicht des Todes zu leben, weil das eigene Dasein endlich ist, kennt er demnach ebenso wenig wie menschliche Bedürfnisse oder den Wunsch, einfach nur ein ganz normales Leben zu führen. Damit aber wäre Gott nicht wie wir geworden, sondern geblieben, wie er ist – und hätte nur ausgesehen wie wir. Seine wirkliche „Heimat" wäre der „übernatürliche Bereich" geblieben, in den er jederzeit durch ein „Wunder" oder eine „übernatürliche" Erkenntnis entfliehen konnte, und eben nicht das irdische Leben von uns Menschen.

Das widerspricht jedoch dem Neuen Testament, nach dem das Wort „Fleisch" also vergängliche Wirklichkeit geworden ist (Johannes 1,14). Gott „entäußerte sich selbst und nahm Knechtsgestalt an" und „ward den Menschen gleich" (Philipper 2,7). Wie sehr Gott uns dabei gleich geworden ist, macht der Autor des Hebräerbriefes deutlich, der ganz unverhohlen davon spricht, dass Jesus Todesängste ausgestanden hat und gehorchen lernen musste: „Er hat in den Tagen seines irdischen Lebens Bitten und Flehen mit lautem Schreien und mit Tränen vor den gebracht, der ihn aus dem Tod erretten konnte; und er ist erhört worden, weil er Gott in Ehren hielt. So hat er, obwohl er der Sohn war, doch an dem, was er litt, Gehorsam gelernt" (Hebräer 5,7-8).

Wenn wir dann noch bedenken, dass die Unterscheidung von „Natur" und „Übernatur" ebenfalls nicht der biblischen Vorstellungswelt entspricht, wie wir weiter oben schon gesehen haben, dann wird das ganze Problem einer solchen Theologie überdeutlich: Indem wir Jesus nur als Gott – und das noch im Sinne eines „Gattungsbegriffs" – betrachten, entfernen wir uns weit von dem, was das Neue Testament eigentlich aussagen möchte.

Rufen wir uns daher noch einmal die bisherigen Erkenntnisse in Erinnerung: Als Gott die Welt geschaffen hat, schwebte ihm ein Tempel vor, in dem er angebetet wird. Die Funktion des Gottesbildes, des „Ebenbildes Gottes", sollte dabei der Mensch übernehmen – nicht ein bestimmter und besonderer Mensch, sondern die Menschheit als Ganzes. Wie wir an der Sündenfallgeschichte sehen, hat die Menschheit diesen Auftrag verweigert. Statt in Gottes Sinne zu herrschen, hat sie sich dafür entschieden, sich selbst zum Maß aller Dinge zu machen, selbst festzulegen, was gut und böse ist.

In Jesus Christus nun wird Gott selbst Mensch: Jesus ist das Ebenbild Gottes und damit so, wie der Mensch ursprünglich und eigentlich sein sollte. In Jesus passiert also so etwas wie ein Neustart der Schöpfung und der Menschheitsgeschichte, indem die Menschheit erneuert wird und nun so ist, wie Adam hätte sein sollen. Und mit dieser erneuerten Menschheit ist eine Erneuerung des Auftrags verbunden, den schon Adam bekommen, aber verweigert hatte: Die in Jesus erneuerte Menschheit soll in Gottes Sinne über die Schöpfung herrschen, sie soll sie zu dem Tempel machen, in dem ihr Schöpfer angebetet wird. Genau das ist das Reich Gottes, die Herrschaft Gottes: Dadurch, dass Jesus als neuer Adam den Auftrag der Menschheit aufnimmt und ausführt, indem er seine Jünger lehrt, wie sie es ihm nachtun können, und diese das wiederum anderen Menschen beibringen, breitet sich Gottes Herrschaft aus.

An keiner Stelle propagiert die Bibel nämlich so etwas wie eine direkte Herrschaft Gottes vom Himmel herab. Das würde auch dem Schöpfungsgedanken widersprechen, nach dem der Mensch als Ebenbild Gottes im Sinne Gottes über die Welt herrschen soll. Im Alten Testament ist diese Herrschaft freilich nur teilweise verwirklicht. Wer im Rahmen des Bundes nach dem Gesetz des Mose lebt, handelt weise und repräsentiert die Gottesherrschaft damit auch im Ansatz. Allerdings ist dies nur schemenhaft und recht „grobkörnig". Der Hebräerbrief drückt das aus, indem er im alttestamentlichen Gottesdienst nur einen „Schatten" des eigentlichen sieht, „nicht die Gestalt der Dinge selbst" (Hebräer 10,1). Das wertet den Alten Bund nicht ab, er ist vielmehr ein notwendiger Schritt, um größere Klarheit zu bekommen. Und diese Klarheit ist mit Jesus nun da.

Wir können dies an den Linien sehen, die die Bibel selbst zu Jesus hin zieht. Im Alten Testament treten verschiedene Propheten auf, die den Willen Gottes verkündigen – Jesus aber ist *der* Prophet, der endgültige Verkünder des Gotteswillens. David war ein „Mann nach Gottes Herzen“ (1. Samuel 13,14), der im Auftrag Gottes regierte, aber nicht frei davon war, seine Königsherrschaft für eigennützige Ziele zu missbrauchen (vgl. 2. Samuel 11) – Jesus, der „Sohn Davids“, verwirklicht die Gottesherrschaft nun uneingeschränkt.

Am deutlichsten wird die Verbindung an dem zentralen Titel: Im Alten Testament wurden Könige und Priester durch Salbung in ihr Amt eingesetzt und deshalb „Gesalbte“ genannt. Doch während es sich bei ihnen jeweils nur um *einen* Gesalbten handelte, ist Jesus *der* Gesalbte schlechthin (das hebräische Wort *maschiach*, von dem unser Wort „Messias“ kommt, bedeutet wie das griechische *christos* „Gesalbter“). Damit aber kann kein Zweifel bestehen, dass mit Jesus das Reich Gottes gekommen ist, dass mit ihm Gott seine Herrschaft endgültig angetreten hat. Denn mit ihm hat der Vertreter der Menschheit stellvertretend für alle Gottes Auftrag angenommen und tritt als sein Ebenbild auf.

Vor diesem Hintergrund können wir uns jetzt endlich der Frage zuwenden, was es mit dem Reich Gottes auf sich hat, das Jesus verkündete, verkörperte und ausbreitete. Wenn wir es von der Schöpfung her betrachten, dann besteht das Reich Gottes in einer Wiederaufnahme und Erneuerung der ursprünglichen Rolle des Menschen in der Schöpfung. In ihm wird der Mensch zu dem, was Gott ihm am Anfang zugedacht hat.

Das bedeutet zunächst einmal, dass er von den Mächten befreit wird, die ihn knechten und fesseln. Nicht von ungefähr ist bei Jesus die Austreibung von Dämonen, von bösen bzw. unreinen Geistern zentral. Wie sehr diese Mächte im Sinne fremder Gewaltherrscher betrachtet werden, die Menschen „besetzen“, macht exemplarisch der Name „Legion“ deutlich, den einer von ihnen sich selbst gibt (vgl. Markus 5,9) – darin findet sich schließlich ein kaum verhohlener Bezug zur römischen Besatzungsmacht. Die Austreibung von Dämonen wird denn auch von Jesus selbst als Kennzeichen dafür gedeutet, dass mit ihm jetzt ein „Stärkerer" gekommen ist, der den „gewappneten Starken" überwunden, ihm seine Rüstung genommen und die Beute verteilt hat (Lukas 11,21f.).

Zu diesen Finsternismächten, die die Menschen knechten und von der Erfüllung ihrer gottgegebenen Bestimmung abhalten, gehören ebenso Geld und Macht, die in der Antike in Form von Göttern personifiziert wurden. Der „Mammon" ist in dieser Hinsicht geradezu sprichwörtlich geworden. Jesu Aufforderung ist denn auch eindeutig: „Niemand kann zwei Herren dienen: Entweder er wird den einen hassen und den andern lieben oder er wird an dem einen hängen und den andern verachten. Ihr könnt nicht Gott dienen und dem Mammon" (Matthäus 6,24).

Ähnlich unmissverständlich fällt Jesu Beurteilung der Machtverhältnisse unter Menschen aus: „Ihr wisst, die als Herrscher gelten, halten ihre Völker nieder, und ihre Mächtigen tun ihnen Gewalt an. Aber so ist es unter euch nicht; sondern wer groß sein will unter euch, der soll euer Diener sein; und wer unter euch der Erste sein will, der soll aller Knecht sein" (Markus 10,42-44).

Geld und Macht markieren dabei zwei Extreme, die jedoch letztlich auf dasselbe hinauslaufen: Ein Mensch verfehlt seine Bestimmung, ob er sich nun wie der sprichwörtliche reiche Kornbauer von seinem Vermögen eine sichere Zukunft verspricht (Lukas 12,16-21) oder durch die Gewalt der Mächtigen in eine andere Richtung gezwungen wird (Matthäus 10,28). Beides führt ihn gleichermaßen vom eigentlichen Auftrag weg, die Schöpfung im Sinne Gottes zu verwalten, weil beides letztlich ein anderes Ziel vorgibt, nämlich entweder das gute Leben in einem klar abgegrenzten Bereich oder den Dienst für Menschen und Strukturen, die nicht Gottes Willen umsetzen.

Eng verbunden mit der Überwindung der Finsternismächte ist die Heilung von Krankheit. In der Antike stellte man sich Letztere ebenfalls personal vor, weswegen nicht nur ein Fieber direkt angesprochen werden konnte (Lukas 4,39), sondern auch eine enge Beziehung zwischen Krankheiten und bösen Geistern gesehen wurde (Matthäus 15,22-28; Markus 9,17-27). Krankheit und Besessenheit werden in der Bibel daher oft in einem Atemzug genannt, ebenso aber auch deren Ende: Jesus „trieb die Geister aus durch sein Wort und machte alle Kranken gesund" (Matthäus 8,16), lesen wir sinngemäß an mehreren Stellen der Evangelien.

So aufsehenerregend diese und andere „Zeichen" (vgl. Johannes 3,2) auch gewesen sein mögen, die Evangelien widmen ihnen vergleichsweise wenig Raum. Im Zentrum von Jesu Wirken steht bei ihnen vielmehr seine Lehre und damit seine Vorstellung davon, wie Gott die Schöpfung gemeint hat und welche Rolle der Mensch in ihr spielen sollte. Der Evangelist Matthäus macht das dadurch deutlich, indem er die öffentliche Wirksamkeit Jesu mit einer großen Rede beginnen lässt, in der Jesus sein Programm darlegt: die Bergpredigt.

Ähnlich wie viele ethische Entwürfe beginnt sie mit einer Zielbeschreibung und legt dar, welchen Charakter die Menschheit und mit ihr ihre einzelnen Vertreter haben sollten. Die letzten Verse verbinden dabei die vorherige Charakterbeschreibung mit der Sinnesart Jesu und der der alttestamentlichen Propheten, zeigen also auf, dass alles in dieselbe Richtung weist:

„Selig sind, die da geistlich arm sind; denn ihrer ist das Himmelreich.
Selig sind, die da Leid tragen; denn sie sollen getröstet werden.
Selig sind die Sanftmütigen; denn sie werden das Erdreich besitzen.
Selig sind, die da hungert und dürstet nach der Gerechtigkeit; denn sie sollen satt werden.
Selig sind die Barmherzigen; denn sie werden Barmherzigkeit erlangen.
Selig sind, die reinen Herzens sind; denn sie werden Gott schauen.
Selig sind, die Frieden stiften; denn sie werden Gottes Kinder heißen.

Selig sind, die um der Gerechtigkeit willen verfolgt werden; denn ihrer ist das Himmelreich.
Selig seid ihr, wenn euch die Menschen um meinetwillen schmähen und verfolgen und allerlei Böses gegen euch reden und dabei lügen. Seid fröhlich und jubelt; es wird euch im Himmel reichlich belohnt werden. Denn ebenso haben sie verfolgt die Propheten, die vor euch gewesen sind." (Matthäus 5,3-12)

Wie sehr es hierbei um eine Beschreibung der erneuerten Menschheit geht, die ihrem von ihrem Schöpfer gegebenen Auftrag gerecht wird, macht ein Vergleich mit der Feldrede des Lukasevangeliums deutlich, die zwar weniger Seligpreisungen überliefert, dafür ihnen aber jeweils einen entsprechenden Weheruf entgegenstellt. An ihr können wir gut erkennen, wie die von Gott gewollte Welt mit ihren wünschenswerten Verhältnissen der tatsächlich existierenden gegenübergestellt wird:

„Selig seid ihr Armen; denn das Reich Gottes ist euer.
Selig seid ihr, die ihr jetzt hungert; denn ihr sollt satt werden.
Selig seid ihr, die ihr jetzt weint; denn ihr werdet lachen.
Selig seid ihr, wenn euch die Menschen hassen und euch ausstoßen und schmähen und verwerfen euren Namen als böse um des Menschensohnes willen. Freut euch an jenem Tage und tanzt; denn siehe, euer Lohn ist groß im Himmel. Denn das Gleiche haben ihre Väter den Propheten getan.

Aber dagegen:
Weh euch Reichen; denn ihr habt euren Trost schon gehabt.
Weh euch, die ihr jetzt satt seid; denn ihr werdet hungern.
Weh euch, die ihr jetzt lacht; denn ihr werdet weinen und klagen.
Wehe, wenn jedermann gut über euch redet; denn das Gleiche haben ihre Väter den falschen Propheten getan." (Lukas 6,20-26)

Die Botschaft Jesu ist also nicht nur insofern revolutionär, indem sie die bestehenden Verhältnisse verändern möchte, sie stellt sie sogar unter Generalverdacht. Wer innerhalb des jetzigen Weltsystems mit seiner Gottlosigkeit, Ungerechtigkeit, Unterdrückung und Gewalt, wer unter dieser Herrschaft des Todes und der Finsternismächte glücklich ist, von ihr profitiert und in ihr bestätigt wird, ist offensichtlich in der falschen Richtung unterwegs. Wer dagegen überall Widerstand und Leid erfährt, ist auf dem richtigen Weg – auch das verbindet wieder Jesus, seine Jünger und die alttestamentlichen Propheten.

Das ist sicher überspitzt gemeint, zeigt aber die Stoßrichtung. Die Nachfolger Jesu sind „Salz" (Matthäus 5,13) und „Licht" (5,14) für die Welt und sollen es bleiben. Beides muss aus antiker Sicht betrachtet werden. Damals wurde Salz vor allem als Konservierungsmittel gebraucht; wenn die Jünger Salz sind, sind sie es also, die die ursprüngliche Ordnung der Schöpfung bewahren und überliefern. Ergänzt wird dies durch das „Licht": So wie ein Licht auf einem Leuchter „allen, die im Hause sind", Orientierung gibt, „so lasst euer Licht leuchten vor den Leuten, damit sie eure guten Werke sehen und euren Vater im Himmel preisen" (5,15f.). Es geht also darum, an den alten Schöpfungsauftrag anzuknüpfen und in seiner Umsetzung auf Gott zurückzuverweisen.

In einer Hinsicht ist Jesu Ethik daher nicht revolutionär: Sie grenzt sich an keiner Stelle vom Alten Testament oder dem Gesetz des Mose ab, im Gegenteil, sie bleibt immer auf dem Boden des Bundes. Jesus ist nicht gekommen, „das Gesetz oder die Propheten aufzulösen; ich bin nicht gekommen aufzulösen, sondern zu erfüllen" (5,17). Weil das Gesetz ein Vorschatten des Zukünftigen ist, bewegt sich Jesus weiterhin im selben Rahmen, innerhalb derselben Umrisse, allerdings wird der Inhalt bei ihm viel klarer und detailreicher. Wie das Gesetz mit Hinblick auf eine Erneuerung der Schöpfung und des Auftrags des Menschen in ihr ausgelegt werden muss, macht denn auch der Rest der Bergpredigt deutlich. Wir werden uns noch damit beschäftigen.

Zunächst jedoch müssen wir einen Blick auf einen Aspekt der angebrochenen Gottesherrschaft werfen, der vermutlich unangenehm ist, aber dennoch ganz eng mit ihr verbunden. Wenn

Adams Lebenswandel, seine Selbstbezogenheit, sein Wunsch, die Welt nach eigenen Vorstellungen zu ordnen und eben nicht im Sinne Gottes, all das Elend über die Schöpfung gebracht hat, dann kann die Lösung nicht darin bestehen, dass wir einfach so weiterleben wie bisher. Und wenn Jesus der erste Repräsentant der erneuerten Menschheit ist, wenn also sein Leben das erste ist, was dem ursprünglichen Schöpfungsauftrag in jeder Hinsicht entspricht, wenn er so ist, wie Adam hätte sein sollen, aber nie gewesen ist, dann hat das unmittelbare Konsequenzen für die übrige Menschheit: Wenn sie ihren Auftrag erfüllen soll, wenn sie ihrer gottgegebenen Bestimmung gerecht werden will, dann muss sie so werden wie Jesus.

Der Weg zur Erneuerung der Menschheit führt also ausschließlich über die Nachfolge Jesu. Wer Gottes Bestimmung gerecht werden will, muss ein Mensch werden, wie Jesus einer war. Wenn die Welt nicht so bleiben soll, wie sie ist, dann müssen alle sich ändern.

Zentral für Jesu Predigt vom Reich Gottes ist daher nicht nur der Gedanke, dass „alle Völker zu Jüngern" gemacht werden sollen (Matthäus 28,19), sondern auch der Aufruf zur Umkehr und damit verbunden die Rede vom Gericht. So erzählt Jesus verschiedene Gleichnisse, in denen es darum geht, dass wir Menschen vor Gott Rechenschaft darüber ablegen müssen, was wir mit unserem Leben gemacht haben (Matthäus 25,19-28; Lukas 16,13).

In eine ähnliche Richtung gehen Bilder von einer bevorstehenden Ernte, in der die Menschheit entsprechend eingeteilt werden wird (Matthäus 13,3-9.18-23; 13,24-30.36-43). Wie die Rede von den „Schafen" und den „Böcken" in Matthäus 25,31-46 zeigt, geht es beim Gericht zentral um die Frage, ob ein Mensch so ist, wie Gott die Menschheit haben möchte, und damit darum, ob er Jesus ähnlich geworden ist. Nicht von ungefähr schließt daher auch die Bergpredigt mit einer Warnung:

„Darum, wer diese meine Rede hört und tut sie, der gleicht einem klugen Mann, der sein Haus auf Fels baute. Als nun ein Platzregen fiel und die Wasser kamen und die Winde wehten und stießen

an das Haus, fiel es doch nicht ein; denn es war auf Fels gegründet. Und wer diese meine Rede hört und tut sie nicht, der gleicht einem törichten Mann, der sein Haus auf Sand baute. Als nun ein Platzregen fiel und die Wasser kamen und die Winde wehten und stießen an das Haus, da fiel es ein und sein Fall war groß.“ (Matthäus 7,24-27)

Die einzige Möglichkeit, dem kommenden Gericht zu entgehen, besteht daher in der Nachfolge Jesu. Damit ist zugleich auch eine Heilszusage verbunden, die die Gerichtsbotschaft Jesu zwar nicht abschwächt, aber in einen insgesamt heilvollen Kontext stellt. Jesus ist nicht gekommen, um der Menschheit ihre Verlorenheit vorzuwerfen. Er sagt ihr zwar, dass es so wie bisher nicht weitergehen kann, eröffnet ihr allerdings gleichzeitig auch einen Ausweg.

Die Logik dahinter ist ebenso einfach wie bestechend: Der bisherige Weg führt in die Irre und nicht nur das, auch zu Tod und Zerstörung der Schöpfung, zu Gewalt und Unrechtsherrschaft. Dies macht die Gerichtsbotschaft Jesu eindringlich deutlich. Gott selbst hat sich deshalb nun auf den Weg gemacht, um seine Schöpfung wieder vollständig unter seine Herrschaft zu bringen, was die Eindringlichkeit der Gerichtsbotschaft noch verstärkt. Gerade weil das Reich Gottes nun nahe herbeigekommen ist, ist Umkehr bitter nötig. Wie sie aussehen muss, zeigt Jesus selbst exemplarisch durch sein Leben und eröffnet damit einen Weg, auf dem alle gehen können und sollen.

Umkehr ist also nicht nur nötig, sondern auch möglich. Und nicht nur das: Wer umkehrt, kann auch auf vollständige Vergebung rechnen. Gott interessiert nicht die Vergangenheit, sondern nur die Zukunft. Er möchte nicht mehr wissen, wer was wann falsch gemacht hat, sondern will, dass es fortan besser wird. Deshalb „wird auch Freude im Himmel sein über einen Sünder, der Buße tut, mehr als über neunundneunzig Gerechte, die der Buße nicht bedürfen“ (Lukas 15,7). Umkehr und Nachfolge sind also jederzeit möglich – allerdings sollte man die Zeichen der Zeit erkennen und beides deshalb nicht hinauszögern (vgl. Matthäus 24,45-51).

Und damit können wir uns nun der zentralen Frage nach dem Charakter zuwenden: Worauf läuft Nachfolge hinaus? Wie sollte ein Mensch sein, damit er seiner gottgewollten Bestimmung gerecht wird?

LIEBE.

Bevor wir uns mit der Frage beschäftigen können, wie ein Leben in der Nachfolge Jesu aussieht und damit ein Sein, das der ursprünglichen Bestimmung des Menschen, Gottes Ebenbild zu entsprechen, gerecht wird, müssen wir leider wieder mit ein paar Vorurteilen aufräumen, die uns den Blick verstellen. Weil Jesus in den Evangelien mit verschiedenen Vertretern des Judentums in Konflikt geraten ist und auch Paulus während seiner Missionstätigkeit öfters mit Menschen gestritten hat, die das Evangelium „jüdischer" machen wollten, geistert bei vielen Christen die Vorstellung durch die Köpfe, Gott sei vor allem deshalb Mensch geworden, um das Judentum durch eine andere, bessere Religion zu ersetzen. Manchmal wird sogar das Alte Testament mit einbezogen und als gescheiterter „Plan A" verstanden, der nun im Neuen durch einen wirksameren „Plan B" abgelöst werde.

In dieser Richtung wird dann das Wirken Jesu interpretiert. Für die einen kam er, um der „gesetzlichen" Religion seiner Zeit, die im „kleinlichen" Einhalten „äußerer" Gebote einen Weg zum Heil gesucht habe, ein Leben in „Freiheit" gegenüberzustellen. Jetzt stehe endlich nicht mehr ein unbarmherziges Regelwerk im Mittelpunkt, sondern der Mensch mit seinen Bedürfnissen.

Andere wiederum sehen im damaligen Judentum eine „exklusive“, nationalistische Religion, der Jesus eine „inklusive“ für alle Völker der Welt entgegengesetzt habe. Wieder andere erblicken in den Motiven der Zeitgenossen Jesu ein reines „Leistungsdenken“, nach dem man sich Fortschritte in der Gottesbeziehung „verdienen“ müsse, wohingegen Jesus die „Gnade“ verkündet habe.

Wie wir bereits gesehen haben, entsprechen all diese Vorstellungen nicht der Wirklichkeit. Zwischen Jesus und dem Alten Testament geht tatsächlich nicht einmal das sprichwörtliche Blatt, ja er rechnet eher mit einem Vergehen von Himmel und Erde als mit einer Aufhebung des mosaischen Gesetzes als göttlichem Willen (Matthäus 5,18).

Mit seinen Zeitgenossen geht er zwar stark ins Gericht, ihr Streit betrifft freilich nicht die Gültigkeit des Alten Testaments (auch nicht seiner „äußerlichen Vorschriften“), sondern die Frage, wie es im Sinne des ursprünglichen Gotteswillens auszulegen ist. Und an dieser Stelle wird auch deutlich, dass Jesus keineswegs als Freiheitsprediger verstanden werden darf, dessen Anliegen es gewesen sei, die Menschen von religiösen Vorschriften zu erlösen. Er „entschärft“ nämlich nicht nur manche Gebote, wie zum Beispiel einige Reinheitsvorschriften, sondern verstand andere sogar noch strenger als seine jüdische Umwelt. Wir werden uns also mit dem dahinterstehenden Gesetzesverständnis beschäftigen müssen.

Wie viele Vorurteile enthalten allerdings auch die oben aufgezählten ein Quäntchen Wahrheit. Jesus streitet tatsächlich mit Menschen, die im Gesetz einen peinlich genau zu erfüllenden Regelkatalog sehen und dabei die Barmherzigkeit aus dem Blick verloren haben (Matthäus 23,23). Er widerspricht einem Leistungsdenken, das Umkehrwilligen den Zugang zur Gnade Gottes verbaut (Lukas 18,9-14). Und nicht zuletzt wendet er sich gegen Vorstellungen, wonach das Heil ausschließlich auf Israel beschränkt sei (Matthäus 8,10-12).

Dies alles sind freilich Dinge, gegen die sich auch viele Juden gewandt haben. Bei all dem dürfen wir schließlich nicht vergessen, dass das Judentum zur Zeit Jesu kein einheitliches Gebilde darstellte, sondern in verschiedene Strömungen zerrissen war, die sich noch nicht einmal über den Umfang ihrer Heiligen Schrift einig waren – nicht anders also als das Christentum heute.

Die Debatten zwischen Jesus und seinen Gegnern sind deshalb in erster Linie als innerjüdische Diskussionen zu verstehen, bei denen es um das richtige Verständnis der gemeinsamen Grundlage ging – ähnlich wie wenn heute Christen darüber streiten, wie die neutestamentlichen Briefe auszulegen sind.

Nicht anders verhält es sich übrigens mit dem Apostel Paulus. Auch er führt gegenüber seinen „judaistischen" Gegnern immer wieder das Alte Testament ins Feld, verlangt also alles andere als dessen Ersetzung durch ein erst noch zu vollendendes Neues Testament. Deswegen hat sich auch die christliche Kirche konsequent von Anfang an gegen eine Zurücksetzung, Abwertung oder gar Abschaffung des Alten Testaments gewandt.

Wir verstehen die Botschaft der Evangelien daher besser, wenn wir in den Gegnern Jesu und des Paulus keine Repräsentanten einer spezifischen Religion sehen, sondern Vertreter einer bestimmten Form von Religiosität. Sie sind die „Frommen", Menschen, die sich selbst als gottesfürchtig betrachten und ganz genau zu wissen meinen, wie Gott ist und was er von uns will – um dann auf dieser Grundlage sich selbst auf- und andere abzuwerten. Nahezu alles, was das Neue Testament Pharisäern, Sadduzäern und anderen Religionsvertretern nachsagt, findet sich denn auch im Christentum und in anderen Religionen. Es sind Elemente, die allgemein etwas mit Spiritualität zu tun haben, mit einem bestimmten Verständnis vom geistlichen Leben, aber eben nur sehr bedingt mit einer bestimmten Religion.

Wenn wir Jesus richtig verstehen wollen, sollten wir also seine Diskussionen mit einem kritischen Blick auf uns selbst lesen: Hier streitet das Ebenbild Gottes mit Menschen, die den göttlichen Auftrag dazu missbrauchen, ihre Eigeninteressen zu legitimieren und zu verdecken. Gesetzlichkeit, Engstirnigkeit, Unbarmherzigkeit, Arroganz, Selbstdarstellung und vieles mehr sind nämlich nicht nur in einer Religion zu Hause, sondern sind Versuchungen, denen alle Menschen ausgesetzt sind. Und manchmal dient Frömmigkeit eben als Gewand, in das man hineinschlüpft, um die eigene Selbstsucht zu kaschieren.

Vor diesem Hintergrund wundert es nicht, dass Jesus sich mit jeder Form von Religion anlegt, in der es mehr um den Frommen selbst als um seinen Gott geht. Die Bergpredigt ist voll davon: Da gibt es Menschen, die spenden vor allem zur Steigerung des eigenen Ansehens, damit die Umstehenden ihre Großzügigkeit preisen (Matthäus 6,1f.). Andere beten gern laut und öffentlich an gut sichtbaren Plätzen (6,5) oder „verrichten zum Schein lange Gebete" (12,40). Wieder andere tragen ihr Fasten unverhüllt zur Schau (6,16).

In einem gesellschaftlichen Umfeld, das Menschen nach ihrer Frömmigkeit bewertet, führen solche Dinge ebenso zur Steigerung des Ansehens wie in einer säkularen Gesellschaft das Zurschaustellen von religiöser Indifferenz. Das muss jedoch kein spezifisch jüdischer Kontext sein, das meiste davon ist auch in einem christlichen Hauskreis denkbar oder in einer Gemeinde (außer vielleicht das Fasten – damit können viele Christen wenig anfangen).

Der Apostel Paulus erweitert die alles andere als vollständige Aufzählung noch um zur Schau gestellte Geistesgaben wie Zungenrede und Prophetie (1. Korinther 14,26-31); Jakobus, der Bruder Jesu, ergänzt das mit einem Blick auf das besondere Ansehen, das gut betuchte Leute in Gemeinden genießen (Jakobus 2,1-4) – auch das sind Verhaltensweisen, die heutigen Christen nicht fremd vorkommen dürften. Anhand dieser Beispiele bekommen wir also ein Bild, in das sich auch nicht erwähnte „Puzzlesteine" nahtlos einfügen lassen.

Alle diese Missstände haben nämlich eines gemeinsam: Hier erfüllt der Mensch nicht seinen Schöpfungsauftrag, sondern benutzt die Frömmigkeit zur Steigerung des eigenen „Wertes" im Vergleich zu anderen und die Gemeinde als Schaubühne und Präsentationsfläche. Nach antiken Vorstellungen erfüllt er damit das Kriterium der Heuchelei.

Das griechische Wort *hypokrites* bezeichnet nämlich ursprünglich einen Schauspieler, also einen Menschen, der in eine andere Rolle schlüpft und seine wahre Persönlichkeit hinter einer Theatermaske verbirgt. Genau das geschieht auch hier: Heuchler sind Menschen, die ihre eigentlichen Motive hinter einer Maske scheinbarer Frömmigkeit verbergen. Wenn man einen Blick hinter die Maske wirft, werden die wirklichen Beweggründe jedoch offensichtlich: Es geht um Selbstsucht und Eigennutz. Ein Heuchler folgt damit dem Schöpfungsauftrag nicht, er nutzt vielmehr die Frömmigkeit, um seine Sünde zu kaschieren. Eigentlich will er nämlich nicht Gott Gott sein lassen und sich mit dem Ebenbild begnügen, sondern selbst „sein wie Gott" (1. Mose 3,5). Umso irreführender und manipulativer ist es, wenn das unter dem Deckmantel der Frömmigkeit stattfindet.

Wie dagegen ein schöpfungsgemäßes Leben als Ebenbild Gottes aussieht, macht die Bergpredigt deutlich: Die sogenannten „Antithesen" vom Töten (Matthäus 5,21-26), vom Ehebrechen (5,27-32), vom Schwören (5,33-37), vom Vergelten (5,38-42) und von der Feindesliebe (5,43-48) beschäftigen sich in erster Linie mit der Wurzel des jeweiligen Übels. Töten beginnt mit zornigem Schimpfen, Ehebrechen mit begehrlichen Blicken, und Schwören ist nötig, weil wir es im Alltag mit der Wahrheit nicht allzu genau nehmen. Diese Anweisungen lassen sich deshalb als „Verschärfungen" des mosaischen Gesetzes verstehen – allerdings nur von Menschen, die annehmen, im Alten Testament seien aggressive Wutanfälle, lüsternes Kopfkino und ein sorgloser Umgang mit der Wahrheit erlaubt gewesen. Das war natürlich nicht so, freilich stand man schon damals vor demselben Problem wie heute: Nicht alles, was ethisch geboten ist, kann auch gesetzlich geregelt werden.

Aus ethischer Perspektive ist es zum Beispiel sehr sinnvoll, Ehen zu schützen, weil stabile Ehen die Gesellschaft insgesamt weniger unsicher machen und auch für ein besseres Aufwachsen von Kindern sorgen. Genauso sinnvoll ist es, sich nicht vom Zorn zu unbedachten Äußerungen hinreißen zu lassen bzw. auch im alltäglichen Umgang grundehrlich miteinander zu sein, weil ansonsten Beziehungen vergiftet werden. Nur wie soll man das in einer Weise in Gesetzesform gießen, dass es auch justiziabel ist, also vor Gericht angezeigt und verhandelt werden kann? Wie jedes vernünftige Gesetz beschäftigt sich das des Mose deswegen auch nur mit Taten, aber nicht mit Motiven, Gedanken und möglichen Hintergedanken.

Jesus geht es in der Bergpredigt denn auch nicht darum, ein neues, „verschärftes" Gesetz aufzustellen, sondern darum, das bereits bestehende so auszulegen, dass es tatsächlich das Herz verändert. „Denn aus dem Herzen kommen böse Gedanken, Mord, Ehebruch, Unzucht, Diebstahl, falsches Zeugnis, Lästerung. Das sind die Dinge, die den Menschen unrein machen" (Matthäus 15,19f.) – aber bei all diesen Dingen kann man nur die daraus folgenden Taten, jedoch nicht die ihnen vorausgehenden Gedanken per Gesetz verbieten. Die Bergpredigt zielt deshalb auf das Herz des Menschen, auf seinen Personkern, seine Motivation, seine verborgenen Werte, Wünsche und Sehnsüchte.

Dass es dabei um viel mehr geht als um eine bloße Verhaltensänderung, macht nicht zuletzt der Abschnitt zur Feindesliebe deutlich. Hier wird Gott ganz unverhohlen als Vorbild hingestellt, dem wir nacheifern sollen, „auf dass ihr Kinder seid eures Vaters im Himmel" (Matthäus 5,45). Ziel ist und bleibt dabei die Wiederherstellung der Gottesebenbildlichkeit des Menschen, die seinem Schöpfungsauftrag entspricht. „Darum sollt ihr vollkommen sein, wie euer himmlischer Vater vollkommen ist" (5,48). Besser kann man den Gedanken, dass der Mensch Gott widerspiegeln soll, kaum ausdrücken.

Die beiden Elemente, die unseren Schöpfungsauftrag ausmachen und damit unsere Gottesebenbildlichkeit als „Spiegel" Gottes ausdrücken, fasst Jesus anderswo im Einklang mit seinen Zeitgenossen im Doppelgebot der Liebe zusammen:

> *„»Du sollst den Herrn, deinen Gott, lieben von ganzem Herzen, von ganzer Seele und von ganzem Gemüt« (5. Mose 6,5). Dies ist das höchste und erste Gebot. Das andere aber ist dem gleich: »Du sollst deinen Nächsten lieben wie dich selbst« (3. Mose 19,18). In diesen beiden Geboten hängt das ganze Gesetz und die Propheten." (Matthäus 22,37-40)*

In der Feindesliebe verbindet sich nun beides miteinander: Sie ist einerseits der höchste Ausdruck der Nächstenliebe, weil sie ganz und gar Hingabe ist, für die man keine Gegenleistung erwarten kann, und andererseits eben deswegen höchster Ausdruck der Gottesliebe, weil sie eben nur um Gottes willen geschieht, der „lässt seine Sonne aufgehen über Böse und Gute und lässt regnen über Gerechte und Ungerechte" (Matthäus 5,45). Anhand der Feindesliebe wird deshalb deutlich, wie sehr ein Mensch bereits in das Ebenbild Gottes verwandelt worden ist und sich den Vater im Himmel zum Vorbild nimmt.

Mit diesem Wissen im Hinterkopf können wir uns dem Verbot der Vergeltung zuwenden, das wir unmittelbar vor dem Gebot der Feindesliebe in der Bergpredigt finden. Dieser Abschnitt gehört vermutlich zu den am meisten missverstandenen der Bibel. So wird er oft dahingehend begriffen, als dürften Christen sich auf keinerlei Weise zur Wehr setzen und müssten alles still leidend ertragen – was wiederum dazu führt, dass viele Christen das Verbot der Vergeltung für ziemlich unrealistisch halten und das vermutlich auch so äußern würden, wenn es nicht von Jesus selbst käme.

Tatsächlich handelt es sich hierbei jedoch um ein Herzstück der Botschaft Jesu, das er nicht nur gepredigt, sondern auch gelebt hat – mit dem verblüffenden Ergebnis der Auferstehung. Andere Wege führen also bis in den Tod, dieser dagegen durch ihn hindurch ins Leben.

Schauen wir uns den Abschnitt daher ein wenig genauer an:

„Ihr habt gehört, dass gesagt ist (2. Mose 21,24): »Auge um Auge, Zahn um Zahn.« Ich aber sage euch, dass ihr nicht widerstreben sollt dem Bösen, sondern: Wenn dich jemand auf deine rechte Backe schlägt, dem biete die andere auch dar. Und wenn jemand mit dir rechten will und dir deinen Rock nehmen, dem lass auch den Mantel. Und wenn dich jemand eine Meile nötigt, so geh mit ihm zwei. Gib dem, der dich bittet, und wende dich nicht ab von dem, der etwas von dir borgen will." (Matthäus 5,38-42)

Das erste Missverständnis entsteht oft schon bei der Interpretation des am Anfang zitierten „Auge um Auge, Zahn um Zahn". Wir tendieren nämlich dazu, dies als einen Aufruf zur ausgleichenden Vergeltung zu betrachten, wonach eine zugefügte Verletzung mit exakt derselben Verletzung beim Täter „kompensiert" werden müsse. Dazu hat Mahatma Gandhi († 1948) zu Recht bemerkt, Auge um Auge lasse die ganze Welt erblinden.

Wie wir bereits weiter oben gesehen haben, war dieses Gebot allerdings nie so gemeint. Es sollte vielmehr von Anfang an die Rache massiv einschränken, ja eigentlich unmöglich machen und damit ein Problem angehen, von Vertretern einer ausgleichenden Vergeltung gern übersehen wird: Gewalt tendiert dazu, größer zu werden, womit Konflikte unweigerlich eskalieren.

Wer den Schmerz, den er durch einen anderen erlitten hat, „ausgleichen" möchte, indem er ihm denselben Schmerz zufügt, übertreibt normalerweise. Um wirklich sicherzustellen, dass der andere denselben Schmerz empfindet, wird ihm in der Regel ein größerer zugefügt – man weiß schließlich nicht, ob sich nicht der andere als etwas schmerzunempfindlicher erweist als man selbst. Kommt dann noch ein gewisser Abschreckungsgedanke hinzu, eskaliert die Gewalt sowieso. Um wirklich die Gewalt des anderen ein für alle Mal zu beenden, muss die eigene Gewalt schließlich so umfassend sein, dass es der andere gar nicht mehr wagt, dagegen aufzutreten.

Und damit beginnt der Weg in die seit Jahrtausenden beschrittene Sackgasse der Menschheit: Die Gewalt, die endlich alle Gewalt beenden soll, ist nicht gewaltig genug, sondern provoziert nur eine noch größere Gegengewalt, die nun aber endlich alle Gewalt beenden soll. Auf diese Weise haben wir uns allerdings kaum von der Prahlerei des Lamech wegbewegt, die die Bibel schon ganz am Anfang überliefert: „Einen Mann erschlug ich für meine Wunde und einen Jüngling für meine Beule. Kain soll siebenmal gerächt werden, aber Lamech siebenundsiebzigmal" (1. Mose 4,23f.).

So viel lässt sich jedenfalls sagen: Dieses Prinzip hat in den Jahrtausenden der Menschheitsgeschichte noch nie funktioniert und wird es vermutlich auch nie. Stattdessen ist die

Gewaltspirale immer weitergedreht worden und kommt nur dann zum zeitweiligen Stillstand, wenn beide Kontrahenten erschöpft oder tot sind.

Wie wir gesehen haben, wies schon das „Auge um Auge“ des mosaischen Gesetzes einen Ausweg auf. Gewalt sollte danach gerade nicht vergolten, sondern auf andere Weise ausgeglichen werden. Der Kontext von 2. Mose 21,24 macht deutlich, dass es dabei um „Arztgeld“ geht (21,19), statt zu verstümmeln „soll man ... um Geld strafen“ (21,22). Schon im Alten Testament ging es also eher um Wiedergutmachung als um Vergeltung.

Jesus geht hier noch einen Schritt weiter, indem er Gewaltanwendung ganz und gar ausschließt. Wichtig ist, dass wir auch diese Worte in ihrem Kontext verstehen. „Ihr sollt dem Bösen nicht widerstreben“ ist keine allgemeine Aufforderung, sich überhaupt kein Urteil mehr zu bilden oder allem Übel in jedweder Form freien Lauf zu lassen. Es geht vielmehr um ganz konkrete Formen von in der Antike alltäglicher Gewalt, in denen Nachfolger Jesu sich nicht zur Gegengewalt hinreißen lassen sollen.

Da ist zum einen der Schlag auf die „rechte Backe“ (5,39). Geht man von der Annahme aus, dass derjenige, der zuschlägt, dem Geschlagenen gegenübersteht und Rechtshänder ist, handelt es sich dabei um eine herabsetzende Ohrfeige mit dem Handrücken der rechten Hand. Hier schlägt also ein Höhergestellter einen Niederen. Wir haben es folglich mit einer Situation zu tun, in der Gewalt auf Gegengewalt abzielt, um die eigene Gewalt im Nachhinein zu legitimieren: Ein Höhergestellter schlägt einen Niedrigeren auf eine erniedrigende Weise.

Im Affekt wehrt sich dieser, was wiederum zeigt, dass er „seinen Platz nicht kennt“, „frech wird“ und „eine Lektion lernen muss“. Die Gegengewalt dient also als Rechtfertigung weiterer und schlimmerer Gewalt. Es ist ein Muster, das im großen Stil von Diktatoren weltweit praktiziert wird: Weil der Staat immer repressiver auftritt, regt sich Widerstand in der Bevölkerung. Der wiederum wird als Legitimation für den verstärkten Einsatz von „Sicherheitskräften“ herangezogen. Die Spirale der Gewalt dreht sich immer weiter.

In diesem Kontext asymmetrischer Gewalt (hier „oben“,

dort „unten“) zeigt Jesus einen Ausweg auf, der dem scheinbar hilflos Ausgelieferten etwas von seiner Würde zurückgibt. Indem dieser nämlich die andere Wange hinhält, zwingt er sein Gegenüber, mit der flachen Hand zuzuschlagen, womit beide auf Augenhöhe wären, weil man nur Gleichrangige so schlägt. Gleichzeitig delegitimiert das Ausbleiben von Gegenwehr jede weitere Gewaltanwendung vonseiten des Höhergestellten. Wer jetzt noch einmal zuschlägt, erscheint als willkürlicher Gewaltmensch, womit auf Dauer sein Herrschaftsanspruch untergraben wird, weil der sich letztlich darauf gründet, für „geordnete Verhältnisse“ zu sorgen.

Eine willkürlich Gewalt anwendende Herrschaft kann jedoch nicht als Ordnungsmacht auftreten, umso weniger, je mehr die Untergebenen deutlich machen, dass Gewalt nur von ihr, aber nicht von ihnen ausgeht. Sie gräbt sich damit also auf lange Sicht selbst das Wasser ab. Wie so etwas in großem Stil funktioniert, hat auf eindrucksvolle Weise Mahatma Gandhi im indischen Unabhängigkeitskampf gegen die britische Kolonialherrschaft bewiesen.

Man muss aber gar nicht so weit schauen. Denn als Erster ist Jesus selbst den von ihm propagierten Weg gegangen. Obwohl ihm nach eigener Aussage „mehr als zwölf Legionen Engel“ (Matthäus 26,53) zur Verfügung gestanden hätten, hielt er sogar seine Jünger davon ab, seine Verhaftung mit Gewalt zu verhindern (26,51-54). Der Prozess gegen ihn geriet denn auch zu einem Desaster sowohl für die jüdischen wie auch die römischen Autoritäten, die in den Evangelien als Menschen entlarvt werden, die trotz vorgeblicher Frömmigkeit bzw. Kaisertreue ausschließlich eigene Interessen verfolgen.

Im Gegensatz dazu steht Jesus nach drei Tagen von den Toten auf und unterstreicht damit die Wahrheit der Sätze, auf die sich seine gewaltlose Hingabe letztlich bezieht: „Wer sich selbst erhöht, der wird erniedrigt werden; und wer sich selbst erniedrigt, der wird erhöht werden“ (Matthäus 23,12) und: „Wer sein Leben behalten will, der wird’s verlieren; und wer sein Leben verliert um meinetwillen und um des Evangeliums willen, der wird’s behalten“ (Markus 8,35).

In dieselbe Richtung der Bloßstellung der Mächtigen als Willkürherrscher zielt auch die zweite und die dritte Aufforderung unseres Abschnitts: „Wenn jemand mit dir rechten will und dir deinen Rock nehmen, dem lass auch den Mantel. Und wenn dich jemand eine Meile nötigt, so geh mit ihm zwei" (Matthäus 5,41f.).

Auch hier geht es um asymmetrische Gewalt, mit der ein Höhergestellter einem vergleichsweise Wehrlosen gegenüber auftritt. Im ersten Fall wird ein Armer vor Gericht gezerrt. Weil er seine Schulden nicht bezahlen kann, soll er sein Untergewand als Gegenleistung abgeben – offensichtlich ist bei ihm nicht mehr zu holen. Jesus rät nun dazu, auch das Obergewand abzugeben, womit der Arme bis auf einen Schurz völlig nackt wäre. Der „Mantel" ist jedoch nicht nur ungleich wertvoller als der „Rock", er ist während kalter Nächte auch überlebensnotwendig, weshalb es nach dem Alten Testament verboten ist, ihn zu pfänden (2. Mose 22,25-27; 5. Mose 24,12f.). Der Prozessgegner wird damit also nicht nur öffentlich ins Unrecht gesetzt, er wird darüber hinaus gezwungen, mit dem Armen Kontakt zu halten, denn nach dem Alten Testament muss er ihm das Obergewand spätestens am Abend wiedergeben.

Die Aufforderung, die berühmte zweite Meile mitzugehen, bezieht sich wohl auf das Recht Höhergestellter und römischer Soldaten, einen Mann zu unbezahlten Dienstleistungen zwingen zu können. Wir sehen so einen Fall bei Simon von Kyrene, dem die zweifelhafte Ehre zuteilwurde, das Kreuz Jesu tragen zu müssen (Matthäus 27,32). Auch ein solcher Dienst kennt natürlich gewisse Grenzen, schließlich handelt es sich um willkürlich rekrutierte Arbeiter, nicht um Sklaven. Indem nun diese Grenzen bewusst massiv überschritten werden, wird die Tyrannei des ganzen Unterfangens unterstrichen. Zudem wird derjenige, der den Dienst angeordnet hat, dazu gezwungen, mit dem von ihm herangezogenen Arbeiter ein Ende des Dienstes auszumachen. Damit aber wird ihm das für Höhergestellte charakteristische Privileg genommen, Niedrigergestellte wie Inventar zu behandeln.

Fassen wir zusammen: Jesu Aufforderung zur Gewaltlosigkeit

richtet sich an Menschen, die in asymmetrischen Beziehungen die Unterlegenen sind, und damit gerade an diejenigen, die bei einem Weiterdrehen der Gewaltspirale am meisten zu verlieren haben, weil sie durch eine gewalttätige Antwort die größere Gewalt der Gegenseite legitimieren würden. Durch ihre gewaltlose Reaktion, die sich freilich nicht auf das bloße Ertragen von Gewalt beschränkt, gewinnen sie ihre Würde zurück und zwingen ihr Gegenüber, sie wie Menschen zu behandeln.

Gleichzeitig wird damit die Gewalt der Gegenseite delegitimiert, weil deutlich wird, von wo die Gewalt ausgeht und wo sie aufhört. Das Hauptargument der „Herren", ihre Herrschaft sei notwendig und müsse gegebenenfalls auch mit Gewalt durchgesetzt werden, da ansonsten Chaos und Anarchie regierten, wird dadurch auf den Kopf gestellt. Gewalt geschieht dann nämlich nur noch von oben nach unten, womit sich die „Herren" Jesu Verdammungsurteil verdienen: „Die als Herrscher gelten, halten ihre Völker nieder, und ihre Mächtigen tun ihnen Gewalt an" (Markus 10,42).

Indem auf diese Weise die Spirale der Gewalt durchbrochen wird, geschieht jedoch etwas Entscheidendes, das auch die Gewalttäter verändern kann: Weil bloßgelegt wird, dass ihre Herrschaft auf Gewalt aufbaut und gleichzeitig ein menschliches Gegenüber und nicht einfach nur gewaltsamer Widerstand angeboten wird, eröffnet es die Möglichkeit, die Grundlagen der Herrschaft neu auszuhandeln.

Der Ordnungsgedanke, der jede Herrschaft legitimiert, kann auf einer anderen Basis aufbauen, nämlich darauf, dass dem Untergebenen damit gedient wird, dass es eine Herrschaft gibt. „Wer groß sein will unter euch, der soll euer Diener sein; und wer unter euch der Erste sein will, der soll aller Knecht sein", sagt Jesus (Markus 10,43f.) und zeigt auf diese Weise, wie es auch gehen könnte. Der Gewaltverzicht der Untergebenen eröffnet deshalb den Höhergestellten eine Chance zur Umkehr. Ob sie sie nutzen, steht freilich auf einem anderen Blatt.

Wenn nicht, entlarvt die Gewaltlosigkeit der Nachfolger Jesu die Mächte der Welt. Sie reißt ihnen sozusagen die Maske vom Gesicht, die in der Behauptung besteht, sie würden für Ordnung in der Welt sorgen und das sei eben ohne Gewalt nicht möglich. Genau diese Vorstellung macht jedoch aus Interessenunterschieden gewaltsame Konflikte und lässt sie eskalieren. Jesus setzt dem eine Ethik des Ausgleichs und der Versöhnung entgegen: „Versöhne dich mit deinem Bruder“ (Matthäus 5,23); „Vertrage dich mit deinem Widersacher“ (5,25); „Gib dem, der dich bittet, und wende dich nicht ab von dem, der etwas von dir borgen will“ (5,42).

Damit verbunden ist eine grundlegende Nichtanerkennung der bestehenden Verhältnisse, was Jesu Botschaft so revolutionär macht. Der Niedrigergestellte ist nicht bereit, sich mit diesem Status zufriedenzugeben und sich wie Vieh behandeln zu lassen – schließlich beschränkt sich die Gottesebenbildlichkeit des Menschen nicht auf die Herrschenden. Deswegen findet sich der Niedergestellte damit nicht ab und begehrt auf, aber eben nicht mit Gewalt.

Und indem er dies um Gottes willen tut, zeigt er den „Herren dieser Welt“ nicht nur ihre Grenze, sondern sogar ihr potenzielles Ende auf. Denn Gott richtet seine Herrschaft auf und damit kommt ihre zum Abschluss. Gewaltlosigkeit im Sinne Jesu „funktioniert“ deshalb nur, wenn man sie vor diesem Horizont betrachtet. Sie ist ein Ausdruck des Glaubens an einen Gott, der durch den Tod ins Leben führt und auf das Kreuz die Auferstehung folgen lässt.

Betrachtet man Gewaltlosigkeit dagegen rein innerweltlich, stellt sie zwar ein anzuerkennendes Opfer dar, das in vielen Fällen auch sein Ziel erreicht, aber eben nicht immer. Gegen eine übermächtige Herrschaft, die auch vor brutalster Gewalt nicht zurückschreckt, ja vielleicht sogar Völkermord und die Ausrottung ganzer Menschengruppen zum Ziel hat, wird Gewaltlosigkeit ebenso wenig ausrichten wie gegen ein Regime, das bewusst für eine Terrorherrschaft des „Sicherheitsapparats“ sorgt, um seine Bevölkerung kleinzuhalten. Menschenverachtende Tyrannen lassen sich auf diese Weise nicht beseitigen.

Doch das ist wie gesagt nur innerweltlich gedacht. Tatsächlich ist bisher jede Schreckensherrschaft eines Tages beseitigt worden und ihre Vertreter müssen sich nun vor ihrem Schöpfer für ihr Tun verantworten, auch wenn sie sich einer irdischen Rechenschaft entziehen konnten. Gewaltlosigkeit im Sinne Jesu ist deshalb eng mit dem Gedanken des Gerichts verbunden. Gerade weil Gott der letzte Richter ist, der spätestens am Ende der Zeiten für Gerechtigkeit sorgen wird, gilt für die Menschen: „Richtet nicht, damit ihr nicht gerichtet werdet" (Matthäus 7,1).

Hier sehen wir sehr deutlich, wie eng der Gedanke der Gottes- und Nächstenliebe, der in der Bergpredigt entfaltet wird, mit der Nachfolge Jesu verbunden ist. Jesus hat ihn nicht nur gepredigt, sondern in jeder Hinsicht gelebt – bis ans Kreuz und durch den Tod hindurch in das Leben aus der Auferstehung. Inwieweit wir seiner Botschaft wirklich glauben, lässt sich deshalb daran ablesen, wie sehr unser Leben und unser Charakter seinem gleicht. Es ist ein Leben in Liebe und Hingabe, ein Leben des Verzichts auf eigene Ansprüche und der Aufgabe um anderer willen. Es zielt auf Gerechtigkeit und darauf, dass der Mensch nicht mehr einnimmt als den Platz, der ihm zusteht, damit sich die weise Herrschaft Gottes durch den Menschen über die Welt verbreitet, so wie es von Anfang der Schöpfung gedacht und gewollt war.

Es ist daher kein Zufall, dass sich die Bergpredigt in ihrem letzten Drittel mit dem Glauben beschäftigt. Glauben wir, dass Gott tatsächlich unaufhaltsam und unumkehrbar seine Herrschaft aufrichtet? Dass die Mächte der Welt abtreten und unser Herr kommt? Dann wird uns irdischer Besitz nicht mehr so wichtig sein und uns das „Schätze Sammeln auf Erden" (Matthäus 6,19) ebenso sinnlos vorkommen wie das verzweifelte Klammern ans Leben und sein vergängliches Glück (6,25-32). Im Zentrum steht vielmehr das Trachten „nach dem Reich Gottes und nach seiner Gerechtigkeit" (6,33) in der sicheren Gewissheit, dass Gott uns auf dem Weg dorthin versorgen wird, so wie er Jesus immer versorgt hat.

Damit sind wir allerdings mitten in der Frage des Glaubens, die untrennbar mit der Ethik verbunden ist. Wenn wir nämlich nicht daran glauben, dass Gott es eines Tages gut machen wird, dann hat auch Jesus falsch gelebt. Der Ausruf des Apostels Paulus ist deshalb auch in diesem Fall berechtigt: „Ist [...] Christus nicht auferweckt worden, so ist unsre Predigt vergeblich, so ist auch euer Glaube vergeblich. […] Hoffen wir allein in diesem Leben auf Christus, so sind wir die elendesten unter allen Menschen“ (1. Korinther 15,14.19).

So gut und richtig es wäre, wenn sich alle Menschen Jesu Botschaft zu Herzen nähmen, ohne die Gewissheit, dass wir dann ebenfalls durch den Tod hindurch ins Leben gehen, ist es sehr viel schwerer, wenn nicht gar unmöglich.

OPFER.

Im Gefolge der Reformation, die ja ihren Anstoß in der Biografie Martin Luthers († 1546) und seinem persönlichen Ringen mit der mittelalterlichen Vorstellung von Gott als unerbittlichem Richter genommen hat – den man aber seltsamerweise durch den Kauf von „Ablassbriefen" zufriedenstellen kann –, hat sich in der evangelischen Christenheit der Blick aufs Kreuz leider allzu sehr auf das Thema verengt, mit dem der Reformator sich geplagt hatte: „Wie bekomme ich einen gnädigen Gott?" Diese Frage ist zwar nicht falsch (das kann eine Frage ja sowieso nicht sein), in einer Welt, die anscheinend weder mit Gott noch mit dem Konzept der Gnade wirklich etwas anzufangen weiß, kommt sie einem allerdings mehr als nur etwas lebensfremd vor.

Verstärkt wird dieser Eindruck durch eine Theologie, in der betont wird, Jesus habe am Kreuz die „Strafe" für unsere Sünden getragen. Gott habe demnach ein (eigentlich unerfüllbares) Gesetz gegeben, das alle Menschen übertreten hätten. Da Gott heilig sei und deswegen die Sünde nicht einfach vergeben könne, brauche es ein Opfer, das die Strafe stellvertretend auf sich nähme. Das sei unbedingt notwendig, um Gottes Zorn abzuwenden, die reumütige Bitte um Vergebung und der feste Wille, sich zu bessern, reichten nicht aus.

Auch wenn diese Vorstellung an Jesaja 53,5 („die Strafe liegt auf ihm“) anzuschließen scheint, setzt sie dennoch einen Schwerpunkt, der im Neuen Testament bestenfalls am Rande vorkommt. Das fängt mit der Begrifflichkeit an: Das hebräische Wort *musar*, „Bestrafung“, wird hier in einem rechtlichen Kontext verstanden, tatsächlich gehört es jedoch in einen pädagogischen. Die Einheitsübersetzung gibt Jesaja 53,5 denn auch korrekter mit „die Züchtigung [lag] auf ihm“ wieder, die Elberfelder macht wenigstens eine entsprechende Anmerkung. Damit aber wird es schwierig, dies im Sinne eines Todesurteils zu verstehen, das stellvertretend für andere getragen wird. Denn Hinrichtungen waren auch in der Antike keine Züchtigung, weil die Auslöschung eines auf diese Weise „Gezüchtigten“ wohl kaum im pädagogischen Sinne seiner Besserung dienen kann.

Für noch problematischer halte ich, dass damit zumindest implizit gesagt wird, das eigentliche Problem liege bei Gott – der offensichtlich Schwierigkeiten hat, gnädig zu sein – und nicht bei der Menschheit. Deutlich wird das an der immer wieder gestellten Frage, warum Jesus denn auch für Sünden habe sterben müssen, die Menschen einander längst vergeben hätten.

Im eben skizzierten Rahmen kann die Antwort darauf allenfalls in der Annahme bestehen, wonach für Gott unmöglich ist, was er vom Menschen ausdrücklich verlangt, nämlich Sünde vorbehaltslos zu vergeben (vgl. Matthäus 11,25; Epheser 4,32; Kolosser 3,13). „Braucht“ Gott also tatsächlich ein unschuldiges Opfer, um Schuld erlassen zu können? Oder in Hinblick auf den eben erwähnten Gedanken zugespitzt: Löst das Kreuz nur ein weiteres Problem, nämlich das mit Gott, das zu den anderen geschilderten Zwangslagen noch hinzukommt, bietet für diese jedoch keine Lösung an? Ist „Erlösung“ also vor allem eine religiöse Kategorie und hat mit dem „normalen Leben“ kaum etwas zu tun?

Nach allem, was wir bisher gesehen haben, kann das so nicht stimmen. „Sünde“ mag zwar ein religiöses Fachwort sein, das Phänomen, das damit beschrieben wird, wird aber durchaus auch von nicht gläubigen Menschen wahrgenommen. Letztlich haben schließlich auch Probleme wie Krieg, Umweltzerstörung und Ausbeutung ihre Ursache darin, dass wir Menschen kein Ebenbild Gottes sein wollen, sondern uns selbst zur letzten Instanz aufspielen. Sünde ist also kein Problem, das zu den übrigen noch hinzukommt, sondern ein Sammelbegriff, unter den sich die anderen summieren lassen.

Wenn wir die Evangelien und vor allem die darin enthaltenen Passionsgeschichten genauer betrachten, wird uns zudem auffallen, dass es dabei weniger um Gottes Schwierigkeiten mit dem Vergeben als um die ungeschminkte Darstellung der Sünde der Menschheit geht. Der Apostel Johannes fasst das Schicksal Jesu mit vergleichsweise deprimierenden Worten zusammen: „Das war das wahre Licht, das alle Menschen erleuchtet, die in diese Welt kommen. Es war in der Welt, und die Welt ist durch dasselbe gemacht; und die Welt erkannte es nicht. Er kam in sein Eigentum; und die Seinen nahmen ihn nicht auf." (Johannes 1,9-11)

Vielleicht haben wir diesen und ähnliche Texte zu oft gelesen, vielleicht klingt auch seine Sprache zu „religiös", sodass wir die Ungeheuerlichkeit übersehen, die dort ausgesagt wird: Gott wird Mensch, übernimmt höchstpersönlich den der Menschheit gegebenen Schöpfungsauftrag und zeigt ihr, wie er erfüllt werden kann. Der Schöpfer selbst gibt Orientierung im Umgang mit seinem Werk – aber die Welt lehnt ihn ab, lässt sich nicht auf ihn ein, stößt ihn weg und bringt ihn um.

Sehr eindrücklich schildert Jesus dies im oben schon einmal erwähnten Gleichnis von den bösen Weingärtnern. Darin vergleicht er Gott mit einem Gutsbesitzer, der einen Weinberg anlegt und ihn verpachtet. Als dieser jedoch die ihm zustehende Pacht eintreiben will, weigern sich die Pächter und misshandeln seine Boten. „Zuletzt aber sandte er seinen Sohn zu ihnen und sagte sich: Sie werden sich vor meinem Sohn scheuen. Als aber die Weingärtner den Sohn sahen, sprachen sie zueinander: Das ist der Erbe; kommt, lasst uns ihn töten und sein Erbe an uns bringen! Und sie nahmen ihn und stießen ihn zum Weinberg hinaus und töteten ihn" (Matthäus 21,37-39). Wie könnte man unseren Umgang mit Gott und seiner Schöpfung besser beschreiben?

Dieser Grundzug wird in den Passionsgeschichten mit vielen Details angereichert. Nur ein paar Beispiele: Nach Johannes 11,47f. fürchteten die Autoritäten vor allem den Kontrollverlust, der mit Jesu Wirken für sie verbunden war. Vor die Wahl gestellt, ob sie lieber Jesus oder einen militanten Aufrührer in Freiheit sehen wollten, der interessanterweise ebenfalls Jesus (Barabbas) hieß, sprachen sich die Volksmassen für den Weg der Gewalt aus (Matthäus 27,16; Markus 15,6-11).

Den Prozess selbst schildern die Evangelien praktisch als Justizmord. Der Hohe Rat verfügte über keine übereinstimmenden Zeugenaussagen, womit die Sache nach jüdischem Recht hätte platzen müssen (Markus 15,55-59, vgl. 5. Mose 17,6), er lieferte Jesus aber dennoch an den römischen Statthalter Pontius Pilatus aus. Pilatus schien ebenfalls nicht von der Schuld Jesu überzeugt zu sein, handelte freilich ganz als Machtpolitiker. Statt Jesus unverzüglich freizugeben, ließ er ihn auspeitschen in der Hoffnung, damit dem Hohen Rat genug „entgegengekommen" zu sein (Johannes 19,1-4) – nur um ihn schließlich doch ans Messer zu liefern, als ihm der Wind allzu sehr ins Gesicht blies.

All das ist mit den damals und heute üblichen Erniedrigungen verbunden. Jesus wurde angespuckt, geschlagen und verspottet. Autoritätssymbole wie die Krone und der Purpurmantel wurden dabei ebenso in den Schmutz gezogen wie alttestamentliche Texte missbraucht. Wenn der Herr nicht nach dem urteilt, was vor Augen ist, sondern das Herz ansieht, dann muss doch auch sein Gesalbter mit verbundenen Augen wissen, wer ihn schlägt! (Vgl. 1. Samuel 16,7; Markus 14,65.) Und als Jesus schließlich nackt und hilflos am Kreuz hing, wurde er nicht nur von der anwesenden Menschenmenge, sondern auch von seinen Leidensgenossen verhöhnt (Matthäus 27,39-44). Hier haben sich die Mächte der Finsternis ausgetobt, daran kann kein Zweifel bestehen.

Leider ist dies jedoch kein Einzelfall, sondern in gewisser Weise symptomatisch für unsere Welt. Ähnliche Szenen haben sich vor und nach Jesu Kreuzigung unzählige Male abgespielt, in Gefängnissen, Folterkellern und Lagern, auf Marktplätzen und anderen öffentlichen Orten, an Kriegsgefangenen und Zivilisten, an Schuldigen und Unschuldigen. Demütigungen und Grausamkeiten sind keine Randerscheinungen der menschlichen Existenz, sondern gehören von Anfang an ebenso zu ihr wie Herrschsucht, Egoismus und die Verfolgung Unschuldiger.

Auch wenn das neben Kultur, Mitmenschlichkeit, Rationalität und anderem nur ein Aspekt der Zivilisation ist, ist er leider dennoch genauso typisch für unser Miteinander wie die vielen guten Aspekte. Bisher ist schließlich jede technische und sonstige Errungenschaft ebenfalls dazu benutzt worden, anderen Leid und Elend zuzufügen. Beim Kreuz war das nicht anders. Auch dieses Folterinstrument ist mit sehr viel Hirnschmalz über Jahrzehnte weiterentwickelt worden, bis es größtmöglichen Schmerz mit größtmöglicher Dauer verband. Wer gekreuzigt wurde, sollte lange leiden und erst nach Stunden oder Tagen sterben.

Zum Kreuz gehören aber auch andere Züge, die ebenfalls symptomatisch für unseren Umgang miteinander sind. In der Gruppe verlieren selbst Honoratioren, ansonsten recht zivilisierte Männer aus dem Hohen Rat, jegliche Zurückhaltung. Sie spucken, schlagen und höhnen. Für den Statthalter ist Jesus nur einer unter vielen, ein „Bauernopfer" auf dem großen Schachbrett der Macht. Die römischen Soldaten machen als professionelle Henker nur ihren Job und kümmern sich nicht um Schuld oder Unschuld des Verurteilten. Die Volksmenge schließlich hofft auf ein spektakuläres Schauspiel, eine Abwechslung im trostlosen Alltag, einen Menschen, dem es noch schlechter geht als einem selbst und gegenüber dem man sich entsprechend besser fühlen kann.

Könnte man all diese Leute zum Verhör bestellen, würde man wahrscheinlich mit dem konfrontiert werden, was die Philosophin Hannah Arendt († 1975) im Zusammenhang mit dem millionenfachen Mord an jüdischen Mitbürgern durch die Nationalsozialisten die „Banalität des Bösen" genannt hat. In der Regel haben wir es ja nicht mit mordlüsternen Fanatikern zu tun, sondern mit klassischen „Schreibtischtätern", also Menschen, die nach eigenen Angaben „nur ihren Job machen" und anschließend zum Abendessen nach Hause gehen. Außer den

Soldaten macht sich auch in der Passionsgeschichte keiner wirklich die Hände schmutzig, Pontius Pilatus wäscht sie sich sogar symbolisch „in Unschuld“ (Matthäus 27,24).

Und so bin ich fest davon überzeugt, dass die Mitglieder des Hohen Rates würdige, alte Herren waren, die eigentlich das Beste für Israel wollten und versuchten, zwischen der Weisung Gottes und den Forderungen Roms so etwas wie einen Kompromiss zu finden. Bei solchen Begebenheiten spricht man heute gern von „Sachzwängen“, „politischer Rücksichtnahme“ und vielleicht sogar etwas hochtrabend von der „Staatsräson“ und dem „Gemeinwohl“.

Dass dabei gelegentlich auch ein Unschuldiger auf der Strecke bleibt, gehört leider zu den „Kollateralschäden“, die sich kaum vermeiden lassen. Wo gehobelt wird, fallen eben Späne, werden uns auch heute Meinungsführer aller Couleur achselzuckend versichern.

Bei Pontius Pilatus war das vermutlich anders. Antike Quellen schildern ihn als karrieregeilen Opportunisten, den das Schicksal anderer weitaus weniger interessierte als das eigene Vorwärtskommen. Wie so viele „Alphatiere“ verfolgte auch er keine eigene „Agenda“, sondern drehte sein Fähnchen so geschickt in den Wind, dass es aussah, als habe er die Führung übernommen. Im Prozess gegen Jesus vertrat er die Interessen Roms und die des Hohen Rates, er wollte als „Freund des Kaisers“ gelten (Johannes 19,12), scheute aber gleichzeitig die Konfrontation mit den Vertretern eines besiegten und besetzten Landstriches. Am Ende sprach er ein Urteil, von dem er sich durch seine theatralische Händewascherei gleich wieder distanzierte.

So bleiben noch die sogenannten „einfachen Leute“. Zu ihnen gehörten sicher auch die römischen Soldaten, die sich vermutlich aus wirtschaftlicher Perspektivlosigkeit zu einem mehrere Jahrzehnte dauernden Dienst jenseits der Heimat verpflichtet hatten. Bei ihnen dürften wir es allerdings mit weniger angenehmen Zeitgenossen zu tun haben. Die rund hundert Jahre Bürgerkrieg vor Christi Geburt hatten die römische Gesellschaft militarisiert und verrohen lassen, hinzu kommt, dass Soldaten bis in die Neuzeit hinein nur minimal versorgt wurden und vor allem von Kriegsbeute und Plünderungen lebten.

Entsprechend unattraktiv war der Dienst in einer eigentlich befriedeten Gegend, daran änderte auch das Geschacher um die paar Habseligkeiten eines Hingerichteten nichts (Johannes 19,23f.). Bei der Kreuzigung selbst schienen ihrem Sadismus keine Grenzen gesetzt zu sein, wichtig war nur, dass das Opfer starb und vorher lange litt.

Und schließlich die Zuschauer: ganz normale Leute wie Sie und ich, angezogen von dem zu erwartenden Spektakel einer Hinrichtung. Das Grauen hat einen enormen Unterhaltungswert bis heute, egal ob es nun öffentlich inszeniert oder als „Realityshow" in Nachrichtensendungen und -portalen frei Haus geliefert wird. Wie schlecht es uns gehen mag, es tut eben auf eine geradezu diabolische Weise gut, Menschen zu sehen, denen es noch schlechter geht. Neben Sex verkauft sich deshalb Gewalt am besten.

Man könnte hier jetzt noch einen Blick auf die Jünger werfen, von denen einer Jesus verraten hatte und ein anderer ihn verleugnete, während der Rest schlichtweg die Beine in die Hand nahm, oder auf die Frauen, die teilnahmslos unter dem Kreuz standen, weil sie sowieso nichts machen konnten – das Bild dürfte jedoch auch so deutlich sein.

Das Kreuz ist unsere Welt im Kleinen, unsere verstörende und grausame Welt, in deren Mitte nicht nur ein Unschuldiger leidet und stirbt, sondern *der* Unschuldige schlechthin, der Mensch, der allen den Weg zum Frieden hätte zeigen können, wenn sie ihm nur gefolgt wären. Aber stattdessen machen alle einfach weiter wie bisher. Und wohin das führt, wenn alle weitermachen wie bisher, wird auch in aller Eindringlichkeit am Kreuz deutlich: Dort in unserer Mitte wird Gott aus seiner Schöpfung geworfen und zu Tode gefoltert.

Das Kreuz ist damit der Höhepunkt der Sünde der Menschheit, die grausame Vollendung ihres Sündenfalls, die finsterste Umsetzung ihres Anspruchs, selbst sein zu wollen wie Gott und zu entscheiden, was gut und böse ist.

Am Kreuz herrscht deshalb die Finsternis, die Sonne verdunkelt sich am Mittag (Matthäus 27,54), wir treten ein in die Nacht der Welt. Das Böse, das bisher Verborgene, das mühsam Kaschierte, all das tobt sich jetzt aus, die Finsternismächte regieren. Es ist die dunkelste Stunde der Welt, in der nicht nur offenbar wird, dass die Menschheit sie nicht retten kann und will, sondern auch, dass sie den Einzigen, der sie retten könnte, Gott selbst, wieder hinauswirft.

Jetzt ist Gott tot und die Schöpfung gehört endlich uns bzw. den Mächten, die uns antreiben. Wir können sie plündern, zerstören und uns um die Beute streiten – niemand wird sich uns mehr in den Weg stellen. Indem wir Gott getötet haben, haben wir den Horizont weggewischt, wie es der Philosoph Friedrich Nietzsche († 1900) nannte. Das Kreuz offenbart also die Finsternis der Welt und der Menschheit.

Doch das ist nur die eine Seite, denn der da am Kreuz stirbt, ist auch ein Mensch, mehr noch, der exemplarische Mensch, *das* Ebenbild Gottes. Und als solcher erfüllt er den Schöpfungsauftrag bis zum Schluss. Er versteht sich nicht nur ganz von Gott her, wie sein Gebet in Gethsemane vor der Kreuzigung zeigt (Matthäus 26,42), sondern gibt sich auch ganz hin. Nicht allein deshalb, aber auch deswegen wird dies zu Recht als „Opfer" bezeichnet: Jesus opfert sich selbst, Gott opfert sich in ihm, er gibt sich ganz hin, geht den Weg der Selbstverleugnung und Selbsthingabe, den er gelehrt hat, bis zum letzten Schritt.

Die Gewalt, die um das Kreuz herum tobt, findet damit ein Ende: *Diese* Gewalt gebiert keine Gegengewalt, hier wird an keiner Eskalationsspirale gedreht. Jesus stirbt nicht mit einem Fluch auf den Lippen oder der Aufforderung an seine Anhänger, Rache zu nehmen und das Unrecht zu vergelten, sondern mit einem Segenswort, das die Gewalt bei ihm aufhören lässt: „Vater, vergib ihnen!" (Lukas 23,34) Am Kreuz zeigt sich damit die neue Menschheit, die erneuerte Schöpfung.

Am Kreuz offenbart sich auf diese Weise gerade die unendliche Liebe Gottes. „Wenn nun der Herr des Weinbergs kommen wird, was wird er mit diesen Weingärtnern tun?", fragt Jesus am Ende des Gleichnisses von den Weingärtnern (Matthäus 26,40).

Dass Gott mit Recht zornig auf uns ist, dürfte klar geworden sein. Aber er lässt seinem Zorn keinen freien Lauf, sondern handelt so, wie er es auch von uns erwartet (Markus 11,25): Auf die größte denkbare Sünde der Menschheit antwortet er nicht mit ihrer Vernichtung, sondern mit seiner Vergebung.

Wie könnte der Schöpfer noch deutlicher machen, dass er nicht die Zerstörung seiner Schöpfung will, sondern einen neuen Anfang mit ihr? „Gott war in Christus und versöhnte die Welt mit ihm selber und rechnete ihnen ihre Sünden nicht zu", wird später der Apostel Paulus schreiben (2. Korinther 5,19). Wenn diese Sünde vergeben werden kann, dann können es alle, dann ist für jeden Menschen ein Neuanfang mit Gott möglich, egal wie die Verhältnisse zwischen Schöpfer und Geschöpf bisher gestanden haben. Auch diesen Zusammenhang führt der Apostel aus:

> *„Christus ist schon zu der Zeit, als wir noch schwach waren, für uns Gottlose gestorben. Nun stirbt kaum jemand um eines Gerechten willen; um des Guten willen wagt er vielleicht sein Leben. Gott aber erweist seine Liebe zu uns darin, dass Christus für uns gestorben ist, als wir noch Sünder waren. Um wie viel mehr werden wir nun durch ihn gerettet werden vor dem Zorn, nachdem wir jetzt durch sein Blut gerecht geworden sind. Denn wenn wir mit Gott versöhnt worden sind durch den Tod seines Sohnes, als wir noch Feinde waren, um wie viel mehr werden wir selig werden durch sein Leben, nachdem wir nun versöhnt sind" (Römer 5,6-10).*

Mit diesem Wissen im Hinterkopf können wir uns nun noch einmal der Frage zuwenden, inwiefern das Kreuz als Opfer verstanden werden muss, denn das ist ja der Schwerpunkt der neutestamentlichen Theologie. Hierzu muss vielleicht zunächst der Begriff selbst geklärt werden. Ein Opfer ist nämlich keine Wiedergutmachungszahlung, kein Schadenersatz und erst recht keine Strafe. Auch wenn diese Dinge oft durcheinandergebracht werden, im Alten und Neuen Testament sind sie klar getrennt.

Das muss auch so sein, denn sie stammen aus ganz unterschiedlichen Kontexten.

Da ist zum einen der Rahmen des Rechtes. Hier geht es um Schuld und Vergeltung, darum, dass jemand, der ein Verbrechen begangen hat, die entsprechende Strafe tragen muss. Die lässt sich freilich in keinem Rechtssystem der Welt an einen anderen delegieren – auch in der Bibel nicht! Wenn ein Unschuldiger bestraft würde, damit ein Schuldiger freigesprochen wird, wäre das nämlich gerade keine Gerechtigkeit, sondern reine Willkür, die wir ansonsten nur aus verbrecherischen Systemen kennen. Möglich ist jedoch ein Gnadenakt, durch den der Schuldige seine verdiente und gerechte Strafe erlassen bekommt. Die ist dann aber auch wirklich erlassen und muss nicht von einem anderen getragen werden.

Opfer dürfen ebenso wenig als Wiedergutmachung aufgefasst werden, sie sind nämlich auch kein Schadenersatz. Wären sie das, dann müsste der Wert des Opfers dem entstandenen Schaden in etwa entsprechen oder ihn übersteigen. Wenn ich zum Beispiel ein Kleid mit Wein irreparabel verunreinige, dann könnte ich dessen Besitzerin den Wert des Kleides bezahlen, indem ich ihr entweder den Kaufpreis erstatte oder ihr ein ähnliches Kleid finanziere. Viele Menschen würden sich aber auch auf ein Tauschgeschäft einlassen, bei dem sie im Vorteil wären, etwa wenn ich ihnen als Ersatz für das verschmutzte Kleid einen Gegenstand anböte, der dessen Wert bei Weitem übersteigt.

Typisch für so einen Schadenersatz ist jedoch immer, dass er in irgendeiner Weise als angemessen empfunden werden muss. In diesem Sinne werden Erbstücke nicht nur nach dem Einkaufspreis von 1910 oder ihrem bloßen Materialwert betrachtet, sondern auch nach dem ideellen Wert, den ihr Besitzer damit verbindet. Ebenfalls unangemessen wäre es allerdings, für ein schlichtes Leinenkleid, das die Urgroßmutter dereinst genäht hat, einen Millionenbetrag zu verlangen, nur weil es sich um ein Einzelstück handelt.

Damit dürfte deutlich geworden sein, dass eine Betrachtung des Opfers Jesu am Kreuz in diesem Sinne problematisch ist. Denn der Schaden, den Gott durch die Zerstörung seiner Schöpfung erlitten hat, lässt sich kaum beziffern und schon gar nicht durch einen weiteren Schaden – den Tod eines Menschen – ausgleichen.

Denkbar wäre also nur ein „Wie du mir, so ich dir", bei dem der Geschädigte seinen Verlust vergilt, indem er dem Verursacher ebenfalls einen Schaden zufügt. Das würde freilich nicht nur allem widersprechen, was wir über Gott wissen, es wäre auch völlig unsinnig, weil die ganze Schöpfung ihrem Schöpfer gehört. Zudem waren es die Pächter, die den Sohn getötet haben, und nicht der Weinbergbesitzer, der damit den Verlust des Weinbergs „ausgleichen" wollte. Durch den Tod des Sohnes ließe sich die Zerstörung des Weinbergs auch gar nicht aus der Welt schaffen, weil beides letztlich den Weinbergbesitzer und nicht die Pächter schädigt. Das Opfer am Kreuz kann daher keine Wiedergutmachung sein, mit der sich weitere Ansprüche der Gegenseite erledigt hätten.

Opfer müssen vielmehr ausschließlich in einem Beziehungskontext gedeutet werden, in dem gerade nicht aufgerechnet werden kann. Mit dem Opfer soll nämlich nicht das zwei Parteien trennende Problem beseitigt werden, sondern die eigene Haltung gegenüber der anderen Partei zum Ausdruck gebracht werden.

Wir kennen das aus dem zwischenmenschlichen Bereich: Zwei Freunde zerstreiten sich, und nach einer gewissen Funkstille geht einer der beiden einen Schritt auf den anderen zu, indem er ihm zum Beispiel einen Gegenstand schenkt, den dieser sehr schätzt, oder etwas an seinem Lebensstil ändert, das den anderen bisher immer gestört hat. Der Streit ist damit nicht aus der Welt, er ist nicht „ausgeglichen" oder „bezahlt". Die Geste macht allerdings deutlich, wie sehr die eine Partei an der Beziehung zur anderen interessiert ist, wie gern sie das Trennende überwinden möchte, wie willig sie ihren Anteil am Konflikt anerkennt und wie bereit sie ist, die für die Versöhnung nötigen schmerzhaften Schritte zu gehen.

Dieser Zusammenhang lässt sich sehr gut bei den Sündopfern des Alten Testaments beobachten: Durch die Handauflegung (3. Mose 4,4) geschieht dort eine Identifikation des Sünders mit dem Opfer. Der Mensch erkennt damit seine Verfehlung an und zeigt auf symbolische Weise nicht nur, dass sein Weg in den Tod führt, sondern dass er auch zur Umkehr bereit ist. Deswegen muss ein Opfer immer einen gewissen Wert haben, weil das ein Ausdruck der Umkehrbereitschaft ist. Wer sich wirklich ändern möchte, lässt sich das etwas kosten.

Das Opfer ist dabei natürlich nur der Anfang, ansonsten wäre es analog zu dem von den Reformatoren zu Recht bekämpften Ablass zu betrachten, bei dem der Wert einer Verfehlung auf Heller und Pfennig aus- und entsprechend auch abgerechnet werden kann. Bei einem Opfer ist das dagegen gerade nicht möglich, es stellt immer nur den ersten Schritt zum Neuanfang dar.

Deswegen „funktioniert" ein Sündopfer nach dem Alten Testament nur, „wenn jemand aus Versehen gegen irgendein Gebot des Herrn sündigte und täte, was er nicht tun sollte" (3. Mose 4,2). Bei unbeabsichtigten Verletzungen innerhalb einer Beziehung genügen bestimmte Gesten, um deutlich zu machen, dass man weiterhin an der Beziehung arbeiten möchte. Ganz anders sieht es jedoch aus, wenn das Gegenüber in voller Absicht verletzt wurde. Dann braucht es wesentlich mehr als eine Geste, um die Beziehung zu erneuern. Das Alte Testament sieht für diesen Fall denn auch ausdrücklich keine Opfer vor. Der Sünder muss sich vielmehr direkt mit seinem Gott auseinandersetzen, wie wir etwa bei David sehen (vgl. 2. Samuel 12,1-23).

Übertragen wir nun diese Erkenntnisse auf das Opfer Jesu am Kreuz, dann fällt zunächst einmal auf, dass das Opfer hier andersherum geschieht: Nicht der Mensch opfert Gott, sondern Gott opfert sich selbst. Es handelt sich also nicht um ein Sündopfer im klassischen Sinn, mit dem jemand, der aus Versehen ein Gebot übertreten hat, Gott seine Bußfertigkeit zeigen möchte.

Nein, hier kommt vielmehr Gott dem Menschen entgegen, hier streckt er in seinem Opfer die Hand zur Versöhnung aus, hier zeigt derjenige, der verletzt worden ist – das eigentliche Opfer! –, dass er mit dem Täter einen neuen Anfang wagen möchte. Dieses Opfer ist also kein Ausdruck der Bußfertigkeit, umso mehr aber des unbedingten Willens zur Versöhnung. Deswegen ist es auch grundsätzlich nicht begrenzt, es gilt nicht nur für Sünden aus Versehen, nicht nur für Fehler und Nachlässigkeiten, sondern für jegliches Fehlverhalten des Menschen, beabsichtigt oder nicht, ja sogar für alle bewussten Feindseligkeiten Gott gegenüber.

In Jesus gibt Gott sich selbst und damit alles, was er geben kann. Er bringt das größte Opfer, geht die größtdenkbare Strecke, um sogar seine Feinde mit sich selbst zu versöhnen.

Das Kreuz Christi kann daher nicht analog zu den Sündopfern des Alten Testaments betrachtet werden. Es ist auch keine Geste, um eine ins Wanken geratene Beziehung zu erneuern. Hier geht es vielmehr um einen totalen Neuanfang, der durch dieses Opfer überhaupt erst ermöglicht wird. Gott hält uns nichts mehr vor, er möchte sich mit uns versöhnen und geht deshalb die Schritte auf uns zu, die wir nicht nur nicht auf ihn zugehen wollen, sondern oft genug auch gar nicht können.

Unsere Feindseligkeit beantwortet er mit Liebe, unsere Ablehnung mit Entgegenkommen. Indem wir das Kreuz Christi so verstehen, identifizieren wir uns allerdings zwangsläufig mit seiner Ursache: Ja, die Menschheit ist tatsächlich den Weg der Sünde bis zum äußersten Ende gegangen – so weit, dass nur noch eine komplette Umkehr zum eigentlichen Ziel führen kann.

Aus diesem Grund ist es so bedauerlich, wenn das Kreuz Jesu, die Vergebung Gottes, seine Liebe und sein Entgegenkommen gegen die Umkehr in Stellung gebracht werden nach dem Motto: Wenn Gott am Kreuz schon alles getan hat, dann müssen wir doch nichts mehr tun. Das wäre freilich nur dann der Fall, wenn *wir* das Opfer gebracht hätten, wenn damit also von unserer Seite aus die Schuld ausgeglichen worden wäre. Wer so argumentiert, verkennt daher, dass das Kreuz die monströseste Konsequenz der menschlichen Sünde ist.

Die Jesus ans Kreuz schlagen, tun gerade nicht Gottes Werk, handeln nicht in seinem Auftrag, bringen kein Opfer, um alle *anderen* Sünden auszugleichen, nein, sie fügen vielmehr zu allen anderen Sünden der Menschheit noch die größte hinzu.

„Der Menschensohn geht zwar dahin, wie von ihm geschrieben steht; doch weh dem Menschen, durch den der Menschensohn verraten wird! Es wäre für diesen Menschen besser, wenn er nie geboren wäre“ (Matthäus 26,24). Judas, Kaiphas, Pilatus und alle ihre Mitstreiter sind keine Helden, denen Gott dankbar sein müsste, weil sein Plan sonst nicht aufgegangen wäre. Im Gegenteil, sie haben „den Herrn der Herrlichkeit ... gekreuzigt“ (1. Korinther 2,8).

Umgekehrt wird deshalb ein Schuh daraus: Weil Gott am Kreuz alles getan hat, weil das Kreuz nicht nur ein Ausdruck der Liebe Gottes zu uns Menschen ist, sondern auf gleiche Weise auch ein Symbol für die Feindschaft des Menschen gegenüber seinem Schöpfer und den Weg des Todes, auf dem er unterwegs ist, *muss* es in die Umkehr führen.

Wer im Kreuz erkennt, was die Menschheit angerichtet hat, staunt nicht nur über die völlig unerwartete und unerschütterliche Liebe Gottes, sondern erschrickt auch über seinen eigenen Anteil an diesem Geschehen. Das Kreuz zeigt also beides in letzter Konsequenz: wie Gott ist, aber auch wie wir Menschen sind. Vergebung und Nachfolge gehören daher untrennbar zusammen, weil die Vergebung auf den Neuanfang hinzielt, den sie überhaupt erst ermöglicht.

Erst wenn wir das verinnerlicht haben, können wir uns sachgerecht der Bildsprache nähern, mit der das Neue Testament Anleihen aus den oben erwähnten Kontexten nimmt, um die Bedeutung des Kreuzes zu erläutern. Natürlich ist mit dem Kreuz im metaphorischen Sinne das Erlassen einer Schuld (Kolosser 2,14), die Bezahlung eines Lösegelds (Markus 10,45) und das Aufsichnehmen einer Strafe (2. Korinther 5,21) geschehen. Das alles sind Bilder, die von einem Neuanfang sprechen, der in einer ausweglosen Situation plötzlich möglich wird.

Wenn also Sünde mit Worten aus dem Finanzbereich beschrieben wird, sozusagen als Rechnung, die Gott mit uns noch offen hat und die wir niemals werden bezahlen können (vgl. Matthäus 18,21-35), dann ist das Kreuz Jesu der große Schuldenerlass. Wie groß auch immer die Summe gewesen sein mag, die wir bei Gott noch offen haben, mit dem Kreuz ist sie bezahlt.

Betrachtet man Sünde dagegen als etwas, das uns bindet und uns zu „Sklaven“ von Mächten macht, die uns beherrschen (Römer 6,17), dann trifft das Bild vom Lösegeld zu: Mit dem Kreuz Christi sind wir „teuer erkauft“ (1. Korinther 7,23) worden, wir gehören daher niemand anderem mehr als Christus und Gott. Wer immer also irgendeinen Macht- oder Besitzanspruch uns gegenüber behauptet, läuft damit ins Leere.

Und das gilt nicht zuletzt auch für jeglichen Gedanken an eine Strafe. Dass das Kreuz in irgendeiner Form als „Strafe“ betrachtet wird, kommt im Neuen Testament zwar nicht vor (die damit oft verwechselte „Sühne“ stammt aus dem kultischen, nicht dem rechtlichen Bereich), wohl aber wird vom „Zorn“ Gottes gesprochen und davon, dass er im Kreuz abgewendet wurde (Römer 5,9).

Wie ernst diese Vorstellung vom zornigen Gott zu nehmen ist, dürfte bereits deutlich geworden sein. Wie wir gesehen haben, geht es dabei jedoch nicht um einen aggressiven Vergeltungswunsch oder um irgendeine Form von „Genugtuung“, die Gott bräuchte, um vergeben zu können. Gottes Zorn richtet sich vielmehr gegen alles, was seine Schöpfung vernichtet. Das sind in erster Linie die schöpfungsfeindlichen Mächte, allen voran der Tod, der „letzte Feind“ (1. Korinther 15,26), aber natürlich auch die Menschen, die zu ihren Werkzeugen in der Vernichtung der Schöpfung geworden sind.

Als Christus, als *der* Repräsentant der Menschheit, lädt der gekreuzigte Jesus diesen Zorn auf sich. In ihm wird daher die Menschheit stellvertretend gerichtet, er wird „für uns zur Sünde gemacht“ (2. Korinther 5,21) und hat „sich selbst für unsre Sünden dahingegeben“ (Galater 1,4). Die Menschheit ist deshalb in ihrem Repräsentanten gerichtet, der Zorn Gottes hat damit ein Ziel gefunden.

Entscheidend ist jedoch, dass wir Jesus hier auf die richtige Weise als wahren Menschen und wahren Gott betrachten: Indem sie Jesus kreuzigt, bringt die Menschheit Gott um und begeht damit ihre größte Sünde, die letztlich der Urgrund aller anderen Sünden ist. Am Kreuz stirbt gleichzeitig der Repräsentant der Menschheit, der eigentliche, der wahre Mensch – und damit die Menschheit selbst. Alles, was Gott gegen die Menschheit anführen kann, ist daher im Kreuz bereits vergolten. Wer immer nun Angst vor einem zornigen und strafenden Gott hat, kann sich deshalb damit trösten, dass die Strafe bereits getragen wurde, indem sie Gott selbst als Mensch am Kreuz auf sich genommen hat.

Ich gebe zu, es ist kompliziert, weil im Kreuz so viele Bilder aus verschiedenen Bereichen zusammen betrachtet werden, was dazu führen kann, dass die Bezugsebenen vertauscht werden. Manchmal fällt uns das auf, zum Beispiel beim Ablasshandel. Wenn wir das Bild der Schuld zu sehr in finanziellen Kategorien betrachten, dann lässt sie sich natürlich nicht nur genau ausrechnen, sondern eben auch exakt bezahlen. Schuld wird damit zu einer Ware, die gegen Geld gehandelt werden kann.

So wie hier deutlich wird, dass man bildhafte Vergleiche nicht aus ihrem Kontext herausreißen kann, ohne dass sie schief werden, wird dies auch bei einem anderen Bild. Weil das Kreuz Christi als „Lösegeld" bezeichnet wird, mit dem Sklaven freigekauft werden, haben auch hier manche spekuliert, dass es dann einen Sklavenbesitzer geben muss, der das Lösegeld in Empfang nimmt. Zahlt Gott also an die Finsternismächte, die Sünde, den Tod oder den Teufel irgendwelche metaphysischen Beträge, damit sie ihre Gefangenen freigeben? Das würde freilich implizieren, dass diese Größen Gott in solcher Weise binden, dass er mit ihnen verhandeln und einen Ausgleich suchen muss.

Kaum etwas widerspräche jedoch so sehr der biblischen Vorstellung von Gott als souveränem Herrn der Geschichte, der sich mit niemandem arrangieren muss. Auch hier sehen wir also, dass ein Bild schief wird, wenn wir den eigentlichen Grundgedanken – in diesem Fall die Befreiung zu einem neuen Leben – außer Acht lassen und Nebengedanken in den Vordergrund rücken.

So ist es schließlich ebenfalls mit der Aussage, dass Jesus am Kreuz den Zorn Gottes abgewendet hat. Bereits im Alten Testament macht Gott deutlich, dass er Menschenopfer grundsätzlich ablehnt (5. Mose 18,9-13). Ebenso unmissverständlich verwirft er jegliche Vorstellung einer stellvertretenden Bestrafung. „Denn nur wer sündigt, der soll sterben. Der Sohn soll nicht tragen die Schuld des Vaters, und der Vater soll nicht tragen die Schuld des Sohnes, sondern die Gerechtigkeit des Gerechten soll ihm allein zugutekommen, und die Ungerechtigkeit des Ungerechten soll auf ihm allein liegen“ (Hesekiel 18,20). Die Missachtung dieser beiden Grundsätze kann daher nicht zu einer Vorbedingung gemacht werden, die Gott unbedingt erfüllen muss, um vergeben zu können.

Damit bleibt als einzige Deutungsmöglichkeit die oben beschriebene freiwillige Hingabe aus Liebe. Christus hat sich aus Liebe selbst geopfert – wobei gerade die Tatsache, dass dies kein „Muss“ ist, sondern freiwillig geschieht, den Charakter des Opfers unterstreicht. Und natürlich kann Gott an sich selbst das Gericht stellvertretend vollziehen und damit deutlich machen, wie grenzenlos seine Versöhnungsbereitschaft ist. Aber dann sollten wir dies nicht im Nachhinein mit dem Gedanken befrachten, er habe notwendigerweise so handeln „müssen“, weil ansonsten Vergebung unmöglich sei. All das schmälert die Botschaft des Neuen Testaments, wonach Christi Opfer „für uns“ und eben nicht für Gott geschehen ist.

Gottes Gerechtigkeit fordert kein Menschenopfer, das er in seiner Liebe selbst bringt. Gott opfert sich vielmehr in seiner Liebe, um die Menschen auf den Weg der Gerechtigkeit zu führen. *Wir* haben dieses Opfer nötig, *wir* bedürfen der Vergebung, *wir* brauchen Versöhnung, *wir* müssen einen neuen Anfang machen. Am Kreuz kommt Gott auf uns zu, obwohl ihn nichts dazu zwingt, er gibt sich hin, er vergibt, er lädt alles auf sich, was uns trennt, er streckt uns die Hand zur Versöhnung entgegen, geht jeden Schritt, der nötig ist – und dies alles aus reiner Liebe und Hingabe an seine gefallene Schöpfung, die er nie im Stich lässt.

All dies wird deutlich in der Deutung seines Todes, die Jesus selbst seinen Jüngern mitgegeben hat und die seine Nachfolger seitdem als Gemeinschaftsereignis feiern: dem Abendmahl. In ihm knüpft Jesus an das aus dem Alten Testament bekannte Passahmahl an, mit dem die Israeliten in Ägypten den „Verderber“ (2. Mose 12,23) ferngehalten haben, der die Ägypter schlug. Dafür wurde ein Lamm geschlachtet, gegessen und das

Blut an die Türpfosten gestrichen. Jesus als „Gottes Lamm" (Johannes 1,29) knüpft also an eine vielschichtige Symbolik an: Es geht um die Befreiung aus Unterdrückung, die Bewahrung vor Todesmächten, aber auch um die Stiftung einer Gemeinschaft, denn Israel wurde erst durch den mit dem Passah verbundenen Auszug aus Ägypten zu einem eigenständigen Volk.

Durch den Zusammenhang mit der bei allen Evangelisten zuvor geschilderten „Tempelreinigung", bei der Jesus den alttestamentlichen Gottesdienst symbolisch beendete (Matthäus 21,12-14), kommt eine weitere Ebene hinzu: Mit seinem Opfer ersetzt und überbietet Jesus die bisherigen Opfer im Tempel und erfüllt damit dieselbe Funktion wie der Tempel selbst.

In ihm geschieht die Verbindung von Himmel und Erde, von Gott und seiner Schöpfung, in ihm werden Vergebung und Versöhnung bewirkt. All das passiert am Kreuz, dessen Bedeutung Jesus im Abendmahl mit den Worten beschreibt: „Das ist mein Leib, der für euch gegeben wird; das tut zu meinem Gedächtnis. Desgleichen auch den Kelch nach dem Mahl und sprach: Dieser Kelch ist der neue Bund in meinem Blut, das für euch vergossen wird!" (Lukas 22,19f.)

Auch das ist vielschichtig. Hier wird eine neue Gemeinschaft begründet, die nicht das alte Passah und den Auszug aus Ägypten als Gründungsdatum hat, sondern das neue Passah des Kreuzes Christi, und gleichzeitig auch eine neue Einheit gestiftet. Christi Leib und Blut wird von seinen Nachfolgern aufgenommen, womit sie mit ihm und untereinander eins werden. Und das alles geschieht durch die Hingabe Jesu, der sich im wahrsten Sinne des Wortes von seinen Nachfolgern verzehren lässt.

DURCHBRUCH.

So zentral das Kreuz als Symbol im Christentum auch ist, wer sich näher mit dem Neuen Testament beschäftigt, fragt sich unweigerlich, ob die Auferstehung nicht mindestens genauso bedeutsam ist. Sogar in seinem Brief an die Römer, in dem er sich ausführlich mit dem Kreuz beschäftigt, stellt der Apostel Paulus gleich zu Beginn Jesus als unseren Herrn vor, „der geboren ist aus dem Geschlecht Davids nach dem Fleisch, der eingesetzt ist als Sohn Gottes in Kraft nach dem Geist, der da heiligt, durch die Auferstehung von den Toten" (Römer 1,3f.). In seinem ersten Brief an die Gemeinde in Korinth wird er sogar noch eindrücklicher:

> *„Ist aber Christus nicht auferweckt worden, so ist unsre Predigt vergeblich, so ist auch euer Glaube vergeblich. Wir würden dann auch als falsche Zeugen Gottes befunden, weil wir gegen Gott bezeugt hätten, er habe Christus auferweckt, den er nicht auferweckt hätte, wenn doch die Toten nicht auferstehen. Denn wenn die Toten nicht auferstehen, so ist Christus auch nicht auferstanden. Ist Christus aber nicht auferstanden, so ist euer Glaube nichtig, so seid ihr noch in euren Sünden; dann sind auch die,*

die in Christus entschlafen sind, verloren. Hoffen wir allein in diesem Leben auf Christus, so sind wir die elendesten unter allen Menschen.“ (1. Korinther 15,14-19)

Mit der Auferstehung ist nach dem Neuen Testament ganz offensichtlich eine Kraft verbunden, die so große Auswirkungen hat, dass der christliche Glaube ohne sie nicht denkbar wäre.

Das ist auf den ersten Blick ziemlich verblüffend, vor allem für Christen, die ihren Glauben vor allem von der Nachfolge Jesu her definieren. Was hat denn die Auferstehung mit der Ethik zu tun? Das, was Jesus zum Umgang mit Konflikten gesagt hat, sein demütiger Lebensstil, seine Liebe und Barmherzigkeit, all das würde doch nicht „falsch“ werden, wenn er nicht von den Toten auferstanden wäre. Er wäre doch weiterhin ein großer Menschenkenner und Lehrer, ein Vorbild, dem nachzufolgen in hohem Maße sinnvoll wäre. Die Tatsache, dass die Welt ein besserer Ort wäre, wenn alle Menschen so wären wir Jesus von Nazareth, würde in keinster Weise geschmälert, wenn er schlicht im Grab geblieben wäre.

Gerade in jüngster Zeit sind deshalb auch nicht wenige Versuche unternommen worden, die Auferstehung als ein Randereignis zu betrachten, das man getrost ignorieren, wenn nicht sogar ganz leugnen könne. Als eine der letzten Bastionen des „Übernatürlichen“ stellt sie zudem gleich in doppelter Hinsicht einen Anstoß dar: Zum einen ist sie ein für einen rational denkenden Menschen kaum vermittelbares „Wunder“, zum anderen rückt sie den Menschen Jesus doch wieder allzu sehr in die Nähe des „übernatürlichen Wesens“, von dem sich die Auslegung doch gerade verabschieden will.

Wenn Jesus mit der Auferstehung tatsächlich vor allem „beweisen wollte, dass er Gott ist“, haben wir nämlich ein Problem. Je mehr wir dies im Sinne eines „Gott kann nicht sterben, deswegen musste auch Jesus zwangsläufig von den Toten auferstehen“ auffassen, desto mehr nehmen wir Jesus von seiner Menschlichkeit, zu der nun einmal die alles durchdringende Erfahrung der Vergänglichkeit und der Schatten des Todes gehören. Wir stehen damit in der Gefahr, letztlich einen Jesus zu predigen, der nicht „im Fleisch gekommen ist" (1. Johannes 4,2), was schon im Neuen Testament als Irrlehre verworfen wird.

Und so scheint es manchen gut in die Theologie zu passen, dass sich die Auferstehung grundsätzlich nicht beweisen lässt. Denn dazu müsste man sie erklären können, müsste man verstehen, was da genau passiert ist. Das wäre jedoch nur möglich, wenn sich die Auferstehung mit anderen Ereignissen vergleichen ließe und sie sich damit als Teil einer Reihe von beobachtbaren Phänomenen entpuppte.

So etwas geschieht zum Beispiel, wenn man Jesus in welcher Weise auch immer für „scheintot" erklärt: Sein Körper wirkte zwar bei der Abnahme vom Kreuz wie tot, die vitalen Funktionen schienen aufgehört zu haben – aber der nach dem Tod unumkehrbar einsetzende Verfall, der Prozess der Zersetzung und Verwesung, hat nie stattgefunden. Stattdessen sind die lebensnotwendigen Vorgänge wieder gestartet worden, der Stoffwechsel kam erneut in Gang, Jesus erwachte wie aus einem tiefen Schlaf.

Wäre es so gewesen, könnte man sich die Auferstehung erklären, weil sie dann eine zwar extreme und ungewöhnliche, aber eben nicht prinzipiell undenkbare Form einer Nahtoderfahrung wäre. Aber eben nicht mehr als das, wie das Wort verrät: Wer dem Tod nahe ist, ist schließlich nicht tot, sondern nur „scheintot" und damit immer noch lebendig.

Genau dem widersprechen die Evangelien jedoch vehement. Der Apostel Johannes führt sogar ganz unverfängliche Zeugen an, nämlich die römischen Soldaten, die mit ihrem eigenen Leben für den Tod des Hinzurichtenden einzustehen hatten: „Als sie aber zu Jesus kamen und sahen, dass er schon gestorben war, brachen sie ihm die Beine nicht, sondern einer der Soldaten stieß mit einer Lanze in seine Seite, und sogleich kam Blut und Wasser heraus." (Johannes 19,33f). Egal, wie man diesen Befund deutet – es könnte sich bei dem „Wasser" um Lymphe handeln oder um die Flüssigkeit, die sich bei Leichen im Brustfell sammelt, möglich ist auch, dass sich das Blut bereits in Serum und Plasma zersetzt hatte – er war auch in der Antike ein sicheres Todeszeichen. Der Verwesungsprozess hatte begonnen.

Was bei der Auferstehung geschah, entzieht sich deshalb jeglicher menschlicher Vorstellungskraft. Selbst die Evangelien, die doch ansonsten teilweise sogar recht ausführlich Totenauferweckungen schildern (Matthäus 9,23-25; Lukas 7,12-15; Johannes 11,38-44), schweigen darüber. Die Auferstehung Jesu ist ein Ereignis, das bezeugt und gedeutet, über das aber nicht im eigentlichen Sinne berichtet werden kann. Denn der auferstandene Jesus ist nicht einfach nur in dieses Leben zurückgekehrt, sondern Teil von Gottes kommender, erneuerter Welt geworden, „der Erstgeborene von den Toten" (Kolosser 1,18; Offenbarung 1,5), „der Erstling unter denen, die entschlafen sind" (1. Korinther 15,20), eine neue Schöpfung inmitten der alten.

Der Apostel Paulus bemüht daher den Vergleich zwischen einem Samenkorn und der fertigen Pflanze, um das Verhältnis des irdischen Leibes zu dem Auferstehungsleib zu erläutern, um dann auszuführen: „Es wird gesät verweslich und wird auferstehen unverweslich. Es wird gesät in Niedrigkeit und wird auferstehen in Herrlichkeit. Es wird gesät in Schwachheit und wird auferstehen in Kraft. Es wird gesät ein natürlicher Leib und wird auferstehen ein geistlicher Leib. Gibt es einen natürlichen Leib, so gibt es auch einen geistlichen Leib." (1. Korinther 15,42-44) Mit der Auferstehung hat Jesus also die sterbliche und vergängliche Welt hinter sich gelassen und ist vom Tod ins Leben durchgedrungen.

Weil er darin der Erste ist, gibt es zu diesem Ereignis keinen Vergleichspunkt. Es ist so analogielos wie die Schöpfung selbst. Ebenso wenig wie wir erklären können, warum und wie aus nichts das All entstanden ist, können wir erläutern, wie die neue Schöpfung mitten in die alte hineinbrechen konnte. Daher ist es kein Wunder, dass dieses Ereignis bereits in frühester Zeit umstritten war.

Das ändert jedoch nichts daran, dass es außerordentlich gut bezeugt ist. Paulus, der dem auferstandenen Jesus selbst begegnet ist, nennt noch Petrus, den Jüngerkreis der „zwölf", Jakobus, den Bruder Jesu, sowie „mehr als fünfhundert Brüder auf einmal“ und „alle Apostel“ als weitere Augenzeugen (1. Korinther 15,5-7). Einige dieser Begegnungen werden offensichtlich in den Evangelien ebenfalls erwähnt, auch wenn sie sich vermutlich nicht genau zuordnen lassen, andere wiederum nicht, was die Unabhängigkeit der Berichte unterstreicht.

Für noch überzeugender halte ich historische Überlegungen: Während im Judentum unterschiedliche Vorstellungen über die kommende Welt nebeneinander existierten und ein auferstandener Messias in keiner von ihnen eine Rolle spielte, weist das frühe Christentum zwar ebenfalls in vielen Fragen eine enorme theologische Bandbreite auf, aber eben nicht in dieser. Soweit wir es nachvollziehen können, gingen alle Christen davon aus, dass Jesus nicht nur am Kreuz gestorben, sondern auch von den Toten auferstanden war und genau deshalb eine wichtige Stellung in der kommenden Welt einnehmen würde.

Das lässt sich am einfachsten erklären, wenn man annimmt, dass die Apostel tatsächlich felsenfest davon überzeugt waren, dem auferstandenen Jesus begegnet zu sein. Ohne diese Vermutung klafft zwischen dem breiten jüdischen Spektrum und der sehr eindeutigen christlichen Theologie eine Lücke, die sich nur mit einer groß angelegten Verschwörungstheorie einigermaßen schließen ließe, denn letztlich müsste man erklären, wieso es ausgerechnet in diesem Bereich schon sehr früh zu einer einheitlichen Auffassung gekommen ist.

Warum freilich war den ersten Christen die Auferstehung so wichtig, dass das Neue Testament immer wieder darauf verweist? Um das zu klären, müssen wir zunächst einen Blick auf den Prozess gegen Jesus und seinen Hintergrund werfen. Im Unterschied zu heutigen Strafprozessen existierte die Institution der Staatsanwaltschaft im antiken Judentum nämlich nicht. Es treten vielmehr zwei „zivile“ Parteien vor den Richter, wobei die eine Anklage gegen die andere erhebt. Im Zentrum stand dabei die Frage, welche der beiden Parteien sich bundesgemäß verhalten hat, welche also den in den fünf Büchern Mose niedergelegten Weisungen Gottes am ehesten gerecht geworden ist.

Das Fehlen einer offiziellen Strafverfolgungsbehörde verändert natürlich den Prozess. Während sich heutige Staatsanwaltschaften schlimmstenfalls blamieren, wenn der Angeklagte freigesprochen oder nur zu einer Bagatellstrafe verurteilt wird, sieht das in einem Prozess, in dem sich zwei Parteien gegenüberstehen, anders aus.

Wie wir zum Beispiel bei der Geschichte mit der Ehebrecherin in Johannes 8,2-10 sehen, „platzt" eine Anklage in diesem Fall nicht, sondern fällt auf die Ankläger zurück. Im Mittelpunkt des Prozesses steht hier nämlich nicht nur die Frage, ob die Angeklagte Ehebruch begangen hat, sondern auch die, ob ihre Ankläger überhaupt in einer Position sind, sie anklagen zu können. Wer von beiden Parteien wird also eher dem von Mose geschlossenen Bund gerecht: eine Frau, die die Ehe gebrochen hat, oder ihre Ankläger, die sie in böswilliger Absicht als „Bauernopfer" vorschieben, um einen anderen damit bloßzustellen? Jesu Entgegnung, „Wer unter euch ohne Sünde ist, der werfe den ersten Stein auf sie" (8,7), lässt die Antwort zumindest in der Schwebe.

Übertragen wir diese Vorstellungen auf die Beziehung zwischen Gott und seinem Bundesvolk, ergibt sich ein bereits bekanntes Bild. Weil Gerechtigkeit ein Verhältnisbegriff ist, gibt es auch in Israel immer Menschen und Parteien, die vor Gott „gerecht" handeln, während andere „ungerecht" sind.

Diese Vorstellung bildet zum Beispiel den Hintergrund der Geschichte von der Heilung des Gelähmten. Dort bringen Menschen einen Gehbehinderten zu Jesus, der ihm daraufhin die Sünden vergibt. „Und die Schriftgelehrten und die Pharisäer fingen an zu überlegen und sprachen: Wer ist der, dass er Gotteslästerungen redet? Wer kann Sünden vergeben als allein Gott?" (Lukas 5,21) Da Jesus weder Priester noch sonst in irgendeiner Weise mit dem Tempel verbunden ist, handelt er in den Augen seiner Gegner nicht dem Bund gemäß, sondern „ungerecht". Jesus provoziert deshalb ein Gottesurteil, er ruft sozusagen Gott als Richter an, der entscheiden soll, ob er mit seiner Sündenvergebung dem Bund gerecht wird oder nicht: „Damit ihr aber wisst, dass der Menschensohn Vollmacht hat auf Erden, Sünden zu vergeben – sprach er zu dem Gelähmten: Ich sage dir, steh auf, nimm dein Bett und geh heim! Und sogleich stand er auf vor ihren Augen und nahm das Bett, auf dem er gelegen hatte, und ging heim und pries Gott“ (5,24f.).

Wenn die Vollmacht, Heilungen zu vollbringen, von Gott kommt, dann ist dies also die Bestätigung der Gerechtigkeit Jesu, weil Gott durch ihn wirkt, obwohl er sich anmaßt, Sünden zu vergeben. Die Behauptung der Gegner, Jesus betreibe Gotteslästerung, wird dagegen ausdrücklich nicht gestützt. Sie waren in diesem Fall „ungerecht“.

Wenn wir diese Erkenntnisse nun auf den Prozess gegen Jesus anwenden, ergibt sich Folgendes: Wie bereits im letzten Kapitel gesehen, schildern die Evangelien die Passion als einen Prozess, in dem Jesus gegen den Rest der Welt antritt, gegen die religiösen Autoritäten, die verschiedenen theologischen Strömungen, die staatlichen Instanzen, das einfache Volk. Die Frage, die dabei im Raum steht, ist die aus dem Verhör vor dem Hohen Rat, nämlich „ob du der Christus bist, der Sohn Gottes“ (Matthäus 26,63). Ist Jesus das, dann ist er die Instanz, durch die Gott wirkt, spricht und handelt, dann ist sein Weg der Weg zum Leben und zur Wiederherstellung der schöpfungsgemäßen Gottesebenbildlichkeit des Menschen.

Das bedeutet zwangsläufig auch, dass alle Instanzen, die einen anderen Weg zu demselben Ziel oder ein anderes Ziel lehren – Autoritäten, Theologien, der Staat –, falschliegen. Deswegen versuchen sie alles, um deutlich zu machen, dass es sich bei dem Tod Jesu um ein Gottesurteil handelt. Das Kreuz erscheint dazu als probates Mittel, schließlich ist „ein Aufgehängter ... verflucht bei Gott“ (5. Mose 21,23, vgl. Galater 3,13). Ein gekreuzigter Messias ist daher undenkbar, ja ein *skandalon*, ein „Ärgernis“ (1. Korinther 1,23).

Das Kreuz Christi erwies sich tatsächlich als Gottesurteil, dessen ganze Tragweite nach den Evangelien zuerst ein heidnischer Hauptmann erkannte (Matthäus 27,54; Markus 15,39; Lukas 23,47). Mit der Auferstehung kommt schließlich die unerwartete Gewissheit: Jesus ist wahrhaftig der „Sohn Gottes in Kraft“, der den Tod besiegt hat (1. Korinther 15,55). Er hat „die Mächte und Gewalten ihrer Macht entkleidet und sie öffentlich zur Schau gestellt und über sie triumphiert“ (Kolosser 2,15). Wer oder was immer sich zum Vertreter Gottes auf Erden aufspielen mag, wird mit der Auferstehung demaskiert. Dieser Zusammenhang steht auch hinter der Pfingstpredigt des Apostels Petrus, die hier deshalb ausführlich zitiert werden soll:

„Ihr Männer von Israel, hört diese Worte: Jesus von Nazareth, von Gott unter euch ausgewiesen durch mächtige Taten und Wunder und Zeichen, die Gott durch ihn in eurer Mitte getan hat, wie ihr selbst wisst – diesen Mann, der durch Gottes Ratschluss und Vorsehung dahingegeben war, habt ihr durch die Hand der Ungerechten ans Kreuz geschlagen und umgebracht. Den hat Gott auferweckt und hat ihn befreit aus den Wehen des Todes, denn es war unmöglich, dass er vom Tod festgehalten wurde.

Denn David spricht von ihm (Psalm 16,8-11): »Ich habe den Herrn allezeit vor Augen, denn er steht mir zur Rechten, dass ich nicht wanke. Darum ist mein Herz fröhlich, und meine Zunge frohlockt; auch mein Leib wird ruhen in Hoffnung. Denn du wirst meine Seele nicht dem Reich des Todes überlassen und nicht zugeben, dass dein Heiliger die Verwesung sehe. Du hast mir kundgetan die Wege des Lebens; du wirst mich erfüllen mit Freude vor deinem Angesicht.«

Ihr Männer, liebe Brüder, lasst mich freimütig zu euch reden von dem Erzvater David. Er ist gestorben und begraben, und sein Grab ist bei uns bis auf diesen Tag. Da er nun ein Prophet war und wusste, dass ihm Gott geschworen hatte mit einem Eid, dass ein Nachkomme von ihm auf seinem Thron sitzen sollte, hat er vorausgesehen und von der Auferstehung des Christus gesagt: Er ist nicht dem Reich des Todes überlassen, und sein Leib hat die Verwesung nicht gesehen. Diesen Jesus hat Gott auferweckt; des sind wir alle Zeugen. Da er nun durch die rechte Hand Gottes erhöht ist und empfangen hat den verheißenen Heiligen Geist vom Vater, hat er diesen ausgegossen, wie ihr seht und hört. Denn

David ist nicht gen Himmel gefahren; sondern er sagt selbst (Psalm 110,1): »Der Herr sprach zu meinem Herrn: Setze dich zu meiner Rechten, bis ich deine Feinde zum Schemel unter deine Füße lege.« So wisse nun das ganze Haus Israel gewiss, dass Gott diesen Jesus, den ihr gekreuzigt habt, zum Herrn und Christus gemacht hat." (Apostelgeschichte 2.21-36)

Die Auferstehung ist also nicht nur eine Bestätigung des Opfers Jesu am Kreuz und damit der Liebe Gottes, sondern auch ganz generell die Bekräftigung seiner Ambition, Sohn Gottes und Messias Israels zu sein. Gleichzeitig ist sie auch ein Bekenntnis Gottes zu der „Vollmacht", die Jesus zeit seines irdischen Wirkens für sich beanspruchte. Sein Weg ist also tatsächlich der Weg, der der Schöpfung entspricht und zum Leben führt. Denn niemand sonst hat die Grenze des Todes je durchbrochen und ist als neue Schöpfung in die alte zurückgekehrt.

Wie das Kreuz als Schuldaufweis und Ausdruck der Liebe Gottes fordert also auch die Auferstehung Jesu zur Identifikation auf: Am Kreuz erkenne ich, wie es um die Welt wirklich bestellt ist, ich sehe ihre Sünde, Verlogenheit und Grausamkeit und meinen Anteil darin. Ich sehe aber auch die Liebe Gottes, die bis zum Äußersten geht, die sich hingibt und niemals aufgibt, die den letzten Schritt für einen Neuanfang macht und mich deshalb zur Gegenliebe reizt. In der Auferstehung begreife ich, dass Jesu Weg durch den Tod ins Leben führt, und zwar in ein Leben, das alle bisherigen Dimensionen sprengt und sich mit dem jetzigen so wenig vergleichen lässt wie ein Samenkorn mit einem ausgewachsenen Baum. Wer durch diese Bresche, die er geschlagen hat, hindurchgehen will, muss ihm gleichförmig sein, muss werden wie er, muss mit ihm eins werden.

Damit dürfte auch deutlich geworden sein, warum die Auferstehung auch in Bezug auf Nachfolge und Ethik zentral ist. Jesu Lehren lassen sich natürlich auch ohne sie umsetzen, sein Lebensstil ebenfalls. Allerdings wäre beides dann nur ein Weg unter vielen, eine religiöse Überzeugung, eine Ethik. Dieser Weg könnte zum Leben führen, muss es aber nicht. Eine letzte Gewissheit gäbe es dann erst, wenn es zu spät ist.

Vielleicht meint Paulus dies mit seinem Hinweis, wenn Jesus nicht von den Toten auferstanden sei, seien die Christen die „elendsten unter allen Menschen". Denn Christi Weg ist ein Weg der Selbsterniedrigung und des Verzichts, ein Weg, den er selbst in einer Zeit als Kreuzesnachfolge charakterisiert hat, als das Kreuz vor allem einen langsamen und qualvollen Tod symbolisierte. Wer mit dem Kreuz auf dem Rücken zur Hinrichtung unterwegs ist, wird diesen Weg kaum zu Ende gehen ohne die feste Gewissheit, dass auf diese Weise und nicht anders der Tod überwunden wird. Oder um es mit Christi eigenen Worten zu sagen: „Wer mir folgen will, der verleugne sich selbst und nehme sein Kreuz auf sich täglich und folge mir nach. Denn wer sein Leben erhalten will, der wird es verlieren; wer aber sein Leben verliert um meinetwillen, der wird's erhalten" (Lukas 9,23f.).

Die Evangelien enden freilich nicht mit der Auferstehung, sondern mit einem Ereignis, das eng mit ihr verbunden ist und sie vollendet: Jesu Aufnahme in den Himmel. Schon das Danielbuch hatte in kryptischen Worten von „Thronen" gesprochen, die im Himmel, dem Machtzentrum der Schöpfung, aufgestellt werden und vor denen die Herrschaft der gottfeindlichen Mächte auf Erden ein Ende finden sollte (Daniel 7,9). Auf einem dieser Throne nahm „einer, der uralt war", Gott selbst, Platz, der andere ist noch frei. Doch dann „kam einer mit den Wolken des Himmels wie eines Menschen Sohn und gelangte zu dem, der uralt war, und wurde vor ihn gebracht. Ihm wurde gegeben Macht, Ehre und Reich, dass ihm alle Völker und Leute aus so vielen verschiedenen Sprachen dienen sollten. Seine Macht ist ewig und vergeht nicht, und sein Reich hat kein Ende" (7,13f.).

„Mir ist gegeben alle Gewalt im Himmel und auf Erden", versichert der auferstandene Christus folglich seinen Jüngern (Matthäus 28,18). Jesus hat „sich gesetzt ... zur Rechten des Thrones Gottes", verkündet der Brief an die Hebräer (12,2). Mit der Auferstehung hat sich also die Welt verändert, sie hat einen neuen Herrscher bekommen, der eine neue Ordnung durchsetzen wird. Die Zeit der alten Mächte läuft damit ab. Die Herren dieser Welt gehen und unser Herr kommt.

In einem der trostvollsten Kapitel der Bibel verbindet der

Apostel Paulus deshalb Kreuz, Auferstehung und Himmelfahrt zu einem großen Ganzen:

„Was wollen wir nun hierzu sagen? Ist Gott für uns, wer kann wider uns sein? Der auch seinen eigenen Sohn nicht verschont hat, sondern hat ihn für uns alle dahingegeben – wie sollte er uns mit ihm nicht alles schenken? Wer will die Auserwählten Gottes beschuldigen? Gott ist hier, der gerecht macht. Wer will verdammen? Christus Jesus ist hier, der gestorben ist, ja mehr noch, der auch auferweckt ist, der zur Rechten Gottes ist und für uns eintritt. Wer will uns scheiden von der Liebe Christi? Trübsal oder Angst oder Verfolgung oder Hunger oder Blöße oder Gefahr oder Schwert? Wie geschrieben steht (Psalm 44,23): »Um deinetwillen werden wir getötet den ganzen Tag; wir sind geachtet wie Schlachtschafe.«

Aber in dem allen überwinden wir weit durch den, der uns geliebt hat. Denn ich bin gewiss, dass weder Tod noch Leben, weder Engel noch Mächte noch Gewalten, weder Gegenwärtiges noch Zukünftiges, weder Hohes noch Tiefes noch irgendeine andere Kreatur uns scheiden kann von der Liebe Gottes, die in Christus Jesus ist, unserm Herrn." (Römer 8,31-39)

Auch wenn wir in unserem Alltag immer wieder Dingen begegnen, die uns daran zweifeln lassen, ist die Welt durch Kreuz, Auferstehung und Himmelfahrt eine grundlegend andere geworden. Auf der Oberfläche mögen noch die alten Mächte ihr Unwesen treiben, das vor allem darin besteht, uns immer wieder weiszumachen, ihre Zeit sei noch lange nicht vorbei. Dahinter aber haben sich die Verhältnisse geändert: In der Schaltzentrale der Macht, auf dem Stuhl des Kanzlers im Himmel, sitzt nun Jesus Christus selbst.

Die Schöpfung wird also von einem regiert, der nicht nur ihre Vergänglichkeit kennt, sondern unter ihr gelitten und ihre Ungerechtigkeit und Grausamkeit am eigenen Leib erfahren hat.

Als Zeichen dafür trägt der Auferstandene immer noch die Narben, die ihm das Kreuz geschlagen hat (Johannes 20,25.27). Auf ihn läuft die Schöpfung zu, ihm wird das letzte Gericht übertragen werden. Einen größeren Fürsprecher kann man sich nicht wünschen, auf einen verständnisvolleren Richter nicht hoffen. Denn auch zur Rechten Gottes bleibt seine Hand zur Versöhnung ausgestreckt. Und in der Nachfolge wird sie ergriffen.

EINHEIT.

„Ihr Männer, liebe Brüder, was sollen wir tun?“, fragten die bestürzten Zuhörer, denen der Apostel Petrus fünfzig Tage nach der Auferstehung Jesu seine berühmte Pfingstpredigt gehalten hatte. „Petrus sprach zu ihnen: Tut Buße, und jeder von euch lasse sich taufen auf den Namen Jesu Christi zur Vergebung eurer Sünden, so werdet ihr empfangen die Gabe des Heiligen Geistes. Denn euch und euren Kindern gilt diese Verheißung und allen, die fern sind, so viele der Herr, unser Gott, herzurufen wird. Noch mit vielen andern Worten bezeugte er das und ermahnte sie und sprach: Lasst euch erretten aus diesem verkehrten Geschlecht!“ (Apostelgeschichte 2,37-40)

Wir sehen hier die bekannten Elemente Umkehr (Buße), Taufe und Empfang des Heiligen Geistes, die auch aus anderen Texten des Neuen Testaments bekannt sind. Manche haben aus dieser Reihenfolge einen „Heilsplan“ gemacht und damit Umkehr und Taufe zur Voraussetzung für den Empfang des Heiligen Geistes.

Das würde allerdings nicht nur anderen in der Apostelgeschichte geschilderten Begebenheiten widersprechen (am prominentesten unter ihnen ist sicher die in 9,1-19 berichtete Bekehrung des späteren Apostels Paulus), sondern auch ein viel elementareres Problem aufwerfen. Denn wenn das so wäre, dann träte der Mensch Gott gegenüber sozusagen in Vorleistung: Er müsste zuerst etwas bringen – Umkehr und Taufe –, bevor Gott ihm seinen Heiligen Geist gibt. Das widerspricht jedoch nicht nur der Grundbotschaft der Bibel, wonach Gott seit der Schöpfung agiert und der Mensch bestenfalls auf ihn reagiert, sondern auch der Apostelgeschichte. Schon Petrus sprach schließlich davon, dass „der Herr, unser Gott, [viele] herzurufen wird". Entsprechend schließt der Evangelist Lukas diesen Abschnitt mit den Worten: „Der Herr aber fügte täglich zur Gemeinde hinzu, die gerettet wurden" (2,47).

Auf den ersten, zweiten und dritten Blick erscheint das paradox: Einerseits fordern Jesus und die Apostel die Menschen zur Umkehr und Nachfolge auf, also dazu, ihr Leben bewusst und willentlich auf eine neue Grundlage zu stellen und fortan anders zu handeln. Andererseits stellt aber niemand anderes als Jesus selbst ebenso fest: „Wenn jemand nicht von Neuem geboren wird, so kann er das Reich Gottes nicht sehen" (Johannes 3,3).

In diese Richtung weist nicht zuletzt auch der immer wieder auftauchende Vergleich menschlichen Tuns mit „Früchten" bzw. einer „Frucht" (z. B. Matthäus 7,16-20; Lukas 6,43-46). Welche Frucht eine Pflanze hervorbringt, ist freilich nicht ihre Entscheidung, sondern in ihr angelegt. Wenn Menschen hier also Pflanzen gleichgesetzt werden, liegt der Gedanke nahe, dass wir auch wenig darüber mitzuentscheiden haben, welchen Lauf die Entwicklung unseres Charakters nehmen wird.

Obwohl über diese Frage schon seit Jahrhunderten gestritten wird, lässt sie sich vermutlich nicht abschließend lösen. Das hat sie allerdings mit ähnlichen Fragen gemeinsam, in denen es ebenfalls um das Zusammenspiel von „Willen" und „Veranlagung" geht.

Wer beispielsweise in Bezug auf sportliche Leistungen, mathematische Fähigkeiten oder musikalisches Vermögen behauptet, es sei alles nur eine Frage des Wollens, verkennt die Lage ebenso wie jemand, der ausschließlich auf die Begabung verweist. Tatsache ist vielmehr, dass Talent und Übung zusammenkommen müssen, damit wir die uns möglichen Ergebnisse erzielen können.

Von daher lässt sich beides in der Praxis oft kaum auseinanderhalten, weil eine nur wenig zum Einsatz kommende Begabung auch keine nennenswerten Effekte hat, wohingegen ein ausdauerndes Training den Eindruck einer besonderen Veranlagung immens verstärkt. „Können“ und „Wollen“ müssen deshalb zusammen betrachtet werden.

Wenn wir ehrlich sind, kommt noch ein weiteres Problem hinzu: Die Unterscheidung von „Wollen“ und „Begabung“ setzt ja ein Menschenbild voraus, bei dem das Ich praktisch zu einer vom Übrigen des Menschen unabhängigen Größe wird, sodass man zwischen dem unterscheiden kann, was Gott durch meine Geschöpflichkeit wirkt, und dem, was ich darüber hinaus tue. Von der Schöpfung her betrachtet ist das jedoch unmöglich, weil unser ganzes Sein von Gott gemacht und damit Geschenk ist. Der Ausdruck „Begabung“ ist nicht von ungefähr mit Gabe verwandt.

Gleichzeitig gilt unserem ganzen Sein aber auch der mit der Schöpfung verbundene Auftrag Gottes, der eben durch uns als seinem Ebenbild wirken möchte. Wenn wir dem Ruf Jesu folgen, handelt also theologisch gesprochen Gott durch uns – und zwar auf der Ebene des Willens genauso wie auf der der Begabung.

Vielleicht ist das auch der Schlüssel zu einem besseren Verständnis der dritten Person der Dreieinigkeit, des Heiligen Geistes. Er wird ja in der Bibel an unzähligen Stellen als eine göttliche Kraftquelle beschrieben, die das Leben grundlegend verändert, so auch in der Pfingstpredigt des Apostels Petrus. Das verführt freilich dazu, ihn tatsächlich als eine Art „himmlischen Motor“ misszuverstehen. Diesen Eindruck habe ich jedenfalls, wenn ich manche Christen in einer Weise über den Heiligen Geist sprechen höre, so als gäbe es bei ihm nur „An“ oder „Aus“ bzw. „Haben“ oder „Nichthaben“.

Ein solches Denken führt zu der irrigen Annahme, dass sich ein Leben im Geist grundsätzlich anders anfühlen müsse als ein Leben ohne den Heiligen Geist. Überspitzt gesagt sieht das dann folgendermaßen aus: Wer den Geist nicht hat, muss danach sozusagen im Schweiße seines Angesichts mühsam an seinem Charakter arbeiten, sieht aber nur wenige Erfolge, die ihn dann aber auch noch zur Selbstgerechtigkeit verleiten. Ist man dagegen vom Heiligen Geist erfüllt, verändern sich die Prioritäten, Werte und Charakterzüge ganz automatisch. Nächstenliebe geht einem auf einmal leicht von der Hand, Verzicht macht plötzlich sogar Spaß, ja, man kann insgesamt nicht anders als immer mehr so zu werden wie Jesus. Schön wäre es, es ist freilich nicht so.

Sachgerechter ist es deshalb, vom Erfülltsein mit dem Heiligen Geist in einer Weise zu sprechen, in der wir ansonsten auch von den Kräften reden, die uns antreiben. Wie ist das zum Beispiel, wenn wir verliebt sind? Oder wenn ein Mensch von einer Ideologie felsenfest überzeugt ist? Oder wenn jemand sich einer Sportart verschreibt?

Das alles sind Dinge, die in der Antike als „Geister" bezeichnet worden wären und die wir selbst heute noch mit Begriffen wie „besessen von" charakterisieren. Auch in solchen Fällen findet nämlich oft eine Persönlichkeitsveränderung statt, die mit einer bisher nicht festgestellten Energie verbunden ist. Das landläufige „Erklärungsmuster", wonach Verliebte von „Amors Pfeil" getroffen worden sind, ist ja ein nicht ganz ernst gemeinter Versuch, so etwas wie „Eigenes" und „Fremdes" zu unterscheiden: Hier ist etwas in einen Menschen „hineingekommen", das so vorher nicht da gewesen ist, eine Dynamik, die sein ganzes Leben umkrempelt.

Ähnliches spielt sich auch auf der Ebene von Gemeinschaften ab. Wir sprechen dann vielleicht von dem „Zeitgeist", der „Gruppendynamik", einem neuen „gesellschaftlichen Trend" oder einer Veränderung des „Mainstreams". Ansichten und Lebensstile, die „out" waren, für überwunden gehalten wurden oder noch nie da gewesen waren, werden plötzlich nicht nur „salonfähig", sondern gelten sogar als „in".

Wer jedoch legt zum Beispiel fest, ob es gesellschaftlich akzeptabler ist, Karriere zu machen oder sich in die Familie zu investieren? Wer bestimmt, ob eine Gruppe von Menschen eher

Risikobereitschaft oder Sicherheit schätzt? Im Lauf der Geschichte gab es ja beides und vieles mehr, oft sogar nebeneinander. Und wir sehen auch, dass die Stimmung umschlagen kann, ohne dass es dafür einen konkret zu benennenden Anlass gibt. So frei in unseren Entscheidungen, wie wir uns gerne darstellen, sind wir also gar nicht. Im Gegenteil: Oft zeigt sich unser „Individualismus" ja gerade darin, dass wir die neusten Trends mitmachen und die Werturteile des Mainstreams aus vollem Herzen unterschreiben.

All den aufgeführten Punkten ist gemeinsam, dass es sich bei ihnen um eine kaum auflösbare Mischung von Anstrengung, Überzeugung, Anstoß von außen, „Flow" und vielem mehr handelt. Ein verliebter Mensch kann sich auch anders entscheiden und dem geliebten Gegenüber aus dem Weg gehen. Oder er kann die nötigen Schritte gehen, damit beide sich näherkommen. Ein Sportler muss sich anstrengen, um in den „Flow" zu kommen, bei dem man zum Beispiel „wie von selbst" rennt – und wird dafür von seinem Gehirn mit Glückshormonen belohnt, die ihn zu weiterer Anstrengung anhalten.

Ein von einer Ideologie Überzeugter erlebt sich als Teil von etwas Großem, Bedeutendem und Sinngebendem, dem er einfach anhängen „muss", obwohl er in der Regel zu keinem Zeitpunkt dazu gezwungen wird.

Statt danach zu fragen, ob einer die Kraft des Heiligen Geistes „hat" oder „nicht hat", wäre es deshalb zielführender, auf die dahinterliegende Dynamik zu schauen. Was macht denn der Heilige Geist mit uns? Zunächst einmal gibt er uns eine neue Identität. „Welche der Geist Gottes treibt, die sind Gottes Kinder. Denn ihr habt nicht einen Geist der Knechtschaft empfangen, dass ihr euch abermals fürchten müsstet; sondern ihr habt einen Geist der Kindschaft empfangen, durch den wir rufen: Abba, lieber Vater! Der Geist selbst gibt Zeugnis unserm Geist, dass wir Gottes Kinder sind", schreibt der Apostel Paulus (Römer 8,14-16). Damit ist unser Leben auf eine neue Grundlage gestellt, was umso deutlicher wird, je mehr wir uns vergegenwärtigen, dass die Familie nicht nur in der Antike die entscheidende Identitätsgröße ist.

Mit dem Empfang des Heiligen Geistes geschieht daher eine tief greifende Identitätsveränderung, die in der Bibel analog zu einer Adoption geschildert wird: Ein Mensch wird „neu geboren“ (Johannes 3,5-7), seine alte Existenz ist mit Christus „gekreuzigt“, der „Leib der Sünde vernichtet“ (Römer 6,6). „Darum: Ist jemand in Christus, so ist er eine neue Kreatur; das Alte ist vergangen, siehe, Neues ist geworden“ (2. Korinther 5,17).

Vollzogen wird dieser Übergang durch die Taufe, in der wir eins werden mit unserem Herrn und von da an nur noch ihm leben sollen (Römer 6,1-14). Mit der Taufe ist also ein Identitätswechsel verbunden: Unser altes Dasein und der mit ihm verbundene „Geist“ „sterben“ und wir werden eins mit Christus, leben „in Christus“ als „Kind Gottes“. Wie eng diese Verbindung ist, macht Römer 8,17 deutlich, wo es heißt: „Sind wir aber Kinder, so sind wir auch Erben, nämlich Gottes Erben und Miterben Christi, da wir ja mit ihm leiden, damit wir auch mit ihm zur Herrlichkeit erhoben werden.“ Unser Schicksal wird also eins mit dem Christi, weil und weswegen uns auch derselbe Geist antreibt.

Ich fürchte, dass viele Christen diese neue Identitätszuschreibung nicht wirklich begriffen haben. Gerade in einer Zeit, in der alles und nichts als „Identität“ bezeichnet wird, herrscht über dieses Thema sowieso genug Verwirrung. Doch zu Jesus gehört man nicht wie zu einem Verein oder einem Klub, es gibt keine Mitgliedschaft auf Zeit und sie erlischt auch nicht automatisch, wenn man sich nicht an die Regeln hält oder lange genug nicht mehr auftaucht.

In einer Zeit, in der selbst engste zwischenmenschliche Beziehungen von manchen eher als jederzeit terminierbare Zweckgemeinschaften betrachtet werden, muss das vielleicht noch einmal besonders betont werden: Die Familie ist eine unauflösliche Verbindung. Ehen können geschieden werden, Familien nicht. In der Antike wie heute war und ist die Adoption daher endgültig. Mit ihr bekommt das Kind nicht nur einen neuen (Nach-)Namen, sondern eine neue Identität und Herkunft, was mit einer geänderten Geburtsurkunde zum Ausdruck gebracht wird. Darum geht es, wenn einer Christ wird und sich taufen lässt. Hier hört die alte Identität auf und eine neue wird zugesprochen.

Selbstverständlich braucht es eine Weile, bis einem so etwas wirklich in Fleisch und Blut übergegangen ist. Das ändert jedoch nichts an der Tatsache selbst, die zudem zu keinem Zeitpunkt von der eigenen Zustimmung abhängig ist. Die Initiative geht vielmehr allein von dem aus, der adoptiert.

Und ist die Adoption erst einmal vollzogen, kann selbst er sie nicht mehr rückgängig machen. Zu Jesus zu gehören, Gottes Kind zu sein, ist damit zuallererst eine Befreiung und unglaubliche Ermächtigung. Meine Existenz ist gesichert, ich bin ein „Glied am Leib Christi“ (1. Korinther 12), bin mit Christus „zusammengewachsen“ (Römer 6,5) und damit ein Teil von dem, der durch den Tod hindurch ins Leben gegangen ist. Mein Dasein steht also auf einem festen Grund, ob ich das so sehen möchte oder nicht. Aber von da aus kann ich alles Weitere aufbauen.

Auf dieser Grundlage können wir nun auch das Ziel genauer in den Blick nehmen. Wie wir bereits gesehen haben, besteht es in einer Wiederherstellung und Überbietung der ursprünglichen Schöpfungsordnung. Der Mensch soll wieder als Ebenbild Gottes im Sinne des Schöpfers über die Schöpfung herrschen, die als Tempel wiederhergestellt worden ist. Der erste Schritt auf dem Weg zu diesem Ziel ist die Vereinigung der Menschheit selbst, die Überwindung ihrer Zerrissenheit hin zu etwas, was vielerorts „versöhnte Verschiedenheit“ genannt wird.

Paulus beschreibt dies unter anderem in Galater 3,28: „Hier ist nicht Jude noch Grieche, hier ist nicht Sklave noch Freier, hier ist nicht Mann noch Frau; denn ihr seid allesamt einer in Christus Jesus.“

Im Hintergrund steht dabei eine Vorstellung, die wir schon bei der Betrachtung der Schöpfung entdeckt haben. Gottes Idee für die Welt ist nicht die totale Gleichheit sozusagen als „Einheitslebewesen“, sondern gerade Verschiedenheit und Vielfalt. „Männlich“ und „weiblich“ sind daher keine Abweichungen von einem ursprünglich einheitlichen Design, sondern von Gott geschaffene und gewollte Unterschiede, die sich nicht auf eine gemeinsame Form zurückführen lassen.

Dieser Gedanke wird schon im Alten Testament auf die Völkerwelt übertragen. Danach soll die Menschheit als Ganzes Gottes Ebenbild darstellen und ihn repräsentieren, aber eben nicht ein einzelnes Volk mit seiner spezifischen Kultur, seinen besonderen Gebräuchen und Sitten. So etwas wie eine „göttliche Lebensform" gibt es daher ebenso wenig wie eine Kultur, die prinzipiell nicht geheiligt werden könnte.

Wir sehen diese Vorstellung wie gesagt schon im Alten Testament. Die Speisegebote werden zum Beispiel ausdrücklich Israel gegeben (3. Mose 11,1f.), aber eben nicht der ganzen Menschheit, weswegen sie Jesus auch implizit aufheben kann (Markus 7,19). Es geht also nicht darum, dass alle Völker so wie Israel leben sollen, vielmehr verkündet schon das Alten Testament, dass in der zukünftigen Friedenszeit die Völker zwar zum Zion kommen werden, aber ihrer jeweiligen Identität treu bleiben:

> *„Es wird zur letzten Zeit der Berg, da des Herrn Haus ist, fest stehen, höher als alle Berge und über alle Hügel erhaben, und alle Heiden werden herzulaufen, und viele Völker werden hingehen und sagen: Kommt, lasst uns hinaufgehen zum Berg des Herrn, zum Hause des Gottes Jakobs, dass er uns lehre seine Wege und wir wandeln auf seinen Steigen! Denn von Zion wird Weisung ausgehen und des Herrn Wort von Jerusalem. Und er wird richten unter den Nationen und zurechtweisen viele Völker. Da werden sie ihre Schwerter zu Pflugscharen machen und ihre Spieße zu Sicheln. Denn es wird kein Volk wider das andere das Schwert erheben, und sie werden hinfort nicht mehr lernen, Krieg zu führen." (Jesaja 2,2-4)*

Jesus beschreibt entsprechend das kommende Gottesreich als ein großes Gastmahl, bei dem auch die Nichtjuden erscheinen werden. Denn „viele werden kommen von Osten und von Westen und mit Abraham und Isaak und Jakob im Himmelreich zu Tisch sitzen" (Matthäus 8,11). Geradezu hymnisch spricht der Apostel Paulus davon, der den Nichtjuden in Ephesus folgende Zeilen schreibt:

„Darum denkt daran, dass ihr, die ihr einst nach dem Fleisch Heiden wart und »Unbeschnittenheit« genannt wurdet von denen, die genannt sind »Beschneidung«, die am Fleisch mit der Hand geschieht, dass ihr zu jener Zeit ohne Christus wart, ausgeschlossen vom Bürgerrecht Israels und den Bundesschlüssen der Verheißung fremd; daher hattet ihr keine Hoffnung und wart ohne Gott in der Welt.

Jetzt aber in Christus Jesus seid ihr, die ihr einst fern wart, nahe geworden durch das Blut Christi. Denn er ist unser Friede, der aus beiden eins gemacht hat und hat den Zaun abgebrochen, der dazwischen war, indem er durch sein Fleisch die Feindschaft wegnahm. Er hat das Gesetz, das in Gebote gefasst war, abgetan, damit er in sich selber aus den zweien einen neuen Menschen schaffe und Frieden mache und die beiden versöhne mit Gott in einem Leib durch das Kreuz, indem er die Feindschaft tötete durch sich selbst. Und er ist gekommen und hat im Evangelium Frieden verkündigt euch, die ihr fern wart, und Frieden denen, die nahe waren.

Denn durch ihn haben wir alle beide in einem Geist den Zugang zum Vater. So seid ihr nun nicht mehr Gäste und Fremdlinge, sondern Mitbürger der Heiligen und Gottes Hausgenossen, erbaut auf den Grund der Apostel und Propheten, da Jesus Christus der Eckstein ist, auf welchem der ganze Bau ineinandergefügt wächst zu einem heiligen Tempel in dem Herrn. Durch ihn werdet auch ihr mit erbaut zu einer Wohnung Gottes im Geist.“ (Epheser 2,11-22)

Man beachte die Bildsprache: Der Apostel redet hier nicht von irgendeinem Gebäude, sondern von einem „Tempel“, „einer Wohnung Gottes im Geist“. Es geht also darum, die ursprüngliche Schöpfungsidee von der Welt als Tempel wiederherzustellen.

Paulus selbst sieht sich entsprechend als „ein Diener Christi Jesu unter den Heiden [...], der mit dem Evangelium Gottes wie ein Priester dient, auf dass die Heiden ein Opfer werden, das Gott wohlgefällig ist, geheiligt durch den Heiligen Geist" (Römer 15,16). Das Ziel ist „eine große Schar, die niemand zählen konnte, aus allen Nationen und Stämmen und Völkern und Sprachen", die Gott „Tag und Nacht in seinem Tempel" dienen (Offenbarung 7,9.15).

Schon der ersten Gemeinde fiel das nicht leicht. In ihr gab es Stimmen, die für eine grundsätzliche Vereinheitlichung eintraten, weil das die ganze Sache enorm vereinfacht hätte. Wenn alle Christen auch gleichzeitig Juden wären, hätte es schließlich eine Reihe der Probleme nie gegeben, mit denen sich der Apostel Paulus später in seinen Briefen herumschlagen musste.

Wie wir in der Apostelgeschichte lesen, hat es sich die Gemeinde jedoch nicht leicht gemacht, sondern sich für den schweren Weg entschieden, neben der Juden- auch eine Heidenchristenheit zu bestätigen (Apostelgeschichte 15,1-29), wobei es angesichts der Tatsache, dass es sich bei den Nichtjuden um kein einheitliches Volk handelt, sachgerechter wäre, von vielen verschiedenen Heidenchristenheiten zu sprechen. Paulus begründet diesen Schritt mit dem Hinweis darauf, dass Gott nicht „allein der Gott der Juden" ist, sondern „auch der Gott der Heiden [...] Denn es ist der eine Gott, der gerecht macht die Juden aus dem Glauben und die Heiden durch den Glauben" (Römer 3,29f.).

Das bedeutet freilich nicht, dass nach dem Neuen Testament damit alles Mögliche als christlich bezeichnet werden kann. Schließlich bleibt alles erhalten, was wir bisher über Jesus und die Nachfolge erfahren haben. Damit die Schöpfung das wird, was sie sein soll, müssen wir alle Christus ähnlicher werden, denselben Charakter herausbilden, den er hatte.

Paulus beschreibt dies in Galater 5,22f. als „Frucht des Geistes": „Liebe, Freude, Friede, Geduld, Freundlichkeit, Güte, Treue, Sanftmut, Keuschheit." Von diesem Charakter sind wir jedoch vor unserem Eintritt in die Nachfolge gleich weit entfernt. Ob Jude oder Nichtjude, Frau oder Mann, Alt oder Jung, „Kulturträger" oder „Barbar" – niemandem ist es in die Wiege gelegt, Christus ähnlich zu sein, jede und jeder muss dafür an sich arbeiten.

Hier wie anderswo denkt der Apostel übrigens in einer Weise, die man klassisch als „mystisch“ bezeichnet: Für ihn verschmilzt der Gläubige tatsächlich mit Christus und die beiden werden eins. Das ist auf der einen Seite sehr tröstlich und ermutigend, denn damit sind unsere zukünftige Auferstehung und das ewige Leben gesicherte Tatsachen.

Weil in dem auferstandenen Jesus die neue Schöpfung schon angebrochen ist und in die alte hineinreicht, werden wir, wenn wir mit Christus eins werden, ebenfalls eine „neue Kreatur“, die schon Anteil an dem kommenden Leben hat. Paulus kann deshalb in seinem Brief an die Gemeinde in Rom jubeln: „Die [Gott] ausersehen hat, die hat er auch vorherbestimmt, dass sie gleich sein sollten dem Bild seines Sohnes, damit dieser der Erstgeborene sei unter vielen Brüdern. Die er aber vorherbestimmt hat, die hat er auch berufen; die er aber berufen hat, die hat er auch gerecht gemacht; die er aber gerecht gemacht hat, die hat er auch verherrlicht. [...] Denn ich bin gewiss, dass weder Tod noch Leben, weder Engel noch Mächte noch Gewalten, weder Gegenwärtiges noch Zukünftiges, weder Hohes noch Tiefes noch irgendeine andere Kreatur uns scheiden kann von der Liebe Gottes, die in Christus Jesus ist, unserm Herrn“ (Römer 8,29f. 38f.).

Man beachte, dass hier selbst von der zukünftigen Herrlichkeit schon in Form der „vollendeten Gegenwart“ (Perfekt) gesprochen wird, so als sei sie bereits ebenso geschehen wie Erwählung, Berufung und Vergebung.

Das hat allerdings enorme Konsequenzen für die Ethik. Wenn wir eins sind mit Christus, können wir nämlich eigentlich nicht mehr von Nachfolge sprechen. Vielmehr handelt Christus durch uns und umgekehrt: Wenn wir handeln, handelt Christus. Daraus erklärt sich das Gemeindeverständnis des Apostels.

Wenn er in seinem ersten Brief an die Korinther ausführt, „wie der Leib einer ist und hat doch viele Glieder, alle Glieder des Leibes aber, obwohl sie viele sind, doch ein Leib sind: so auch Christus“ (1. Korinther 12,12), ist das für ihn kein Bildwort, kein Vergleich und auch keine Veranschaulichung, es beschreibt die Realität. Die einzelnen Christen sind Glieder am Leib Christi und bilden auf diese Weise einen gemeinsamen Organismus. Auf Spaltungstendenzen in der Gemeinde reagiert der Apostel daher mit der Frage: „Ist Christus etwa zerteilt?" (1. Korinther 1,13)

Für die Ethik bedeutet dies, dass die Christen „ein Brief Christi" sind, „geschrieben nicht mit Tinte, sondern mit dem Geist des lebendigen Gottes, nicht auf steinerne Tafeln, sondern auf fleischerne Tafeln der Herzen" (2. Korinther 3,3) – man beachte hierbei die Anklänge an die Offenbarung des Gotteswillens am Sinai auf steinerne Gesetzestafeln.

Die Selbstidentifikation Jesu mit Armen und Schwachen (Matthäus 25,31-46) sowie seinen Jüngern (Matthäus 10,40; Lukas 10,16), seine Bitte im hohepriesterlichen Gebet, „dass sie alle eins seien. Wie du, Vater, in mir bist und ich in dir, so sollen auch sie in uns sein, auf dass die Welt glaube, dass du mich gesandt hast" (Johannes 17,21), wird hier von der anderen Seite her konsequent zu Ende gedacht.

Welche ethischen Folgen das hat, macht Paulus in seinem ersten Brief an die Gemeinde in Korinth exemplarisch am Umgang mit Prostitution deutlich. Im Alten Testament war sie zwar nicht ausdrücklich erlaubt, wurde aber stillschweigend geduldet. Wie auch heutige Gesetzgeber wissen, ist die „käufliche Liebe" nämlich nicht nur schwer zu kontrollieren, sondern auch nur mit Mühen von anderen Formen der „Liebe aufgrund von Gegenleistung" abzugrenzen. Da im Alten Testament in Bezug auf Sexualität vor allem die Legitimität des Nachwuchses und dessen Erbrecht im Mittelpunkt standen, konnte Prostitution ausgeblendet werden.

Nicht so bei Paulus. Als er erfährt, dass es in der korinthischen Gemeinde Christen gibt, die mit Prostituierten Umgang pflegen, reagiert er mit den Worten:

> *„Wisst ihr nicht, dass eure Leiber Glieder Christi sind? Sollte ich nun die Glieder Christi nehmen und Hurenglieder daraus machen? Das sei ferne! Oder wisst ihr nicht: Wer sich an die Hure*

hängt, der ist ein Leib mit ihr? Denn die Schrift sagt: »Die zwei werden ein Fleisch sein« (1. Mose 2,24). Wer aber dem Herrn anhängt, der ist ein Geist mit ihm.

Flieht die Hurerei! Alle Sünden, die der Mensch tut, sind außerhalb seines Leibes; wer aber Hurerei treibt, der sündigt am eigenen Leibe. Oder wisst ihr nicht, dass euer Leib ein Tempel des Heiligen Geistes ist, der in euch ist und den ihr von Gott habt, und dass ihr nicht euch selbst gehört? Denn ihr seid teuer erkauft; darum preist Gott mit eurem Leibe." (1. Korinther 6,15-20)

Bei genauerem Hinsehen wird die mehrfache Identifikation deutlich, die sich vor allem am Gebrauch des Wortes „Leib" erkennen lässt: Unsere Leiber sind Glieder Christi, wir sind also Teil von Christus. Gemeinsam bilden wir aber auch den Leib Christi der Gemeinde, was zwar erst einige Kapitel später näher ausgeführt wird, hier allerdings schon anklingt, wenn davon die Rede ist, dass „euer Leib ein Tempel des Heiligen Geistes ist". Diesen Begriff gebraucht der Apostel in 1. Korinther 3,16f. schon einmal, wo sich der „Tempel" auf die Gemeinde bezieht. Die Verbindung ist also eindeutig: wir = Leib = Gemeinde = Christus.

Aus dieser Identifikation folgt allerdings auch zwangsläufig, dass beim Umgang mit einer Prostituierten aus den „Gliedern Christi" „Hurenglieder" werden, womit Christus mit der Prostituierten zusammengebracht wird.

An diesem extremen Beispiel wird klar, was Nachfolge für Paulus tatsächlich bedeutet: Es ist nicht nur die Imitation Christi, sondern das Handeln *als* Christus. Die oft gestellte Frage „*What would Jesus do?*" („Was würde Jesus tun?") bekommt damit einen etwas anderen Charakter, denn nun geht es nicht mehr darum, was Jesus in meiner Situation tun *würde*, sondern darum, was er durch mich *tut* bzw. *tun sollte*.

Dies gilt selbstverständlich ausnahmslos für alle Bereiche des Lebens. Und genauso selbstverständlich sollte es sein, dass man dabei nicht den mit dem Einssein mit Christus verbundenen

Zuspruch der Vergebung und Auferstehung gegen den ebenso damit verknüpften ethischen Anspruch ausspielt. Die gute Nachricht des Evangeliums besteht bei Jesus und Paulus darin, dass dem Anspruch ein Zuspruch vorausgeht, ja dass der Zuspruch den Anspruch überhaupt erst möglich macht – ihn aber eben nicht aufhebt. Der Adam erteilte Auftrag gilt immer noch, durch unser Einssein mit Christus wird es uns nun aber tatsächlich möglich, ihn zu erfüllen.

Vom Einssein mit Christus leitet sich bei Paulus interessanterweise auch die Vielfalt in der Gemeinde ab, „denn auch der Leib ist nicht ein Glied, sondern viele“ (1. Korinther 12,14). Am Beispiel der Sinnesorgane und des Bewegungsapparats führt der Apostel aus, wie notwendig die Unterschiedlichkeit ist, damit der Leib seine verschiedenen Aufgaben erfüllen kann:

> *„Es sind verschiedene Gaben; aber es ist ein Geist. Und es sind verschiedene Ämter; aber es ist ein Herr. Und es sind verschiedene Kräfte; aber es ist ein Gott, der da wirkt alles in allen.*
>
> *Durch einen jeden offenbart sich der Geist zum Nutzen aller. Dem einen wird durch den Geist ein Wort der Weisheit gegeben; dem andern ein Wort der Erkenntnis durch denselben Geist; einem andern Glaube, in demselben Geist; einem andern die Gabe, gesund zu machen, in dem einen Geist; einem andern die Kraft, Wunder zu tun; einem andern prophetische Rede; einem andern die Gabe, die Geister zu unterscheiden; einem andern mancherlei Zungenrede; einem andern die Gabe, sie auszulegen. Dies alles aber wirkt derselbe eine Geist, der einem jeden das Seine zuteilt, wie er will.“ (1. Korinther 12,4-11)*

Paulus führt also alles auf Gott zurück, Gaben, Aufgaben („Ämter“) wie auch die Kräfte. Die Verschiedenheit wird damit nicht nur von dem einen her begründet, „der da wirkt alles in allen“, gleichzeitig wird auch jeglichem menschlichen „Rühmen“ (das Paulus sowieso verurteilt) der Wind aus den Segeln genommen. Denn wenn der Geist „einem jeden das Seine zuteilt, wie er will", gibt es keinen Grund stolz auf die scheinbar eigene Leistung zu sein.

Ebenso wenig sinnvoll ist eine Einteilung von Gaben und Aufgaben in „nützliche" und „unnütze", „natürliche" und „übernatürliche", „noch vorhandene" und „ausgestorbene". Gott gibt vielmehr die Gaben, die zu den Aufgaben passen. Wenn sich die Aufgaben ändern, ändern sich also auch die Gaben. Umgekehrt lässt das Vorhandensein von Gaben auf mögliche Aufgaben schließen. Und über allem steht die (weltweite) Gemeinde als der Leib Christi, die ihre Aufgaben nur dann wirklich wahrnehmen kann, wenn sie alle ihre Gaben einsetzt und keine verwirft oder herabsetzt, aber eben auch keine über die anderen stellt. Am höchsten jedoch steht die Liebe, der der Apostel das ganze folgende Kapitel widmet (1. Korinther 13).

AUSBLICK.

Wir sind am Ende unserer Reise durch die Bibel angekommen. Es ist daher an der Zeit, ein Fazit zu ziehen: Als Gott die Welt schuf, hatte er einen Tempel vor Augen, in dem der Mensch als sein Ebenbild weise über den Rest der Geschöpfe herrschen sollte. Dafür verfügt der Mensch über alle Anlagen, Gott selbst spricht sein „sehr gut“ über ihm aus. Die entscheidende Frage war und ist daher von Anfang an bis heute bei jedem Menschen die, in welcher Weise und zu welchem Zweck er dieses großartige Potenzial nutzt, das Gott in ihn hineingelegt hat.

Dabei geht es letzten Endes um die Verantwortung. Wem gegenüber verantwortet sich der Mensch mit seinem Tun? Erkennt er eine Instanz über sich an, die seinem Tun einen Rahmen gibt und Grenzen setzt? Sieht er sich als Sachwalter der übrigen Schöpfung und als Vertreter ihres Schöpfers?

Die traurige Antwort besteht seit Adam in einem ohrenbetäubenden „Nein“. Wir wollen niemands Ebenbild sein, sondern unsere eigenen Wege gehen. Und wir wollen auch für niemanden einstehen oder gar ihm gegenüber verantwortlich sein, sondern selber „sein wie Gott“ und entscheiden, was gut und böse ist.

Da die Schöpfung jedoch nur einen Gott, nur eine letzte Instanz erträgt, ist die Folge ein nicht endender Machtkampf, der nicht nur zu einer Eskalation der Gewalt, sondern auch zu Ungerechtigkeit, Ausbeutung und der Zerstörung der übrigen Schöpfung führt. Letztere hört immer mehr auf, als eigenständige Größe zu existieren, sondern wird vom Menschen als Zentrum des Universums her gedacht und von daher in unterschiedliche Kategorien des Nutzens eingeteilt.

Die Welt befindet sich damit in einer Dynamik, die nach Ansicht vieler ein Teufelskreis oder gar eine Todesspirale sein könnte. Tod und Vergänglichkeit werden in ihr vielerorts beschleunigt, womit die Schöpfung Gottes insgesamt bedroht ist. Auch wenn die Sünde des Menschen kaum das Universum in Gefahr bringt oder das Leben generell auslöschen wird, entfernt sich doch die Schöpfung weiter und weiter von ihrem ursprünglichen Ziel einer vom Menschen weise verwalteten Welt unter Gott.

Sünde ist daher eine äußerst komplexe Angelegenheit, mit der sowohl das Gottes Zielvorstellungen nicht entsprechende Handeln beschrieben wird wie auch die Möglichkeit dazu, die in jedem Menschen schlummert. Denn jeder Mensch, egal wie gut er ist, trägt das Potenzial zum Bösen in sich, das umso mehr zur Entfaltung kommt, je mehr er es ignoriert oder gar leugnet. Aus diesem Grund kann die Erlösung nicht einfach in einer Auslöschung des Bösen bestehen, denn Potenziale kann man nur zerstören, indem man sie komplett zerstört.

Damit ein Mensch nicht mehr fähig ist, das Falsche zu lieben, muss man ihm jegliche Liebesfähigkeit nehmen; wenn er keine bösen Pläne mehr schmieden soll, muss er die Möglichkeit zum Planen generell verlieren. Sollte die Sünde also auf diesem Weg ausgerottet werden, dann müsste der Mensch in jeder Hinsicht seine Fähigkeit zur Gottesebenbildlichkeit einbüßen. Erst wenn er in keinster Weise mehr zur Machtausübung fähig wäre, könnte er sie auch nicht mehr missbrauchen. Nur ein zum Guten völlig unfähiger Mensch wäre also auch vor dem Bösen prinzipiell gefeit.

Wie die Bibel verkündet, geht Gott diesen Weg nicht. Stattdessen arbeitet er an einer Wiederherstellung und Überbietung der ursprünglichen Schöpfung und des damit verbundenen Auftrags an die Menschheit. Dass dies ein langwieriger Weg ist, machen schon die Erfahrungen des Alltags deutlich: Vertrauen ist schnell zerstört, es braucht jedoch lange, um es wieder aufzubauen. Hass lässt sich einfach sähen, Versöhnung erfordert schmerzhafte Schritte. Nicht von ungefähr gilt die Bequemlichkeit, die „Trägheit", als eines der sieben großen Laster der Menschheit. Sie ist an sich noch keine Sünde, aber sie macht es der Sünde leicht. Die Wiederherstellung der Schöpfung, der Kampf gegen die Sünde, ist daher eine mühselige Aufgabe und ein harter Kampf, in dem immer wieder die eigene Bequemlichkeit überwunden werden muss.

Erschwert wird diese Auseinandersetzung dadurch, dass die Welt der Sünde auch gleichzeitig eine der Illusionen ist. Wir Menschen verschleiern gern die Motive unseres Tuns sowohl vor anderen wie auch vor uns selbst. Schon Adam sah sich nach seiner Sünde als willenloses Subjekt an, das kaum anders konnte, als von der verbotenen Frucht zu essen. Eva dagegen plädierte auf Naivität, so als hätte sie sich ausschließlich auf die Worte der Schlange verlassen und sich nicht selbst ein (leider falsches) Urteil von der Qualität der Frucht gebildet (1. Mose 3,1-13).

Dieses Muster findet sich seitdem immer wieder, wenn die Verantwortung hinter einer vermeintlichen „Alternativlosigkeit" oder Ähnlichem versteckt wird. Dazu kommen dreiste Formen der Lüge: Diktatoren stellen sich als Vollstrecker des Volkswillens dar, Herrscher als Diener, Ausbeuter als fürsorglich und Reiche als bescheiden. Diese und ähnliche Illusionen sind so allgegenwärtig, dass wir sie sogar von uns selbst glauben.

Der Weg aus der Sünde führt daher über die schmerzhafte Selbsterkenntnis, wie sehr ich bisher ein Trugbild meiner selbst nicht nur vor anderen, sondern auch vor mir selbst aufrechterhalten habe. Wie schwer wir uns von solchen Selbsttäuschungen verabschieden, macht nicht zuletzt der Richter im Gleichnis deutlich. Gezwungen, sich schließlich dem Willen einer armseligen, aber aufdringlichen Witwe zu beugen, kann er das nur, indem er sich vorher noch einmal seiner Illusion vergewissert, wonach er sich „vor Gott nicht fürchte noch vor keinem Menschen scheue“ (Lukas 18,4). Uns geht es oft nicht anders.

Für den Spiegel, der das, was er spiegelt, für das eigene hält und damit sich selbst für ein unverwechselbares Original, kommt es wie ein Schock, wenn er erkennen muss, dass es nichts weiter ist als die Wiedergabe seiner Umgebung. Gleichzeitig kann es aber auch eine Befreiung sein, wenn ihm zugesprochen wird, dass er auch gar nicht mehr sein muss. Wir müssen keine Originale sein, müssen die Welt nicht von Grund auf neu erschaffen, müssen die Schöpfung nicht ordnen und unseren Platz darin nicht definieren. All das ist schon geschehen. Jetzt kommt es darauf an, dass wir uns selbst erkennen und uns auf das Eigentliche ausrichten.

Weil das Potenzial zum Bösen nicht aus der Welt geschafft werden kann, ohne ihr gleichzeitig auch die Möglichkeit zum Guten zu nehmen, muss der Kampf gegen die Sünde in ihrer Überwindung bestehen, denn vernichtet werden kann sie nicht. Gottes Rat an Kain: „Bist du aber nicht fromm, so lauert die Sünde vor der Tür, und nach dir hat sie Verlangen; du aber herrsche über sie“ (1. Mose 4,7), gilt jedem Menschen.

Sünde wird nicht durch Ignorieren oder Leugnen überwunden, sondern durch Selbstprüfung und Reflexion. Daraus ergeben sich folgende Schritte: Es beginnt mit dem Abschied von allen Illusionen über die eigene Persönlichkeit und ihre scheinbare Unschuld. Auf die schonungslose Analyse folgt die Umkehr, für die es Vorbilder braucht, denen man nachfolgen kann, weil jetzt die ausgetretenen Pfade verlassen werden und Neuland betreten wird. Dieser Weg selbst ist einer der ständigen Reflexion, des Nachdenkens und Prüfens, ob man noch in Richtung auf das Ziel unterwegs ist.

Damit die Schöpfung heil werden kann, muss dieser Weg von allen beschritten werden, so wie Jesus ihn vorangegangen ist. Nicht von ungefähr lautet deshalb sein letzter Auftrag an seine unmittelbaren Nachfolger: „Gehet hin und lehret alle Völker: Taufet sie auf den Namen des Vaters und des Sohnes und des Heiligen Geistes und lehret sie halten alles, was ich euch befohlen habe“ (Matthäus 28,19f.).

Kirche und Christentum haben die Völker seitdem vieles gelehrt, leider aber nicht nur Glauben, Nachfolge, Gewaltlosigkeit, Selbsterniedrigung und Verzicht auf echte und vermeintliche Rechte. Das Evangelium hat in der Völkerwelt auch manches angenommen, was eigentlich nichts mit ihm zu tun hat, es hat Gebräuche und Herrschaftssysteme „getauft", von denen es besser Abstand genommen hätte, und mit Kräften zusammengearbeitet, von denen es besser ferngeblieben wäre. Und nicht selten hat Gottes Volk dabei nicht nur das große Ziel einer versöhnten Schöpfung, sondern auch seinen Herrn aus den Augen verloren.

Vielleicht ist es deshalb nötig, die Grundlagen wieder neu zu betonen. Beim Christentum geht es nicht in erster Linie um eine bestimmte Kultur, besondere Musikstile, Veranstaltungen, Einrichtungen und Moralvorstellungen, sondern darum, dass Menschen Jesus ähnlicher werden. Was immer dem dient, ist gut, was immer dem im Wege steht, muss verändert werden.

Zum Evangelium gehört deshalb notwendigerweise auch das Gericht. Was krumm ist, muss gerade werden, sonst bleibt es krumm. Wie bereits festgestellt, geht es dabei nicht um die Vernichtung des Sünders oder gar der ganzen Schöpfung, das Ziel ist vielmehr die Befreiung, damit die Menschheit ihren Auftrag erfüllen kann. Alles andere würde das Geschäft des Todes übernehmen und damit dem Feind dienen und nicht Gott. Denn die Welt ist aus dem Nichts geschaffen worden, um ein Tempel zu sein. Das Ziel Gottes mit der Welt kann daher nicht in ihrer Zunichtemachung bestehen, weil dann der Schöpfer auch gleichzeitig der Zerstörer wäre.

Wenn das Ziel des Gerichts jedoch in einer Reinigung der Schöpfung liegt, in ihrer Befreiung von gottfeindlichen Mächten, wenn es dem Leben und der Versöhnung dienen soll, dann muss es „im Haus Gottes" selbst beginnen (1. Petrus 4,17). So betrachtet ist der Weg der Nachfolge ein Weg des Gerichtes: Wir entdecken, was an uns nicht dem Ebenbild Jesu entspricht, und ändern dies und lassen uns verändern.

Dieser Prozess der ständigen Selbstreflexion und Veränderung ist damit eine Vorwegnahme des großen und endgültigen Gerichtes, das über die ganze Schöpfung ergehen wird. Als Nachfolger Jesu wissen wir, worauf es hinauslaufen wird, und können uns deshalb jetzt schon darauf einstellen.

Damit sind wir bei den beiden Punkten, an denen der Apostel Paulus seine Ethik aufhängt: der festen Gewissheit, dass diese Welt vergeht und unser Herr kommt, und der daraus folgenden Überzeugung, dass deshalb alle Menschen Christus ähnlich werden müssen.

Gerade Letzteres führt bei ihm aber nicht in eine Herrlichkeitstheologie, nach der wir nun mit den Kräften Christi auf Erden von Sieg zu Sieg schreiten. Im Gegenteil, er betont immer wieder die Schwachheit, die Unscheinbarkeit unseres Daseins, das eben nicht in machtvoller Größe besteht, sondern in Demut und Niedrigkeit – so wie auch Christus sich selbst erniedrigt hat und demütig geworden ist. Die Herrlichkeit gehört also in die zukünftige Welt, die Selbsterniedrigung dagegen in diese. Entsprechend führt Paulus aus:

> *„So sind wir ja mit ihm begraben durch die Taufe in den Tod, auf dass, wie Christus auferweckt ist von den Toten durch die Herrlichkeit des Vaters, so auch wir in einem neuen Leben wandeln. Denn wenn wir mit ihm zusammengewachsen sind, ihm gleich geworden in seinem Tod, so werden wir ihm auch in der Auferstehung gleich sein. […] Sind wir aber mit Christus gestorben, so glauben wir, dass wir auch mit ihm leben werden, und wissen, dass Christus, von den Toten erweckt, hinfort nicht stirbt; der Tod wird hinfort nicht über ihn herrschen." (Römer 6,4f.8)*

Die Vereinigung mit Christus, das Sterben mit ihm liegen also in der Vergangenheit. Das Leben mit ihm, die Auferstehung mit ihm finden jedoch erst in der Zukunft statt. Obwohl Christus bereits von den Toten auferstanden ist, werden wir erst in Zukunft „mit ihm leben", aber eben nicht schon jetzt.

Unser jetziges Leben ist also eigentlich keines, es ist vielmehr ein Zwischenzustand, ein Dasein zwischen Tod und Auferstehung. Wir haben daher mit dem Alten vollkommen abgeschlossen, sind ihm im wahrsten Sinne des Wortes gestorben – aber das Neue ist noch nicht da. Es ist ein bisschen so, als hätten wir, weil wir in einer anderen Stadt einen neuen Job und eine neue Wohnung versprochen bekommen haben, hier schon alles aufgelöst, Wohnung und Arbeitsstelle gekündigt und die Möbel verkauft – sind aber noch nicht umgezogen.

Nach Paulus leben wir Christen also in einer Art Niemandsland zwischen Tod und Auferstehung, zwischen Sünde und Heiligkeit, zwischen dieser Welt und der kommenden. Das ist ein Zustand, der uns nicht ganz unbekannt vorkommen dürfte, denn im Leben gibt es verschiedene Phasen, in denen es uns so ähnlich geht: nach Abschluss der Schule und vor Beginn der Ausbildung oder des Studiums, nach der Kindheit und bevor man sich so richtig in der Welt der Erwachsenen angekommen fühlt, nach der Zusage im Bewerbungsgespräch und vor dem Antritt der neuen Stelle, nach einem großen Versprechen wie einer Verlobung und vor dessen tatsächlicher Umsetzung.

Das sind Momente, in denen wir zwischen zwei Dingen stehen, zwischen zwei Lebensweisen, zwischen zwei Konzepten, in denen wir uns entscheiden müssen, in welche Richtung wir uns orientieren wollen. Nun wissen wir alle, dass die Orientierung nach vorn, auf die Zukunft hin, in solchen Situationen die einzig sinnvolle ist. Es gibt schließlich kaum etwas Dümmeres, als es sich noch einmal so richtig in den Verhältnissen einzurichten, die sich auf absehbare Zeit ändern werden.

Ein reifes und vorausschauendes Handeln wird sich deshalb gerade in Zwischenzeiten nicht an der Vergangenheit und der Gegenwart, sondern an der Zukunft orientieren. Genau an dieser Stelle setzt auch der Apostel mit seiner Ethik an. Christen leben nach ihm also nicht deshalb anders, weil sie dankbar für die Erlösung sind oder weil sie sich ihrer im Nachhinein doch noch als würdig erweisen wollten – nein, sie leben anders, weil sie sicher wissen, dass die Welt sich ändern wird und sie deshalb für eine veränderte Welt ein neues Verhalten einüben müssen, weil das alte, sündige Verhalten in der kommenden Welt Gottes keinen Platz mehr haben wird. Entsprechend lautet die Aufforderung des Apostels:

„Haltet euch für Menschen, die der Sünde gestorben sind und für Gott leben in Christus Jesus. So lasst nun die Sünde nicht herrschen in eurem sterblichen Leibe, und leistet seinen Begierden keinen Gehorsam. Auch gebt nicht der Sünde eure Glieder hin als Waffen der Ungerechtigkeit, sondern gebt euch selbst Gott hin als solche, die tot waren und nun lebendig sind, und eure Glieder Gott als Waffen der Gerechtigkeit." (Römer 6,11-13)

Konkreter wird Paulus nicht, auch das zeichnet seine Ethik aus. Er malt das große Bild, die kommende, versöhnte Welt Gottes vor Augen, in der die Völker in Eintracht miteinander ihren Schöpfer anbeten. Welches Verhalten deshalb eingeübt werden muss, ergibt sich daraus von selbst. Nur so viel macht er deutlich: Das neue Leben in Christus ist gerade nicht ungebunden, sondern noch gebundener als das alte ohne ihn. Denn damals sind wir „Knechte der Sünde" gewesen, nun aber sollen wir „Knechte des Gehorsams zur Gerechtigkeit" werden.

Autonomie, die freie Entscheidung darüber, wie ein gutes Leben aussieht, ist für den Menschen nach Paulus also nicht vorgesehen. Dass der Mensch dazu nicht fähig ist, sondern immer nur ein Diener fremder Herren, erscheint ihm als selbstverständlich. Umso wichtiger wird ihm die Frage, wem der Mensch letztlich dient: der Sünde, der er doch gestorben ist, oder Christus, mit dem er in Ewigkeit zusammengewachsen ist.

Bei Paulus hebt also die Gnade die Ethik nicht auf, der richtige Glaube ersetzt nicht das richtige Verhalten. Im Gegenteil: Wer verstanden hat, dass er mit der Taufe ein Teil von Christus geworden ist und damit ein Teil der kommenden Welt Gottes, in der ganz andere Verhältnisse herrschen als in dieser, der wird auch notwendigerweise zur Einsicht gelangen, dass damit ein neues Verhalten gefragt ist. Die Ethik ist bei Paulus also nicht auf die Dogmatik aufgesetzt, sondern folgt ganz selbstverständlich aus ihr. Und das alles, ohne dabei auch nur eine Sekunde lang die Erlösung von ihr abhängig zu machen. Das ist eine Leistung, die im Laufe der Kirchengeschichte nicht vielen gelungen ist.

Vielleicht liegt aber gerade hier der sprichwörtliche Hase im Pfeffer. In der Nachfolge Jesu zu leben setzt nämlich eine Reihe von Gewissheiten voraus, die alles andere als selbstverständlich sind: Es beginnt mit der Schöpfung durch einen guten Gott, der einen sinnvollen Auftrag für die Menschen hat.

Es geht weiter über die feste Überzeugung, dass dieser Gott seine Welt nicht im Stich gelassen hat, selbst dann nicht, als sie sich massiv von ihm abgewandt hat. Dass die im Gesetz des Mose skizzierte Ethik der Schöpfungsordnung entspricht und der beobachtbare „Kampf aller gegen alle" nur eine Ablenkung ist, gehört ebenso dazu wie der Glaube daran, dass Gott in Jesus tatsächlich Mensch geworden ist und uns den richtigen Weg weist. Und nicht zuletzt geht es um die mit Kreuz, Auferstehung und Himmelfahrt verbundenen Wahrheiten: Die Sünde ist besiegt, aber noch nicht aus der Welt, der Weg zur Versöhnung ist offen, die Zukunft klar und von Gott bestimmt, die Welt ist nun in den Händen Jesu, der am besten weiß, wie mit ihr umzugehen ist.

Das ist alles Evangelium, gute Nachricht, aber eben keine selbstverständliche Gewissheit. Ohne sie wird Nachfolge jedoch unter Umständen zum Krampf, vor allem dann, wenn man meint, im großen Spiel des Lebens nur ein ganz schlechtes Blatt zu haben, auf das man nun seinen ganzen Einsatz setzen soll.

Nachfolge beginnt deshalb mit dem Glauben, mit dem Vertrauen auf einen Gott, „der die Toten lebendig macht und ruft das, was nicht ist, dass es sei" (Römer 4,17), und der festen Gewissheit: „Was Gott verheißt, das kann er auch tun" (4,21). Nicht weil Gott das von uns verlangt, damit er uns in sein Reich hineinlässt, sondern weil wir das brauchen, damit wir uns überhaupt auf den Weg dorthin machen. Denn dass unser Herr kommt und seine Schöpfung verwandeln wird, ist sicher. Dass die Zukunft Gott gehört, ebenfalls. Nachfolge bedeutet, sich heute schon auf diese Welt von morgen einzustellen.

Das ist die große Story, in der die kleine unseres Lebens ihren Platz findet.

Multiply Your love through us
To the lost and the least
Let us be Your healing hands
Your instruments of peace

May our single purpose be
To imitate Your life
Through our simple words and deeds
Let love be multiplied

Multiply Your love through me
To someone in need
Help me Lord to freely give
This grace that I've received

Let my single purpose be
To imitate Your life
Through my simple words and deeds
Let love be multiplied

Let us see Your kingdom come
To the poor and broken ones
Let us see a mighty flood
Of justice and mercy, O Jesus
Let love be multiplied
Let love be multiplied

Multiply Your church through us
To the ends of the Earth
Where there's only barrenness
Let us see new birth

Use us as Your laborers
Working side by side
Let us see your harvest come
Let love be multiplied

Andy Park, „Multiply Your Love“